学前教育专业系列教材

幼儿英语教育与活动指导

第2版

高 敬 编著

华东师范大学出版社
上海

图书在版编目(CIP)数据

幼儿英语教育与活动指导/高敬编著. —上海:华东师范大学出版社,2014.2
学前教育专业系列教材
ISBN 978-7-5675-1804-9

Ⅰ.①幼… Ⅱ.①高… Ⅲ.①学前教育-英语课-高等学校-教材 Ⅳ、①G613.2

中国版本图书馆 CIP 数据核字(2014)第 031590 号

幼儿英语教育与活动指导

编　　著	高　敬
策划编辑	朱建宝
项目编辑	王瑞安
审读编辑	邢玉平
责任校对	王　卫
封面设计	高　山

出版发行	华东师范大学出版社
社　　址	上海市中山北路 3663 号　邮编 200062
网　　址	www.ecnupress.com.cn
电　　话	021-60821666　行政传真 021-62572105
客服电话	021-62865537　门市(邮购)电话 021-62869887
地　　址	上海市中山北路 3663 号华东师范大学校内先锋路口
网　　店	http://hdsdcbs.tmall.com

印 刷 者	昆山市亭林印刷有限责任公司
开　　本	787×1092　16 开
印　　张	16
字　　数	364 千字
版　　次	2014 年 8 月第一版
印　　次	2023 年 7 月第八次
书　　号	ISBN 978-7-5675-1804-9/G·7205
定　　价	36.00 元

出 版 人　王　焰

(如发现本版图书有印订质量问题,请寄回本社客服中心调换或电话 021-62865537 联系)

前 言

我们知道,时代的发展,社会的进步,对国民的英语素质提出了新的挑战和要求,英语教育在中小学教育中占有很重要的地位。同时,这一趋势在基础教育的起始阶段——幼儿教育阶段也有所体现。20世纪初,国内幼儿英语教育形成了一股热潮,许多幼儿园开设了英语特色课程,还有的幼儿园就将自己定位于英语特色园,市场上也出现了很多幼儿英语教育培训机构。于是,幼儿英语教育逐渐成为学前教育的研究领域,有关幼儿英语教育的课程和教材也因此而诞生了。

在本书第二版之际,根据《教育部办公厅关于开展幼儿园"小学化"专项治理工作的通知》的精神,幼儿园中严禁教授英语等小学课程内容。然而,幼儿英语教育在一些培训机构中仍然开展得十分红火。2021年,随着中共中央、国务院办公厅《关于进一步减轻义务教育阶段学生作业负担和校外培训负担的意见》(简称"双减"政策)的出台,培训机构开展的幼儿英语教育实践也进一步受到规范。在当今"去小学化"和"双减"的大背景下,一些尚在开展幼儿英语教育的双语幼儿园以及培训机构,需要深刻反思幼儿英语教育开展过程中存在的诸多问题,如:一味追求幼儿英语学习的结果,教育功利心过强;忽视幼儿英语学习的兴趣和启蒙,教育方法不适合幼儿的年龄和身心发展特点,未遵循幼儿学习第二语言的规律等。对此,应如何遵循学前儿童的身心发展和第二语言学习的特点、规律,科学有效地进行幼儿英语启蒙,避免"小学化"倾向和学科知识技能导向的学习,坚持素质教育导向的学习呢?本书力求提供包括理论和实践层面的指导,为国内幼儿英语教育的规范化、科学化和有效性的发展作出应有的贡献。本书基于心理语言学研究成果,在认可早期语言启蒙存在优势的前提下,从幼儿的身心发展特点出发,全面系统地阐述幼儿英语教育的理论和实践,引领幼儿园、培训机构和家庭坚持幼儿英语教育的正确价值导向,提升教师及家长必要的幼儿英语教育的专业知识和素养,避免幼儿英语教育实践违背幼儿身心发展特点和第二语言学习规律,过分追求英语知识技能的掌握,加重幼儿的学习负担,且高耗低效等现象。

党的二十大报告提出要加快建设教育强国。这就必然要有高素质教师队伍。教育强国,教师为本。幼儿英语教育的规范化、科学化和有效性的发展,关键在教师。

本书既可以供幼儿英语教师参考,也可以供培训机构人员使用,还可以作为"幼儿英语教育"课程教材,以及家长在家庭中开展亲子幼儿英语教育的参考。

本书由上海师范大学学前教育系高敬编写,研究生陈雪、王梳园也参与了部分工作。在此,对被选用在本书中作为案例的原作者——广大幼儿园和幼儿园一线教师,一并表示衷心的感谢。

编者

2023年7月

目 录

第一章　幼儿英语教育概述 / 1

第一节　幼儿英语教育的现状 / 1
第二节　幼儿英语教育的基本概念 / 6

第二章　幼儿英语学习概述 / 12

第一节　幼儿母语(第一语言)习得和英语(第二语言)学习的差异 / 12
第二节　幼儿英语学习与成人英语学习的差异 / 14
第三节　幼儿英语学习的特点 / 14
第四节　幼儿英语学习的影响因素 / 15

第三章　幼儿英语教育的目标 / 21

第一节　幼儿英语教育目标的含义、作用与价值取向 / 21
第二节　幼儿英语教育目标的具体内容 / 24

第四章　幼儿英语教育的内容 / 29

第一节　幼儿英语教育内容的含义、作用与范围 / 29
第二节　幼儿英语教育内容选择的注意事项 / 34

第五章　幼儿英语教育的组织与实施 / 39

第一节　幼儿英语教育组织与实施的含义、作用与途径 / 39
第二节　幼儿英语教育的原则 / 41

第三节　幼儿英语教学的组织与实施 / 55
第四节　渗透于幼儿日常活动的英语教育的组织与实施 / 67

第六章　幼儿园英语教学活动的设计与组织 / 73

第一节　幼儿园英语教学活动的总体设计与组织 / 73
第二节　幼儿园英语词汇教学活动的设计和组织 / 84
第三节　幼儿园英语句型教学活动的设计和组织 / 91
第四节　幼儿园英语对话教学活动的设计和组织 / 96
第五节　幼儿园英语歌谣教学活动的设计和组织 / 101
第六节　幼儿园英语故事教学活动的设计和组织 / 106
第七节　幼儿园英语歌曲教学活动的设计和组织 / 112

第七章　幼儿园渗透性英语教育活动的设计与组织 / 121

第一节　渗透于幼儿生活活动的英语教育活动的设计与组织 / 121
第二节　渗透于幼儿户外活动的英语教育活动的设计与组织 / 129
第三节　渗透于幼儿游戏活动的英语教育活动的设计与组织 / 137

第八章　幼儿英语教育的评价 / 146

第一节　幼儿英语教育评价的含义、作用与原则 / 146
第二节　幼儿英语教育评价的指标 / 150
第三节　幼儿英语教育评价的程序、类型与方法 / 160

第九章　幼儿英语教育的师资与培训 / 170

第一节　幼儿英语教师的专业素质 / 170
第二节　幼儿英语教育的师资培训 / 174
第三节　幼儿英语教育师资培训资料 / 180

第十章　幼儿英语主题教学活动内容资料库 / 197

第一节　"我自己"主题的英语教学活动内容资源库 / 197

第二节 "人"主题的英语教学活动内容 / 203
第三节 "时间"主题的英语教学活动内容 / 210
第四节 "植物"主题的英语教学活动内容 / 214
第五节 "城市"主题的英语教学活动内容 / 220
第六节 "季节"主题的英语教学活动内容 / 226
第七节 "动物"主题的英语教学活动内容 / 233
第八节 "节日"主题英语教学活动资料 / 242

第一章

幼儿英语教育概述

■ 知识要点
- 幼儿英语教育争论的主要观点
- 幼儿英语教育的基本概念

开展幼儿英语教育实践,首先需要对幼儿英语教育现象有全面、科学的认识。本章将主要对幼儿英语教育进行概述,介绍幼儿英语教育的现状和幼儿英语教育涉及的相关概念,以为后继的幼儿英语教育相关内容的学习打下基础。

第一节 幼儿英语教育的现状

幼儿英语教育是随着我国改革开放的进程和世界全球化的进程,从20世纪90年代开始产生的新兴教育现象,到目前在社会上逐步普及与推广,其间已经历了近二十多个年头。与此同时,伴随着这一发展现状,对幼儿英语教育理论和实践的研究也日益得到关注和重视。

一、幼儿英语教育的热潮

顺应社会生活的信息化和经济的全球化,顺应中国社会发展的需要,掌握一门世界通用语言——英语,已成为现代人才素质的基本要求。为此,我国相关法规文件明文规定,要重视英语教育,开设外语课程的比率在21世纪之初有了大幅度的提高。如国家教育部把小学开设英语课程作为我国基础教育改革的重要内容,教育部《英语课程标准(实验稿)》指出,外语是基础教育阶段的必修课程,基础教育阶段的每一个学生都享有接受外语教育的权利。[1] 此外,2001年教育部"关于积极推进小学开设英语课程的指导意见",也明确提出推进小学开设英语课程的基本目标:从2001年秋季开始,全国城市和县城小学逐步开设英语课程;2002年秋季,乡镇所在地小学逐步开设英语课程。小学开设英语课程的起始年级一般为三年级。各省、自治区、直辖市教育行政部门可结合实际,确定本地区小学开设英语课程的工作目标和步骤。[2] 起始于1999年的上海市

---

[1] 中华人民共和国教育部:《英语课程标准(实验稿)》,北京师范大学出版社2007年版,第3页。
[2] 教育部教基[2001]2号文件。

基础教育第二期课程改革,其制订的英语学科教学目标指出,根据上海国际化大都市的城市定位,从2001年起,将学生学习外语的起始年龄从小学三年级降低至小学一年级,要求小学一年级全部开设英语课。

伴随这股热潮,英语教育愈来愈出现低龄化倾向。许多幼儿园纷纷开展了英语教育,有的幼儿园甚至将英语教育、双语教育作为一种特色推向社会。与此同时,社会上各种幼儿英语教育的培训机构日益增多,针对幼儿开设的各类英语教育培训班十分红火。幼儿英语教育的热潮不仅出现在我国沿海城市,同样也出现在内陆地区。

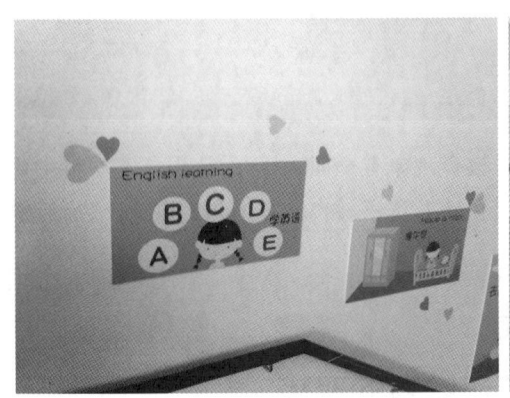

图1-1 英语教育热潮

二、对幼儿英语教育热潮的争论

自幼儿英语教育热潮出现后,对幼儿英语教育的争论也应运而生。究竟3—6岁这一年龄阶段的幼儿是否有必要开展英语教育,对于这一问题的争论由来已久,既有来自支持方的观点,也有来自反对方的观点。

(一)支持幼儿英语教育的观点

1. 幼儿具有英语学习的年龄优势

基于神经生理学语言研究的成果,针对儿童的母语习得,彭菲尔德和罗伯茨(Penfield & Roberts,1959)引入了语言学习的"关键期"(Critical Period)概念。他们认为,人的一生中有一个特定的语言习得阶段,在这一时期,个体可以在没有任何外界干预的条件下自然而不费力地学会一种语言。他们指出,人的语言学习能力与其大脑发育是相关的,学习语言的最佳年龄是10岁前,在这段时间人的大脑具有可塑性(plasticity)。而随着年龄增长、青春期的到来,大脑可塑性会逐渐下降直至消失,这样语言学习就会比较困难。①

1967年,勒纳伯格(Lenneberg)在其重要著作《语言的生物学基础》(The Biological Foundation

---

① 姜孟、邓小燕、欧平娅:《第二语言习得关键期假说五十年之争》,《当代外语研究》,2010年第9期,第45页。

of Language)中继承并发展了彭菲尔德和罗博茨的观点,首次提出了"语言习得关键期假说"。该假说认为,个体的语言习得存在一个关键期,即 2 岁到青春期(puberty)。从人出生后的两岁开始至 10—12 岁之间,人的大脑具有可塑性,语言习得能够自然而轻松地进行。这时儿童在学习语言过程中可以不受大脑语言中枢定位的影响,语言的理解和产生涉及大脑的两个半球,整个大脑都参与语言学习,所以吸收新的语言信息就快而易。但从青春期开始,语言功能开始慢慢倾向于左脑,即理解、产生语言的神经生理基础一开始分布于左右大脑,到青春期时语言功能慢慢集中于左脑,这被称为"语言能力的侧向化"(lateralization)。[1] 侧向化是一个缓慢的进程,开始于 2 岁,结束于 12 岁左右。大脑侧向化使人脑神经系统不再有弹性,导致青春期以后学习语言的速度减缓。

勒纳伯格(Lenneberge,1967)进一步提出了支持"关键期"假设的证据。他发现左脑损伤对儿童的语言发展影响小,如经过左脑手术的儿童能迅速在术后恢复语言,并未有语言失调现象,而成人却几乎完全丧失话语能力。这说明幼儿在左脑语言功能受损时,能把语言功能从左脑移至右脑,并重新学习语言。

从母语学习的关键期出发,语言学家们进一步扩展了语言学习的"关键期"假设,提出了大脑侧向化与第二语言学习的关系,认为第二语言的学习也存在着"关键期"。[2] 彭菲尔德(Penfield,1969)认为:"10 岁前,不仅一种,甚至几种语言符号系统的同时自动获得都是可能的"。[3] 斯戈佛(Thomas Scovel,1969)认为,大脑在青春期前的可塑性,不仅使孩子既能掌握第一语言,还能轻松学习第二语言。正是由于大脑侧向化的完成,才增大了第二语言习得的难度,使一个人不能轻易地熟练掌握第二语言,至少不能获得近似本族语人(native-like)的发音。

从以上语言学习的"关键期"假设出发,支持幼儿英语教育的观点认为,幼儿的年龄位于英语学习的生理积极期内("关键期":2—12 岁左右),幼儿期是英语学习的最佳期,可以而且甚至有必要对幼儿进行英语教育。

2. 幼儿具有英语学习的良好心理基础

斯戈曼(Schumann,1975)提出了第二语言学习的情感理论,"早期一种更高的社会及情感的渗透性(permeability)对儿童的影响大于青少年及成人。少儿掌握另一种语言的能力来自于他对任何新经验的程度开放性和愿意接受性"。[4]

情感领域的因素包括焦虑、动机、移情、自信、抑制等,虽然情感因素并非与外语学习直接相关,但对语言输入起着过滤(filter)的作用:情感过滤越强,输入大脑的语言信息越少,语言的获得也越少。成人的情感过滤强于幼儿,因此,不利于第二语言的学习;幼儿情感过滤小,不羞于开口,从长远看他们将成为较好的第二语言学习者。

此外,幼儿以具体形象思维为主,直观具体的思维使幼儿对语言的理解属于直觉理解型,其学习外语的方式是通过感官(视觉、听觉等)感受语言刺激,然后直接在大脑的语言中枢建立起语

---

[1] Ellis, Rod, Understanding Second Language Acquisition, Shanghai Foreign Language Teaching Press, 2000, p. 99.
[2] H. Douglas, Brown. Principles of Language Learning and Teaching, Prentic Hall Regents, 2004, p. 87.
[3] M·F·麦凯,M·西格恩著,严正、柳秀峰译:《双语教育概论》,光明日报出版社 1989 年版,第 38 页。
[4] Stern, H. H., Fundamental Concepts of Language Teaching, Shanghai Foreign Language Teaching Press, 2000, p. 90.

言所描绘的事物,形成对语言的认知图式。

从幼儿的情感特点和思维特点出发,支持幼儿英语教育的观点认为,幼儿学习语言时积极大胆,心理负担小、焦虑少,更轻松自然,他们很少会像成人一样因为害羞或出错而不愿意开口说英语。同时,幼儿学习英语时,将语言与事物直接建立联系,英语词语同它所代表的事物或意义是直接联系的,而不像成人需以母语为中介建立起英语与英语所描绘的事物之间的联系。幼儿这种不借助母语思维的语言感知过程,易培养英语的直觉思维。

3. 幼儿具有英语语音学习的优势

"语言能力测验表明,若儿童在青春期过后才首次接触一种语言,其流畅性就极少能接近该种语言的本族语者的水平。"[①]朗(Long,1990)的研究也论证了 6 岁前是获得外语纯正口音的关键期。[②] 阿谢尔等(Asher & Garcia,1969)认为,从小学起学习外语的,其语音会更好。[③] 塞利格(Seliger,1978)提出了语言学习的"多种关键期"假设,"语言功能的侧向和定位是一个渐进的过程,要持续许多年。在这一过程中,不同的语言技能(听、说、读、写)受到不同年龄阶段的影响"。[④] 各种语言能力有其自己的关键期,口音和流利性的关键期不同于词汇和句法。有的语言能力(如语音能力)的关键期比较短,超过青春期便消失了;有的语言能力(如语法能力)的关键期比较长,甚至维持终生。外语学习可以发生在不同的年龄阶段,但成人学习英语已超过语音能力获得的关键期,很难获得纯正的英语语音,而幼儿期的英语学习有助于幼儿良好英语语音语感的获得。

心理语言学实验也证明,幼儿的听觉较敏锐,对语言的模仿和领悟能力强,幼儿与成人相比,音域宽,精确区分语音的感受能力及语音的模仿能力与再现能力强,语音的可塑性大、负迁移小,易形成地道的语音、语调。

从以上心理语言学的实验证据及多种关键期的理论出发,支持幼儿英语教育的观点认为,幼儿的英语学习有其独特的优势,有助于地道英语语音语感的形成。

4. 幼儿具有英语学习的长远优势

辛克莱顿等(Singleton & Lengyel,1995)在对国际研究进行综合分析的基础上指出,不论是在自然环境中还是在学校环境中,年龄稍大一些的儿童在学习外语的初期具有优势,但从长远看,低龄儿童的学习水平会更好一些。[⑤] 埃利斯(Ellis)认为,外语学习的效率和成就受年龄影响较大。就效率而言,年纪大的学习者要学得快些;就成就而言,学习者学习外语的时间越长,越能接近讲本族语人的水平。可见,第二语言的最终水平是随开始学习的年龄大小逐渐呈正相关的。

从以上年龄对第二语言学习最终成就影响的因素出发,支持幼儿英语教育的观点认为,幼儿

---

① 何克抗:《语觉论——第二语言教学的理论基础》,http://www.etc.edu.cn/学者专访/何克抗。
② Long, M. H. Maturational constraints on language development. Studies in Second Language Acquisition,1990(12), pp. 251 – 285.
③ Asher, J. J. and Garcia, R. The Optimal age to learn a foreign language. Modern Language Journal,1969(53), pp. 344 – 351.
④ Seliger, H. W., Implications of a multiple critical periods hypothesis for second. language learning. In W. C. Ritchie (ed.). Second Language Acquisition Research: Issues and Implications. New York: Academic Press, 1978.
⑤ Singleton, D., & Lengyel, Z., The Age Factor in Second Language Acquisition. Clevedon: Multilingual Matters, 1995.

具有英语学习的长远优势。

(二) 反对幼儿英语教育的观点

1. 幼儿英语学习的速率慢、见效少

瑞士心理学家皮亚杰的认知发展理论认为,语言发展的关键期在于儿童认知发展的具体运算阶段(6—7岁到11—12岁),也即位于前运算阶段之后、形式运算阶段之前。他认为,3—6岁幼儿的认知发展位于前运算阶段,该阶段认知发展的特点是思维以具体形象性为主,而第二语言学习需要大量的抽象逻辑思维,第二语言学习的成功依赖于成熟的认知,因此,成人学习外语比儿童学得更好、更快。

第二语言学家克拉申(Krashen,1979)、朗(Long,1979)等人指出,年龄并不影响第二语言学习的程序,但会影响第二语言学习的速度。成人在第二语言学习的速率上优于儿童,年长儿童比年幼儿童学得更快。斯坦恩(Stern,1990)在前人研究的基础上总结道,成人和年长儿童总体比年幼儿童学得快,成人学习者在第二语言词法和句法的习得方面具有优势,初始学习速度较快。

由以上认知理论出发,反对幼儿英语教育的观点认为,由于幼儿认知发展的不成熟,抽象逻辑思维还没有形成,英语学习花的时间多、速率慢,英语语法技能的学习效果差,即幼儿英语学习的进程缓慢,对涉及语法知识的词汇、句型等的理解困难、习得较差。因此,该观点认为,幼儿英语学习"速度慢,见效少",反对在认知不够成熟的幼儿期就进行过早的英语教育。

2. 幼儿英语学习会影响和干扰母语的学习

马利诺夫(Marinova,2000)关注第二语言学习中的副作用,他指出,儿童习得第二语言能获得纯正的语音语调,是以母语能力的发展减慢为代价的;而青少年的母语能力已经达到了一定的水平,不会因为发展第二语言而受到影响。[①] 国内也有专家认为,在儿童对母语还没有掌握好的情况下,外语教学会影响母语的学习,会对母语的学习产生副作用。由于中国儿童所学的汉语拼音会极易与英语字母、音标混淆,所以他们担心英语学习会影响汉语的学习和掌握。[②]

由以上英语学习的副作用理论出发,反对幼儿英语教育的观点认为,对母语尚未完全掌握好的幼儿,特别是低年龄的幼儿(如小班幼儿)来说,其学习英语时,英汉两种语言系统会发生干扰,从而影响汉语的学习,最终导致语言学习中的舍本求末。

3. 幼儿英语学习的师资条件不够成熟

在我国,幼儿英语学习没有一种自然习得的环境,只能靠在幼儿园或其他培训机构进行正式的学习,课堂是幼儿英语学习的重要环境。因此,影响幼儿英语教育成效最重要的因素是高质量的教师,合格的幼儿英语师资是开展幼儿英语教育的必备条件。但目前幼儿英语师资水平参差不齐,大多是幼儿教育专业背景,英语专业背景出身的教师较少,即使少数教师具有英语专业背景,但幼儿教育实践知识和方法较缺乏。因此,从师资的总体水平而言,目前尚不具备普遍开展

[①] Marinova-Todd, S. H., Marshall, D. B. and Snow, C. E. Three misconceptions about age and L2 learning. TESOL Quarterly, 2000,34(1):pp. 9 – 34.

[②] 傅小平:《小学英语教学论》,湖南人民出版社2007年版,第12页。

图1-2 幼儿英语教育师资

幼儿英语教育的条件。

由以上师资条件不成熟论出发,反对幼儿英语教育的观点认为,幼儿英语师资的水平尚不能满足幼儿英语学习的要求,幼儿英语教育的师资条件还不够成熟。

综上所述,目前幼儿的英语学习和幼儿英语教育的热潮已成为不争的事实,在认可这一事实的情况下,我们更要从持续至今的幼儿英语教育争论中,认清幼儿这一年龄阶段英语学习的性质。外语学习的根本问题不在年龄,它可发生在从幼年到成年的各个不同阶段,但年龄是影响英语学习成功的重要因素,不同年龄阶段外语学习的方法和特点是不同的,每一年龄阶段的外语学习都有各自的优势和劣势。幼儿具有英语学习的年龄优势,幼儿期位于英语学习的生理积极期内,但幼儿期英语学习并非绝对优势,而是优劣势并存。教师在面对幼儿英语教育的热潮中,应了解和认清幼儿期这一年龄阶段英语学习的性质,注意扬长避短,使幼儿英语教育更有针对性和有效性。

第二节 幼儿英语教育的基本概念

开展幼儿英语教育实践,前提是掌握幼儿英语教育的理论,其中,首要条件是了解幼儿英语教育的基本概念。与幼儿英语教育相关的基本概念有以下几种。

一、语言(language)

语言是一种人类社会中客观存在的现象,是一种社会上约定俗成的符号系统。语言是人类最重要的交际工具,也是思维的工具,是人区别于其他动物的本质特征之一。语言是以语音为表现形式,以语义为内容,是一个由词汇和语法构成的符合系统。[①] 目前,我们公认的语言概念有以下几个本质特征:

(一)语言是人类最重要的交际工具

语言是一种社会现象,是作为人类最重要的交际工具而产生和存在的,这是语言最本质的特征。语言是社会交际需要和实践的产物,语言在交际中才有生命,人们在使用语言的过程中才能真正学会语言。

---

① 詹人凤:《语言学概论》,高等教育出版社2008年版,第11页。

(二) 语言是一个由声音形式和意义内容结合形成的符号系统

语言符号系统是由形式(form)和意义(meaning)两方面组成的。语言符号的形式是声音,是通过感觉感知的物质形式。语言符号的内容是意义,是人的大脑对现实中事物概括的结果。语音和语义相互依存,又相互制约。所以,语言是一种音义结合的符合系统。

(三) 语言是人类的思维工具和文化载体

人类思维依赖语言这个工具,而语言又是思维过程和结果的体现。人类的思维方式必然要在语言中反映出来,而语言结构和习惯又在一定程度上反作用于思维方式和习惯。同时,语言是文化信息的代码,一种语言的历史,可以说也就是该民族思维活动和文化发展的历史。"语言表达文化现实,当我们在交流语境中使用语言时,语言便与文化以复杂多样的方式相联系",[①]因此,学习某种语言也必然要涉及以该语言为载体的文化的学习。

(四) 语言是一种有声音、有形象的可感知系统,有特殊的生理基础

有声语言需要利用发音器官和听觉频道。语音是语言的物质外壳,可被感知。语言的表达需要一套完整的物质器官,包括肺部、咽喉、声带、下巴、舌、牙齿、双唇等,器官的系统协同调节才能发出多种声音。

从以上语言的本质特征我们可以得出,幼儿英语教育首先必须把英语作为一种交际工具教给儿童,这是幼儿英语教师应持有的一种语言观。因为只有在实际交际过程中,儿童才能真正理解学习语言的目的,才能真正学会运用语言与他人进行交流。此外,语言是一种可感知的有声系统,它具有特殊的生理基础,幼儿英语教育要充分认识这一属性,通过一系列感官参与的有趣的听说互动,增强幼儿对语言学习的兴趣,训练幼儿的发声器官。另外,幼儿英语教育还必须注重音义结合,将抽象的英语声音和具体的形象相结合,帮助幼儿理解英语语言的意义。幼儿英语教育还要适当讲解和传授英语所负载的文化知识和思维方式,因为学习一门外语,就意味着理解和接受另外一种思维方式和文化习惯。

二、母语(mother tongue)

按学会语言的时间顺序看,母语是指在童年早期从周围环境中自然获得的最初语言,又叫本族语(native language)、第一语言(first language)。母语是在使用该语言的生活环境中结合智力的发展自然习得的,无需有意识的学习即可获得,父母、亲人是他们牙牙学语的指导老师;且母语习得不受任何时间和场合的限制,可以在家庭及社会环境中大量地接触和使用。

三、外语(foreign language)

与母语相对的是外语,即在本国之外使用的语言。外语是指在日常社会生活中缺乏广泛交际用途的语言。与母语的获得不同,对外语的掌握则需在有计划、有组织的教育环境中进行有意

---

① Kramsch, C. Language and Culture. Shanghai Foreign Education Press, 2000, p. 35.

识的、系统的学习。外语学习往往只能在正式的场合(课堂)里进行,外语教师尽可能地为学习者创造良好的外语学习环境,提供尽可能多的外语学习材料。而且除课堂这一特殊的学习环境外,几乎没有使用外语的语言环境。

在我国,幼儿阶段所学习的外语一般为英语。由于英语在我国不具有全社会通用的语言环境,人们接触英语的机会很少,缺乏与英语为本族语者交流的机会,学习者几乎没有机会自然地习得英语,因此,英语在我国是一门外语。

四、第二语言(second language)

第二语言一般有狭义和广义之分。

狭义的第二语言与外语是有区别的。它一般指在本国与母语同等重要或占更重要地位的一种语言,即除母语之外,在官方、商业及社会中广泛应用的语言。通常在各民族聚居的国家或地区,或在使用两种语言的国家,这时的第二语言仍然是国内的一种重要语言,存在着使用该语言的人群和比较真实的、自然的语言环境。比如,英语在印度、菲律宾、荷兰以及一些前英属殖民地国家,属官方语言,可称为第二语言。

广义的第二语言指的是掌握母语或第一语言以后通过学习而掌握的任何一种语言。在语言学家 Ellis 看来,"需要一个中性词(neutral term)或上位词(superordinate term)来涵盖众多母语以外的语言"。[①]"于是,第二语言就成了非本族语、外语等的总称,外语就成了其下义词。"[②]可见,第二语言实际涵盖了外语。如果所学的第二语言是外国人的语言,可称为外语,但对该学习者而言,这仍然是第二语言。

近几十年来,第二语言逐渐被用来表示所有类型的非本族语,大多数情况下,第二语言并不意味着与"外语"相区别,第二语言和外语是同义的。因此,近年来,第二语言与外语几乎处于平等地位,第二语言几乎等同于外语,外语即指从国外来的第二语言,超出国界的第二语言。在我国,外语语种一般以英语居主导,因此,从广义的概念来看,外语、英语也几乎成了同义词。

资料 1-1 第二语言与第一语言的比较

为了较好地把握第二语言(L2)的概念,语言学家 H. Stern 曾专门将第二语言(L2)与第一语言(L1)进行了比较:

---

① Ellis, R.: The Study of Second Language Acquisition, Oxford, OUP, 1994, p. 12.
② H. H. Stern: Fundamental Concepts of Language Teaching, Oxford, OUP, 1999, p. 15.

表 1-1　L1 和 L2 的比较(H. Stern)[①]

L1	L2
第一语言	第二语言
本族语	非本族语
母　语	外　语
主要语言	非主要语言
水平较强的语言	水平较弱的语言

五、习得(acquisition)

语言的掌握有两种不同的途径和方法——学得(learning)和习得。学得和习得强调了语言获得的结果。

习得又叫获得,是儿童在自然的语言环境中,不经过正式的教授而自然地、下意识(subconsciously)地获得语言的过程。它经历一个呀呀语、单词句、双词句、简单句、复杂句到熟练掌握母语的过程,同儿童的生理发展、认知发展以及社会性发展密切相连。习得语言是存在于有交际的生活情景中,语言材料是自然的活语料(living corpus)。

资料 1-2　语言习得中的特殊方式

语言习得是一种特殊的过程,使用特殊的方式,包括:
1. 儿童运用内在的语言学习能力;
2. 语言习得中不必专门给儿童纠正错误,负面证据少;
3. 儿童用接触(expose)语言的方式习得语言;
4. 语言习得中语言规则的掌握是无意识的;
5. 习得的过程由不自觉到自觉。

六、学习

学习,又叫习得,是指儿童在正式环境下(如课堂)有意识地、系统地、正规地学习语言的过

[①] H. H. Stern: Issues & Options in Language Teaching, Shanghai Foreign Language Teaching Press, 1999, p.9.

图1-3 第二语言学习

程。第二语言学家克拉申(Krashen)认为,习得是在自然运用语言的过程中发生的,这是一种潜意识的过程。学习是在正式学习语言形式特征时发生的,是一个有意识的过程。

第二语言获得既可以在自然的环境中,也可以在指导(教授)的背景下,即可以通过习得和学得两种途径。因此,语言学家Ellis(1985)指出,第二语言获得指的是在自然的或有指导的情况下,通过有意识或无意识的吸收而掌握母语以外的一门语言的过程。

七、幼儿英语教育

幼儿英语教育是指在专门的教育机构中,教育者根据幼儿身心发展的特点和第二语言发展的规律,有目的地创设英语语言学习环境,选择适合幼儿学习的英语语言材料,以多种形式和途径有目的、有计划地引导幼儿主动地参与活动,为促进幼儿英语感受和倾听能力、英语表达和交流技能,培养幼儿英语学习兴趣而开展的一系列教育活动。

教育是由教育目标系统、课程系统、教学系统和评价系统构成的,包括如确定科学可行的教育目标、选择教育内容、安排教育途径、设计教育活动效果等。① 幼儿英语教育主要涉及的因素有:幼儿英语教育的目标、学习者(即幼儿)、师资(即幼儿英语教师)、教育内容、教育方法、教育手段和教育评价等。

图1-4 幼儿英语教育

幼儿英语教育主要体现为在幼教机构中对幼儿开展的有目的、有计划的英语教育活动,包括幼儿英语教学和渗透于幼儿日常活动的英语教育。幼儿英语教学是正规性英语教育,主要是正式的、专门性的英语语言教学活动,由教师有目的、有计划地教授幼儿有关英语的语言知识和技能,调动幼儿注意力以进行有意识英语学习的教育活动。渗透于幼儿日常活动的英语教育,是非正规性英语教育,是非正式的、渗透在幼儿日常活动中开展的英语教育活动。此时,英语不是作为一门语言学科和语言课程来教授的,教师更多的是将英语作为一种工具来组织幼儿的一日活动,幼儿主要通过接触英语语言材料来无意识地进行英语学习。

---

① 钟启泉主编:《课程论》,教育科学出版社2007年版,第1页。

八、幼儿双语(bilingual)教育

如果一个人外语学得很完美,同时没有对第一语言带来妨碍,就会产生双语现象,即如同母语般地掌握两种语言(Bloomfield,1935)。双语教育是"培养学生以同等的能力运用两种语言的教育,每种语言讲授的课业约占一半"。[①]

幼儿双语教育是指在幼儿园中对幼儿进行的汉语和英语两种语言的教育,汉语和英语都成了教学媒介语和交流的工具,即除汉语外,教师还用英语来组织幼儿的一日活动,如生活活动、游戏活动和运动等,教师和幼儿在活动中把英语作为交流的工具。此时,英语不再是作为一门语言学科、语言课程来教授,而是充当了教学的媒介。汉语和英语组织的教育,在幼儿园中各占一半时间。

然而,由于师资的局限,大部分幼儿园目前开展的是幼儿英语教育,即首先把英语作为一门语言学科有目的、有计划地进行正式教授,其次,尝试将英语作为教学工具渗透到幼儿日常活动。但汉语和英语组织的活动各占一半的双语教育的幼儿园数量,则相对较少。

思考与实践

1. 联系实际谈谈语言的本质特点是什么?从这一特点出发,幼儿英语教育要注意什么?
2. 习得和学习的主要差异是什么?
3. 联系实际谈谈什么是幼儿英语教育?
4. 支持与反对开展幼儿英语教育的观点有哪些?联系实际,谈谈你自己的看法。
5. 材料分析题

2013年9月,教育部前新闻发言人、语文出版社社长王旭明呼吁取消小学英语课,并增加国学教育;人大、政协两会部分代表和委员坚决反对初中与小学开设英语课,以加强汉语教育。

请运用所学理论解释以上反对儿童学习英语的观点,并谈谈该观点对幼儿英语教育的借鉴。

[①] Rowntree,赵宝恒:《英汉双解教育辞典》,教育科学出版社1992年版,第325页。

第二章

幼儿英语学习概述

■ **知识要点**
- 幼儿母语习得和英语学习的差异
- 幼儿英语学习和成人英语学习的差异
- 幼儿英语学习的特点
- 影响幼儿英语学习的因素

了解了幼儿英语教育的概述,幼儿英语教育的探讨还需回归到最根本的问题:幼儿第二语言(英语)的特点是什么?幼儿英语学习与母语学习的差异在哪里?与成人英语学习的差异在哪里?影响幼儿英语学习的因素有哪些?……只有在了解和把握这些问题的基础上,才能使幼儿英语教育实践更具有针对性和适宜性。本章对幼儿英语学习进行了概述,在比较幼儿英语学习和母语学习、幼儿英语学习和成人英语学习的基础上,重点介绍了幼儿英语学习的特点和幼儿英语学习的影响因素。

第一节 幼儿母语(第一语言)习得和英语(第二语言)学习的差异

从母语(第一语言)和英语(第二语言)习得和学习的概念出发,母语(第一语言)习得和英语(第二语言)学习有以下的一些主要差异。

一、学习的起点不同

幼儿在习得母语之前不会说任何语言,他们通过语言习得机制来接触和使用语言,大脑经历从零状态(the zero state)进入稳定状态(the steady state)的过程。而在学习英语(第二语言)之前,幼儿已初步掌握了母语,他们通过母语的知识和思维能力来接触和使用第二语言,其学习过程难免受到母语及已有知识结构的影响,如母语的习惯发音会造成英语发音的不准确;幼儿的大脑已经不处于零状态了,而是处于初始状态(the initial state)。

二、学习的条件和环境不同

幼儿学习母语时总是处于一种自然的环境之中,不受时间和地点的限制,在各种场合下可大量地接触语言。而幼儿英语的学习一般在正式场合（课堂）进行,有时间的限制,除学校和课堂外,真正接触和运用英语的时间很少。

三、学习的动机不同

幼儿母语习得时有着极大的内在动机,学习是为了达到交流和生存的目的,为了和其他人合作交往从而成为其中一员,这是一种潜意识的综合性动机(integrative motivation),这种动机使语言学习自然而然成为生活的需要。而幼儿英语学习的动机则更多是外在的、工具性(instrumental motivation)的,如幼儿大多是因成人的安排和要求而学习英语的。

图 2-1 幼儿英语教育环境

四、语言输入的情况不同

幼儿的母语是自然习得的,有自然的语言环境和丰富的、未经组织的语言输入量；父母输入的语言是"照顾式的语言",其特点是简单、清楚、有重复、速度慢、充满感情、有丰富的体态语,而且有具体的语言环境,幼儿往往不注意语言的形式,只注意语言的内容。此外,幼儿习得母语时听到的语言材料全都是"正确的句子",成人不刻意纠正幼儿语言的错误,语言材料没有"负面证据"(negative evidence)。而幼儿英语学习时,课堂环境中所输入的材料是经过教师精选的和组织处理的,比较呆板,缺乏真实性,而且总体由于时间和环境的限制,输入量不足,内容重现率低；幼儿经常会犯语言的错误,教师也会经常反馈并指正,接触的语言材料有较多的"负面证据"。

五、与认知发展的关系不同

幼儿第一语言习得时不依赖认知系统的活动,母语与认知几乎同步发展,幼儿母语习得的过程同时也是认知能力发展的过程,即认知能力的发展与语言能力的发展相互促进、相互提高,认知能力的发展为语言能力的发展提供了生物基础,而语言能力的发展又进一步促进了认知能力的发展。而英语学习时,幼儿已有了一定的认知能力,虽然认知还不够成熟,但英语学习中已伴随认知系统的参与。

六、交际的机会与对象不同

母语学习时,幼儿可以随时随地地与别人进行交际,这种交际是大家对人的交际(many to one),交际内容不受限制,交际中会出现较大的信息差(information gap),有利于幼儿母语的自然习得。而幼儿在学习英语时,除了学校环境外,没有很多真正的交际机会,交际对象也是人对大家的交际(one to many),交际中缺乏信息差,交际内容受到很大的限制。

综上所述,幼儿第一语言习得与第二语言学习,即幼儿的母语习得和英语学习还存在很多的差异,有些差异是无法改变的,特别是自然语言环境的缺失,因此,幼儿英语学习需要创设更好的条件。

第二节 幼儿英语学习与成人英语学习的差异

同样是第二语言学习，幼儿由于自身的生理、心理发展特点的独特性，决定了他们的英语学习与成人有很大的不同。

一、学习风格不同

成人学习英语时，以分析型的学习为主，幼儿则以直觉型学习为主。成人学习英语借助于自身发展较成熟的抽象逻辑思维，多采用演绎性和分析性的学习方式。幼儿则以感觉学习为主，多借助自身发展较成熟的具体形象思维，通过视觉、听觉和动觉等进行英语的学习。

二、学习基础不同

成人学习英语时，已具有一定的认知基础，其抽象、概括、归纳等逻辑思维能力有利于英语语言的分析性学习及语法知识的学习，但成人已熟练掌握第一语言，过多的母语为中介的分析性思维，对英语学习会造成负面影响。相对成人而言，幼儿的汉语发音系统和语言习惯尚未定型，母语基础尚未牢固建立，英语学习总体受母语的干扰小，有利于幼儿较快地和准确地获得英语的发音规则和语言习惯；幼儿认知也处于发展的起始阶段，抽象逻辑思维还没有发展起来，其英语学习更趋向于直觉型学习的方式。

第三节 幼儿英语学习的特点

幼儿生理、心理发展的特点，对英语学习有很大的影响，使幼儿英语学习表现为以下显著的特点。

一、幼儿的听觉较敏锐，机械记忆能力强，对英语语言的模仿和领悟能力强

幼儿期是语音发展的敏感期，幼儿精确区分语音的感受能力及语音的模仿能力与再现能力强，具有英语学习的语音优势；此外，幼儿的机械记忆能力强，喜欢采用逐词逐句多次重复的方法去识记，因此，幼儿比较容易习得纯正的英语发音，易养成良好的语音语感。

二、幼儿大胆积极，求新求异思维活跃，对英语学习的兴趣比较容易激发

幼儿的好奇心强，喜欢接触新鲜事物，求新求异，思维活跃，对任何新经验都具有极度的开放性和愿意接受性。同时，幼儿从性格上而言总体大胆积极，不怕羞，英语学习中的情感过滤弱，有

助于英语的吸收。因此,幼儿具有英语学习的情感优势,他们在心理上更愿意接受英语这门新语言,从而更乐意去进行模仿和参与英语学习活动。

三、幼儿的思维以具体形象为主,容易形成英语的直觉思维

直观具体的思维使幼儿对语言的理解属于直觉理解型,即幼儿学习英语时,将语言刺激与事物直接建立联系,英语词语同它所代表的事物或意义是直接联系的,而不像成人需借助母语建立起第二语言与第二语言所描绘的事物之间的联系,即间接的以母语为中介的联系。这种不借助母语思维进行翻译的过程,易培养幼儿英语的直觉思维。

四、幼儿的自我意识发展相对不成熟,更愿意主动使用英语

幼儿自我意识发展尚不完善,自我意识发展的相对不成熟使幼儿学习语言时心理负担小、焦虑少,使用英语时更轻松自然、主动积极,他们很少会像成人一样因为害羞或出错而不愿意开口说英语。

五、幼儿的认知发展不够完善,英语学习的速率及效果较成人慢和差

幼儿认知发展不成熟,抽象逻辑思维不发达,不善于运用分析、归纳等认知加工方式,因此,幼儿英语学习的速率慢,英语学习的见效少,总体而言,幼儿英语学习的效果较成人差。

第四节　幼儿英语学习的影响因素

幼儿的英语学习存在着个体差异,有的幼儿英语学习速度快、效果好,而有的幼儿则接受慢、效果不明显,这主要是由于幼儿英语学习的诸多因素的影响而导致的。影响幼儿英语学习的因素很多,主要有幼儿个人因素、学习过程因素、社会环境因素和教育因素等。幼儿位于外语学习的生理积极期,但年龄因素本身并不能构成一个幼儿学习英语的独立的、主要的优势,学习的动机、自信心以及学习的环境等对幼儿英语学习的影响都是十分重要的。因此,我们要了解影响幼儿英语学习的因素,从而将年龄因素与其他因素相结合,以保证发挥出幼儿英语学习的优势。

一、幼儿个人因素

影响幼儿英语学习最终效果的个人因素主要有智力因素、语言能力、情感因素和性格因素等。

(一)智力因素

智力是掌握和使用各种学习技巧的能力。从已有的一些研究结果来看,年龄越小,智力因素

对外语学习的影响越小。虽然在外语学习中智力并非是一个决定因素,但是在正规性的英语教学环境下,智力因素在很大程度上影响幼儿英语学习的效果。智力发展水平高的幼儿,对英语的理解与感悟能力往往相对较强,英语学习的效果也会较高。

(二) 语言能力(language aptitude)

较早提出语言能力概念并设计出语言能力测试题型的是卡罗和赛博(Carrol & Sapon, 1959)。卡罗于1976年对语言能力的内涵作了解释,认为语言能力包括音位编码能力(phonemic coding ability)、语法敏感度(grammatical sensitivity)、语言归纳能力(inductive learning ability)和机械记忆力(rote learning ability)。

司克涵(Skehan, 1989)提出,语言能力的基本组成部分是音位编码能力(phonemic coding ability)、语言分析能力(language analytic ability)和记忆力(memory)。

虽然关于语言学习能力的组成内容不尽相同,但学习能力归根到底就是对语言特征的敏感性。而且,现有的研究发现,语言能力对外语学习的影响主要在效率方面,且有一定的效度。因此,对英语敏感性强的幼儿,其英语语言的感知理解能力和记忆能力相对较强,英语学习的效果也就较好。

(三) 情感因素

情感因素主要包括态度、动机、焦虑和自信心四个方面,其中,态度和动机是影响幼儿英语学习效果的关键因素。

图 2-2 幼儿英语学习的态度

1. 态度

态度是一个人对待外在事物、活动或自身的思想行为所持的一种向与背、是与非的倾向性。态度作为一种情感因素,它对某一目标的具体实施和最终的达成度是极为重要的。

因此,幼儿对英语学习的态度如何,即幼儿是否喜欢英语、对英语是否感兴趣,这些都会影响幼儿英语学习的最终效率。如果幼儿对英语学习持积极的态度,就容易产生强烈的英语学习内在动机,表现为对英语的输入关注较多,英语摄入量大,学习过程主动,语言能力提高快;反之,如果幼儿对英语学习的态度消极,就会降低他们的英语学习动机,阻碍其对英语的摄入和吸收,导致英语学习效果欠佳。

2. 动机

动机是一种认知和情感的动力,它可促使人们有意识地做出行动的决定,并维持相当的努力,以达到预期的目标。动机由"行动的愿望和决定"、"活动中表现出来的兴趣"、"活动中所投入的精力"和"参与和兴趣的保持"四方面内容组成。

母语习得中,婴儿强烈的学说话与参与说话的意识贯穿于学母语的全过程,母语是他们与周围人群接触并成为其中一员的一个极为重要的手段。学说话是婴幼儿的一种生活需要,他们对习得母语有强烈的动机与愿望。因此,动机因素是儿童成功获得母语的重要原因。

同样,正如第二语言学家克拉申所言,动机作为一种内在的动力,一种促使人们采取某一行动的欲望,也是影响第二语言学习成效的重要情感因素。因为对于教师所提供的语言输入能否与语言习得机制发生作用,吸收内化为幼儿的语言知识,除了语言输入因素的影响外,还取决于幼儿的情感因素,主要是幼儿的学习动机。

在第二语言学习中,动机是一个重要的学习者因素,大量的相关研究已经证实了动机对第二语言学习的影响作用。因此,动机作为一种情感因素,对幼儿英语学习的效果有一定的影响,教师如果善于调动幼儿英语学习的动机,就能提高幼儿英语学习的效果。

3. 焦虑

焦虑是人在面临对自尊心有威胁的情景时具有的一种担忧的反应倾向,它对外语学习的影响较大。心理学家认为,适度的焦虑可以使机体产生一系列的生理变化,是提高学习效率和活动效能的生理基础,有助于调动学习的积极性。过度的焦虑却使人产生强烈的无力、不适等身体反应,导致对新事物的逃避和退缩,或抑制原有技能水平的正常发展。

由此可见,焦虑也是影响幼儿英语学习的一大情感因素。为了取得最大的英语学习效果,教师要注意创设宽松愉快的学习环境,降低幼儿英语学习中的过度焦虑,使之维持在适度焦虑的状态。

4. 自信心

自信心作为一情感因素,对外语学习的影响也是显而易见的。自信心强的外语学习者,对外语的情感过滤少,语言焦虑少,能较多地接受和吸收语言输入,学习外语的效果就好。

因此,如果教师在幼儿英语学习中积极鼓励幼儿,注意帮助幼儿树立较强的自信心,就能使幼儿最大限度地接受语言信息,并大胆地与别人进行英语的表达和交流,从而促进英语学习和运用,取得良好的英语学习效果。

5. 性格因素

性格是影响外语学习的个性因素。心理学上把性格分"外向型"(extrovert)和"内向型"(introvert)两种。不同性格的学习者在处理同样的学习任务时会运用不同的学习策略。外向型性格的学习者其健谈和善于反应的能力有利于获得更多的外语输入和实践的机会,但他们往往不十分注重语言的形式,即不太注重语言表达的准确性;而内向型的学习者更善于利用其沉静的性格对有限的外语输入进行更深入细致的形式分析,尤其在注重语言形式和语言规则教学的外语教学环境下占有优势。

对于幼儿来说,他们的性格尚未定型,而且幼儿个性发展的年龄特点总体表现为生性活泼好动,乐于积极参与英语学习活动并主动开口与人交流。因此,教师应充分利用幼儿期的性格优势,尽可能多地创设英语实践活动的环境和机会,促进幼儿大胆运用英语和使用英语,以发挥出幼儿英语学习的最佳效果。

二、学习过程因素

影响幼儿英语学习效果的因素除了幼儿个人的因素外,还涉及学习过程中的一些因素,具体包括幼儿学习英语时的原有知识和学习策略等。

(一) 原有知识

学习英语时的原有知识,尤其是母语知识,对外语学习有一定的影响,但具体影响的程度取决于学习者对母语知识的意识(awareness)程度。年龄小的学习者,如幼儿,由于其母语知识相对成人而言较少,母语的交际能力及掌握的交际技能有限,对母语语言知识的明确意识程度较低,因此,母语知识的影响相对较小;而年龄大的学习者,如成年学习者,由于掌握母语的知识和能力较为完善,往往外语学习过程中受母语知识的影响程度就大一些。

尽管如此,幼儿从出生后已掌握了一定量的母语知识,教师应充分认识到幼儿英语学习过程中母语知识的影响。一般来说,母语对幼儿英语学习的影响有正负两方面作用,适当的母语可成为幼儿理解英语的手段,过多的母语则成为幼儿英语学习的干扰。因此,为排除母语知识的干扰,幼儿英语教师应尽量多地用英语来组织教学。但幼儿英语教育不应一味排斥母语,因为母语在幼儿英语学习过程中能起到促进幼儿对英语的理解和吸收的作用,教师应根据具体情况适当使用,发挥出母语应有的作用。

(二) 学习策略

学习策略指学习者在学习过程中为达到一定的目的,有意识地调控学习环节的操作过程,它在一定程度上表现为学习方法与技巧,其结构是一个多层次、多水平和动态的有机系统,可分为元认知、认知和社会策略。

元认知策略包括选择性分配注意力、确定学习重点、自我评估和检查等。认知策略包括使新的外语知识内化和自动化以及利用外语知识和其他知识进行交际所涉及的各种心理过程,如模仿、重复、猜测、利用语言学习机制、利用第一语言知识和能力、输出和接受策略等。社交策略指实际使用英语时所运用的交际、合作策略。

由此可见,幼儿英语学习是一个积极主动运用各种学习策略的过程,教师在幼儿英语教育中,应教授并充分鼓励幼儿运用一些与幼儿能力特点相符合的简单的学习策略,如对英语输入的注意策略、模仿策略、重复策略和交往策略等,帮助幼儿自主学习,从而提高幼儿英语学习的效果。

三、环境因素

环境对幼儿英语学习的影响,主要来自教育环境和社会环境两方面。从环境看,幼儿英语的掌握,还不属第二语言学家克拉申(Krashen)所讲的自然习得,而只能是一种学习。

(一) 教育因素

教育因素是一种微观环境因素,主要指在教室内教师为幼儿营造的正式的外语环境。幼儿的英语学习并不能必然保证其学习的优势,除非有精心设计的课程与教材、高质量的教师和良好的教育环境,这些成为幼儿英语学习优势发挥和有效与否的重要因素。

从幼儿英语教育实施的角度看,幼儿英语课程教材的选择、英语教育教学方法和手段的运用、英语教师的素质等都是重要的教育影响因素。

1. 幼儿英语课程与教材

课程与教材是教育的载体,课程与教材内容的选择是影响幼儿英语学习效果的重要教育因素。应该说,与科学的教育目标相结合的、适宜的英语课程内容与材料,对幼儿的英语学习具有积极的促进作用,可帮助英语教育目标的实现并取得较好的英语学习效果。

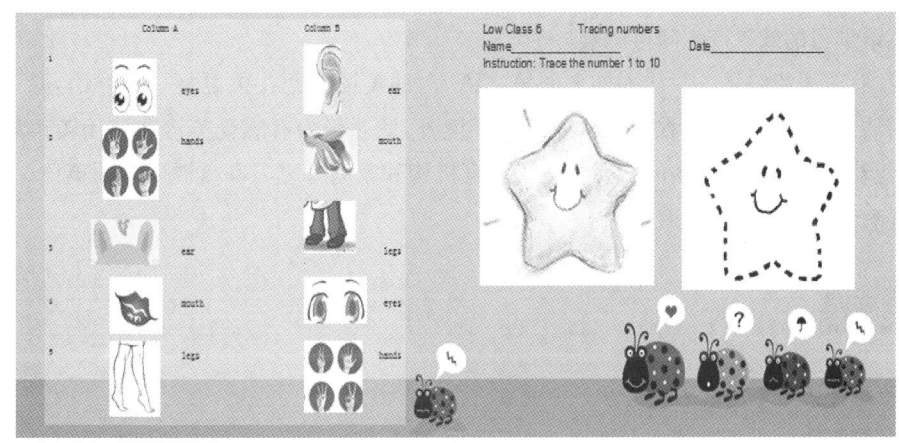

图 2-3　幼儿英语教材内容

2. 英语教育教学方法和手段

教师对教育教学方法和手段的选择和运用,无疑对幼儿英语教育的效果起到十分关键的作用。教师采用适合幼儿年龄特点的,趣味、生动、直观的教育教学方法,善于运用各种丰富多彩、形式多样的教育教学手段,将直接有利于幼儿的英语学习,提高幼儿英语学习的功效。

图 2-4　幼儿英语教学方法

3. 英语教师素质

除了现代媒体外,英语教师在一定程度上掌握和控制了幼儿英语学习中的语言输入的质和量,因此,幼儿英语教师素质的高低,尤其在英语口语表达、英语语音语调等方面的素质,会直接影响幼儿英语学习的效果。幼儿英语教师自身的英语语言功底扎实、英语语言语调标准、英语语言表达能力强,可提供给幼儿较丰富和较高质量的英语感知环境和英语模仿范例,将会有效促进幼儿的英语学习。

(二) 社会环境因素

幼儿的英语学习效果不仅取决于课堂学习环境,还取决于他们生活的大社会环境。社会环境中幼儿是否具有感受英语的机会和条件,社会环境中幼儿使用英语的频率和范围等,这些都会对幼儿英语学习的效果产生间接影响。

在我国,英语始终是一门从国外来的第二语言,即英语对幼儿来说是一门外语,除了实施英语教育的幼儿园和社会培训教育机构或家庭环境外,幼儿很少有感受英语和使用英语的社会大环境,这使幼儿几乎没有更多的机会在英语教育机构和家庭外复习和重温所学的英语,一定程度上就会影响幼儿英语学习的效果。

思考与实践

1. 幼儿英语学习和成人英语学习有哪些差异?
2. 有教师在幼儿英语教育中提出让幼儿自然习得英语,反对进行正式的教学。请根据第一语言和第二语言、习得和学习的概念分析该教师的观点。
3. 联系实际谈谈幼儿英语学习的特点。
4. 请从幼儿英语学习的影响因素出发解释幼儿英语学习中所表现的个体差异。

第三章

幼儿英语教育的目标

■ 知识要点
- 幼儿英语教育目标的含义
- 幼儿英语教育目标的作用
- 幼儿英语教育目标的具体内容

开展幼儿英语教育要达到怎样的预期结果，这就涉及幼儿英语教育目标的制定。目标是行动的指南、前进的导向，若没有明确的、适宜的教育目标，幼儿英语教育很难步入正确的、有效的轨道。由于目前对幼儿英语教育目标没有统一的定论，其建构要了解和参考国家小学英语课程的目标，在目标定位的基础上，建立起幼儿阶段英语教育自身的目标体系。本章将介绍幼儿英语教育目标的含义和作用，并从小学英语课程的目标出发，介绍幼儿英语教育目标的价值取向。同时，从布卢姆的教育目标分类学及语言教育的性质出发，描述幼儿英语教育目标的构成内容。

第一节 幼儿英语教育目标的含义、作用与价值取向

讨论幼儿英语教育的目标问题，首先要了解幼儿英语教育的含义与作用，把握幼儿英语教育目标的价值取向。

一、幼儿英语教育目标的含义

教育目标亦称教育目的，是培养受教育者的总目标。[1] 教育目标是不同性质教育和不同阶段教育价值的体现。

教育目标指关于教育的预期结果所要达到的标准、要求所做的规定或假设。[2] 幼儿英语教育目标就是对幼儿英语教育预期所要达到的结果和标准的描述，表达了幼儿英语教育追求的价值。

---

[1] 顾明远主编：《教育大词典》，上海教育出版社1998年版，第764页。
[2] 丁念金：《课程论》，福建教育出版社2006年版，第38页。

二、幼儿英语教育目标的作用

开展幼儿英语教育，考虑和制定教育目标是首要因素。因为教育目标在教育实践中充当着重要的作用。

首先，幼儿英语教育目标具有导向作用。幼儿英语教育目标是幼儿英语教育的出发点和归宿，是指导、实施和评价幼儿英语教育的基本依据。它充当着幼儿英语教育内容选择的导向，决定着幼儿英语教育组织和实施的方向，也为幼儿英语教育的评价提供明确的标准。

其次，幼儿英语教育目标还具有聚合功能。幼儿英语目标是幼儿英语教育各组成要素的联结点和灵魂，对幼儿英语教育内容、教育组织实施、教育评价等其他要素起着统领和协调的作用，以利于幼儿英语教育整体效能的发挥。

三、幼儿英语教育目标的价值取向

（一）国家小学英语课程目标

根据小学生的年龄、生理和心理特点及发展需求，教育部《小学英语课程标准（实验稿）》确立了五大方面的课程目标，包括语言知识、语言技能、文化意识、情感态度和学习策略。《小学英语课程标准（实验稿）》指出，英语课程目标是激发和培养小学生学习英语的兴趣，培养他们学习英语的积极态度，使其在掌握一定基本技能的基础上，掌握一些英语基本知识，建立初步的英语语感和良好的英语语音语调基础，并乐于学以致用，为今后培养初步运用英语进行真实交际打下基础；帮助小学生领悟中外文化差异，增强世界意识。[①]

基础教育的根本任务是素质教育，素质教育的核心是人的教育。小学英语教育是作为素质教育的一部分，其课程设置的根本目的在于以情感因素——英语学习的兴趣、英语语言基本知识技能、跨文化意识等方面的综合培养为任务，为学生的后继学习和终身发展打下基础。从目标表述的顺序看，小学英语教育的首要目标是要激发小学生喜欢学英语的积极情感，培养学生对英语学习的兴趣及良好的学习态度，帮助学生树立英语学习的自信心，养成良好的英语学习习惯，形成有效的英语学习策略。同时，小学英语教育的目标还要帮助小学生掌握英语的基本知识和技能，打下良好的英语语音语调基础和建立初步的英语语感，获得初步的英语运用的能力，并理解和领悟英语文化和汉语文化的差异，增强世界意识，使他们初步形成健全的人格，为今后的发展打下良好的基础。具体一级（初学的三四年级）的课程目标为：对英语有好奇心，喜欢听他人说英语；能根据教师的简单指令做游戏、做动作、做事情；能做简单的角色扮演；能唱简单的英文歌曲，说简单的英语歌谣；能在图片的帮助下听懂和读懂简单的小故事；能交流简单的个人信息，表达简单的情感和感觉；能书写字母和单词，对英语学习中接触的文化习俗感兴趣。[②]

[①] 傅小平：《小学英语教学》，湖南人民出版社 2007 年版，第 3 页。
[②] 国家英语课程标准委员会：《国家英语课程标准（实验稿）》（义务教育阶段），北京师范大学出版社 2001 年版，第 24 页。

资料3-1 《小学英语课程标准》(2011年版)教学理念解读[①]

《小学英语课程标准》倡导注重素质、关注差异、强调过程、优化评价等以生为本的教学理念。

首先,《小学英语课程标准》提出,学习英语能够促进小学生的心智发展,有助于他们认识世界的多样性,"在体验中外文化的异同中形成跨文化意识,增进国际理解,弘扬爱国主义精神,形成社会责任感和创新意识,提高人文素养"。

其次,《小学英语课程标准》提出,"由于学生在性格、认知方式、生活环境等方面存在差异,他们具有不同的学习需求和学习特点"。因此,在小学英语教学中应该针对不同地区、不同特点的学生采取不同的教学策略,提出不同的教学方式,真正做到"因材施教",尽量满足学生的个体需求。

再次,由于英语学习是一种实践性较强的活动,并且与别的学科不同的是,它需要长时间的学习与体验才能达到较好的效果,因此《小学英语课程标准》提出"强调学习过程,重视语言学习的实践性和应用性"。

最后,《小学英语课程标准》提出,"优化评价方式,着重评价学生的综合语言运用能力"。因此,在小学英语教学过程中,教师应更多地关注学生在学习过程中的表现,特别是要关注学生的进步之处,以形成性评价为主,才有助于真正激发学生英语学习兴趣,提升学生英语学习能力,最终达到"以评促学"的效果。

(二) 幼儿英语教育目标的价值取向

参考国家小学英语课程设置的目的,反思幼儿英语教育目标的现状表现,总体还存在以下一定程度的误区:如幼儿英语教育目标以追求语言本体知识为取向,一味追求语言知识掌握的数量,即把学会了多少单词、短语和句型作为英语教育的目标,忽视了幼儿英语学习的兴趣;注重认读,轻视听说,即过分注重幼儿对英语的书面认读,而没有根据幼儿的年龄特点,让幼儿感受英语口语、鼓励幼儿开口说英语;忽略英语语言的交际功能,未学以致用,即注重让幼儿孤立静止地学习单词、词组,没有辅助相应的表达功能意念的句型,因此,没有突出语言的交际功能等。

因此,探讨幼儿英语教育目标的具体内容前,确立幼儿英语教育目标的价值取向和定位是十分必要的,它是开展幼儿英语教育实践活动的前提与基础。第二语言学家斯坦恩(H. H. Stern, 1999)在对语言教育目标的论述中,特别指出决定语言教育目标的重要因素是年龄。[②] 根据小学英语课程的目标,结合幼儿的年龄特点和生理、心理发展特点,我们认为,幼儿英语教育目标的价

[①] 刘明东、陈倩:《〈小学英语课程标准〉(2011年版)解读》,《湖南第一师范学校学报》,2013年第1期。
[②] H. H. Stern, Fundamental Concepts of Language Learning, Shanghai Foreign Language Teaching Press, 1999, p. 503.

值取向应定位为英语启蒙教育。具体而言,幼儿英语教育目标旨在对幼儿英语学习的启蒙,包括兴趣启蒙、语音语感启蒙、交际能力启蒙和多元文化观念的启蒙。

第二节 幼儿英语教育目标的具体内容

我们尝试从幼儿年龄特征出发,借鉴教育学理论、英语学科的性质及最新的中、小学英语教改信息,从宏观上初步建立起对幼儿英语教育目标的认识,建构起幼儿英语教育的目标体系。从英语启蒙教育的目标定位出发,幼儿英语教育目标主要包括以下几方面的内容。

一、幼儿英语教育目标涉及的领域

美国心理学家布卢姆将教育目标分为三大领域:认知、情感和动作技能领域。我们认为,从宏观角度而言,具有启蒙性质的、定位于英语学习启蒙的幼儿英语教育目标,可涉及情感、认知、技能与文化四大领域。

二、幼儿英语教育目标的具体内容

定位于英语启蒙教育的幼儿英语教育目标具体主要表现为以下几方面的内容:

(一)兴趣启蒙:激发幼儿英语学习的兴趣

兴趣启蒙是情感领域的目标,也是幼儿英语教育首要的、基本的目标,即幼儿英语教育的首要目标是激发幼儿英语学习的动机,培养幼儿对英语学习良好的态度及强烈的欲望,为后继英语学习打下兴趣基础。

兴趣是英语学习成功的关键要素。兴趣是人们爱好某活动或力求认识某事物的倾向,是由需求和动机直接引起的。兴趣是幼儿学习的前提、保证和直接动力。幼儿注意力的集中性、注意力保持时间的长短和情绪的积极性都是由兴趣决定的。只有激发起幼儿对英语学习的兴趣,才能提升幼儿英语教育的效果,才能减轻幼儿的学习负担,使幼儿学而知乐,消除学习英语的畏惧感。

我们知道,学习语言需要大量的模仿、重复及记忆等自觉或不自觉的机械练习,是一种较为枯燥的活动,而幼儿的有意注意、坚持性及自制力发展较差,因此,教师要重视激发幼儿学习英语的兴趣,善于抓住幼儿的好奇心,调动幼儿的情绪、情感,采用直观形象的教具和生动有趣的方法及现代化的多媒体教学手段,使幼儿满怀浓厚的兴趣和强烈的求知欲去接触英语,参与英语教育活动。教师在幼儿英语教育中应以幼儿英

图3-1 幼儿英语学习的兴趣

语学习的兴趣为先,自始至终把激发、强化和维持幼儿英语学习的兴趣放在十分重要的位置,为幼儿营造轻松、有趣、生动和真实的学习环境,组织多种多样的活动,不应过于急功近利、急于求成,否则幼儿会过早产生焦虑、厌学等情绪障碍,以至影响今后甚至是一生英语学习的动机。学习兴趣一旦被激发并长期维持,学习就会变成一种积极的、自觉的行为,幼儿英语学习就有了良好的开端。

(二) 语音语感启蒙:训练幼儿的模仿能力,打好英语良好语音语感的基础

语音语感启蒙是认知领域的目标。语音是语言的声音,是口头语和书面语的共同基础,是语言的外在形式、物质外壳,词汇和语法都是通过语音这个物质外壳表现出来的,有了语音,语言才能更好地为人们所感知,人们才能更好地凭借这个物质外壳理解和表达思想。可见,习得语音是进行语言交际的必要条件。语感是对言语的准确而又敏感的感受能力,①多是从语调中表达出来的。语言知识包括语音、词汇、语法等,幼儿阶段英语教育涉及的认知目标、语言知识学习的目标,主要是要求在词汇、句型等语言本体知识的学习中掌握英语语音语调,形成对英语言语的准确而又敏感的感受能力,即语感。

英语与汉语属于不同的语系,英语属印欧体系,汉语则属汉藏体系,英语的一些语音是汉语语音体系中所不存在的,如[e]、[æ]、[ʌ]、[ʃ]、[ʒ]、[θ]、[ð]、[tʃ]、[dʒ]、[ts]、[dz]、[tr]、[dr]……此外,英语的发音方法和发音习惯与汉语有很大的差别。如根据发音特点,语音可以分为"紧张音"(由于发声时共鸣腔的范围偏长而产生的)与"松弛音"(共鸣腔偏短的结果),英语的音素常常呈现出"紧张性",发音器官变化大,而汉语语音普遍带有"松弛性",发音器官变化小;英语中有清音、浊音的区别,而汉语语音没有清浊、送气不送气的区别,因此,中国人对英语浊音的发音比较困难。又如,汉语很少有以辅音结尾的,英语中当读到以辅音结尾的音时,中国人习惯在尾辅音之后加上元音,这种现象叫"汉增音",如"lack"、"but"、"pig"儿童会发成/lækə/、/bʌtə/、/pɪɡə/;汉语的双音节、多音节的重音大多在最后一个音节上,而英语则相反,重音大多在第一个音节上,如"football"、"dininghall"。

另外,语音本身的自我调节机制复杂,包括言语动觉调节、言语听觉调节和言语视觉调节,即学会观察与模仿口形、分析语音及掌握正确的发音动作等。因此,要发好英语语音,需要幼儿不断地辨别、练习,不断提高语音的自我调节机制。而且,心理语言学实验证明,幼儿期是语音学习的"关键期",幼儿学习英语的优势在语音,幼儿与成人相比,音域宽、精确区分语音的感受能力及语音的模仿能力与再现能力强,语音的可塑性大、负迁移小,易形成地道的语音、语调。心理语言学实验也证明,儿童对语言的辨别与认知能力和对语音与语调的领悟能力,在6岁以后开始急剧减弱;婴儿普遍具备的语音分辨能力随年龄增长而递减。因此,学习外语的起始年龄越早,其语音精确性越高。而且根据斯滕伯格(Sternberg,1993)的研究,控制发声的器官(如舌、唇、下巴、声带等)的运动神经在10到12岁时开始衰退。由此可见,语音语调的学习最好在早期进行,英语的起始学习主要应在语音语调方面打下一个良好的基础。

从这一目标出发,启蒙阶段的幼儿英语教育,要让幼儿在丰富的听说实践活动中,接受大量

---

① 杨成章:《语感学习的心理探索》,《语言学习》,1992年第11期。

的英语语音语调熏陶,从而逐步学会控制发音器官,分析发音部位、发音方法及部位,掌握正确的语音,为后继英语学习打下扎实的语音基础。语音包括单词发音、句子重音、语调、节奏和语流等方面,因此,教师要善于引入一些具有音素代表的且与幼儿日常生活有联系的单词、短句,让幼儿辨别与模仿,还可进行语音语调训练的专门活动,包括念绕口令(tongue twister)、押韵句、押韵儿歌、押韵歌谣等。如"A big black bug bit a big black bear."(绕口令)、"Lazy lion lounging in the library."(辅音押韵句——押头韵)、"The girl in blue is Sue."(元音押韵句——准押韵)、"Tom, hop, hop, hop! Now, stop, stop, stop!"(押韵儿歌)、"Tea, tea, tea, can I have some tea? Tea, tea, tea, here is your tea."(押韵歌谣)……

语音语调的模仿也是帮助幼儿形成语音知觉的过程,幼儿在反复听、反复模仿语音语调的基础上,易养成自动化的习惯,形成一定的语感。幼儿的模仿力很强,除了视听材料,如磁带、录像带、CD、VCD外,教师是幼儿的主要模仿对象,所以,教师要注意自身的语音标准。如果教师的语音和口语能力较差,幼儿会习得不规范的语音、不正确的语言习惯,形成语音语调的定势后,以后将难以纠正,对后继的英语学习会造成极大障碍。

在注重语音训练的同时,还能培养幼儿良好的语感,即直觉地感知和领悟语言的一种能力。初始阶段幼儿的英语学习不是理性的,而是直觉的,幼儿更多的是通过听觉、视觉等感官广泛地接触语言材料,熟悉所学语言的语音、语调、语义等,更多地依赖语境直接感知语言信息。因此,幼儿期较易形成良好的语感,教师要努力创设语境,使幼儿在视觉、听觉上始终受到大量的语言信息的刺激,注重对语言的感知、体验;同时,教师要尽量创设英语语言环境和情景,使幼儿通过大量的模仿、运用等实践活动,形成初步的英语语感。

总之,幼儿英语教育目标不应单纯追求词汇、句型等语言本体知识掌握的数量,而应在语言知识学习的过程中,让幼儿接受大量的语音语调熏陶,逐步学会控制发音器官,掌握正确的英语语音并形成对英语语言的敏感性,为后继英语学习打下良好的语音语感基础。

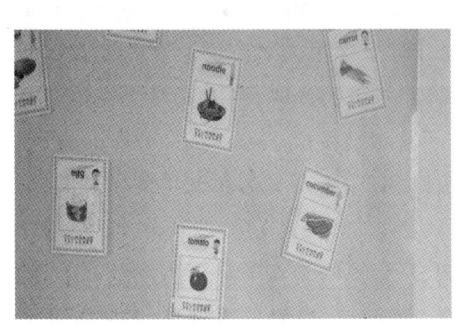

图 3-2　英语词汇

(三) 交际能力启蒙:听说领先、启动开口,培养幼儿初步用英语进行交际的能力

交际能力启蒙是技能领域的目标。英语技能主要涉及两个方面:言语的理解(听、读)和言语的产生(说、写)。听说技能属于口语方面,认读技能则属于书面语言方面。在幼儿认知发展及小肌肉发展未成熟之前,应以听说口语练习为教育目标。

听说领先实质也是"听说为主",不搞认读,以听说口语练习为教育目标,它顺乎了语言发展的规律。口语是第一性的,是人类常用的、直接推动社会交往最需要的形式。各种语言都是先有声后有形,即先有言语、后有文字。因此,不论哪种语言,儿童的学习都是先声后形、先简单后复杂、先感性后理性、先习得后规则。从个体言语发生的过程看,幼儿最先掌握的是发音、说话,幼儿感受言语的器官主要是耳朵而不是眼睛。幼儿期正处于口语发展的关键期,如果幼儿在读写之前,通过口语掌握了音位体系和一些基本词汇,今后英语学习的全过程将会迅速而有效得多。因为从语言学的角度看,书面语言是口头语言的视觉体现,书面语言的表达在口头语言里有其相应的语言对象。再者,幼儿听觉敏锐、模仿力强,善于获得具体的语言信息,自我意识不强、心理障碍少,只要有一定的环境,幼儿都乐于开口,这样便于幼儿边学边用、学以致用,使所学的语言材料不断得到巩固和提高。然而,读写技能则是相对复杂的技能,它需要识别字符的能力及熟练的精细动作能力,不适合幼儿的年龄特征。因此,幼儿英语学习应该遵循语言发展的自然程序——听说领先。幼儿期英语教育不提倡刻意认读字母,但如果教师一定要将字母在教学中引入的话,最好不要直接显性教授字母,要善于在教室中创设具有英语字母的环境,给幼儿一种直观的感受即可,鼓励幼儿在多次接触、潜移默化的过程中自然掌握字母。

"听说领先、启动开口"更反映了注重语言功能的作用,把语言看成是一种交际工具。社会语言学、心理语言学认为,言语行为和言语活动是满足人们交际的需要,使用语言是一种交际能力,语言功能的主要标志是交际功能。从实践中掌握外语,在真实情景中使用语言,才是基础外语教育的目的。从20世纪70年代中期以后,语言学从强调研究语言体系本身转向强调研究语言的运用,认为儿童是在有目的的活动中,在与他人相互作用的过程中,通过运用语言来学习语言的,"学中用,用中学"是一种建构的过程。儿童语言教育应重视儿童运用语言的能力,以促进他们交流能力的发展。语言学家卡明斯(Cummings,1979)曾区分出两种语言能力,一种叫做"基本人际交流能力"(basic interpersonal communication skills),一种叫做"认知语言能力"(cognitive language proficiency),并认为儿童学外语对前一种能力颇有裨益。① 因此,我们提倡幼儿英语教育追求的目标为"学中用,用中学,边学边用"(learning English by using it),让幼儿通过运用语言来培养英语的表达和交际能力。

图3-3 幼儿运用英语进行交际

幼儿英语教育的归宿和最终目标是培养幼儿初步运用英语交际的能力,即培养幼儿在日常生活中学会开口说英语、学会开口用英语的能力。但是,要启动幼儿开口所依赖的是交际环境,正常的语言交际都是在一定的情境中进行的,没有明确的交际目的,就谈不上真正意义上的语言使用。因此,教师要努力创设使用英语交往的环境,让幼儿在自然的、真实的生活情景中运用所学的英语,培养幼儿交际的能力。语言学习完全是一种能力和技能的培养,幼儿只有在大量的语言实践的基础上才能掌握英语。

(四)多元文化启蒙:初步接触和感受多元文化,使幼儿萌发多元文化的观念

多元文化启蒙是文化领域的目标。语言可归入"文化"的范畴,语言总是出现在一定的社会文化中,同时,语言可承载文化的一切,即语言本身是文化的重要组成部分,语言自身中必然包含着丰

---

① 戴炜栋:《试论影响外语习得的若干重要因素》,《外国语》,1994年第4期。

富的社会文化内涵,其出现必然联系着特定的现实文化背景,并造成了语言的民族差异、历史时代差异,乃至个性差异。同时,语言又承载并交流传播着文化,语言和文化之间必然互为表征、相互影响。

可见,语言是文化的载体,任何一种语言都与文化有着不可分割的联系,不同的语言蕴含着不同的现实文化背景。因此,在学习英语的过程中,还要让幼儿逐步了解英语国家的风俗、生活方式和社会习惯,让幼儿初步接触和感受多元文化,领悟中外文化差异,以此萌发幼儿多元文化的观念。

图 3-4 万圣节环境创设

当然,除以上所提及的四项目标外,幼儿园英语教育目标还要注意服从幼儿教育的总体目标,养成幼儿良好的个性和品质,即通过学习英语,培养幼儿的毅力,增强幼儿的自信,促进幼儿非智力因素的发展,为实施素质教育而服务。

总之,科学的、具有启蒙性质定位的幼儿英语教育目标,主要由情感、认知、技能及文化四个领域组成。其首要目标是激发幼儿学习英语的兴趣,培养幼儿对英语学习强烈的求知欲;其最终目标是让幼儿在学习语言知识的过程中打好语音语感的基础,激发幼儿多元文化观念,并启动幼儿开口说英语,培养幼儿初步用英语进行交流的能力。

思考与实践

1. 幼儿英语教育目标的含义和作用是什么?
2. 幼儿英语教育的价值取向是什么?
3. 幼儿英语教育目标的具体内容是什么?
4. 联系实际谈谈为什么激发幼儿英语学习的兴趣是幼儿英语教育的首要目标。
5. 案例分析

某教师在中班英语区角活动中,要求幼儿根据教师提供的一些英语单词图片,分别用英语字母卡片拼出这些英语单词并念一念这些字母和单词。

(1) 上述案例中英语区角活动内容安排是否适宜?为什么?
(2) 请根据幼儿英语教育目标对该区角活动内容的安排提出自己的修改意见。

第四章

幼儿英语教育的内容

■ 知识要点
- 幼儿英语教育内容的含义与作用
- 幼儿英语教育内容的范围
- 幼儿英语教育内容选择的注意事项

明确了幼儿英语教育的目标,还需要根据目标选择和组织幼儿英语教育的内容,因为幼儿英语教育内容是实现英语教育目标的重要载体,离开了教育内容这一媒介,幼儿英语教育目标将如空中楼阁,难以实现。教育内容要解决的是"教或学什么"的问题:什么内容最适合幼儿?学习哪些内容最有利于实现教育目标,使幼儿达到预期的发展?……本章重点围绕幼儿英语教育内容进行阐述,主要介绍幼儿英语教育内容的含义与作用、幼儿英语教育内容选择的注意事项。

第一节 幼儿英语教育内容的含义、作用与范围

选择幼儿英语教育内容,首先要了解幼儿英语教育内容的含义、作用及涉及的范围,这样,才能够更好地根据幼儿英语教育目标选择适宜的英语教育内容,以实现幼儿英语教育内容的作用。

一、幼儿英语教育内容的含义

教育内容是指为实现教育目标,经选择而纳入教育活动过程的知识技能、行为规范、价值观念、世界观等文化总体。① 幼儿英语教育内容是为实现幼儿英语教育目标,有目的、有计划地为幼儿选择和提供给幼儿学习的各种英语语言的知识技能和价值观念等。幼儿英语教育内容主要解决的是幼儿学什么英语知识与经验和教师教什么英语知识与经验的问题,幼儿英语教育内

图 4-1 幼儿英语教材

---

① 顾明远主编:《教育大词典》,上海教育出版社1998年版,第788页。

容一般以课程和教材的形式体现。幼儿英语教育目标一旦明确，就在一定程度上为英语教育内容的选择和组织提供了一个基本的方向和准则。

二、幼儿英语教育内容的作用

幼儿英语教育内容的选择和组织，是开展幼儿英语教育实践的一项重要工作。幼儿英语教育内容是实现幼儿英语教育目标的载体。只有通过幼儿英语教育内容，才能实现制定的英语教育目标。没有英语教育内容作载体，英语教育目标将成为一纸空文。

三、幼儿英语教育内容的范围

幼儿英语教育内容涉及的范围较广泛，但由于幼儿生活经验不像成人那样丰富，英语教育涉及的内容主题需要遵循一定的限制和要求。总体来说，人、自然和社会是幼儿英语教育内容涉及的三大范围，即幼儿英语教育内容应以幼儿自身，幼儿的生活、家庭、幼儿园、社区生活及大自然等主题为核心，具体内容可包括身体、数字、颜色、时间、食品、服装、玩具、植物、动物、天气、家庭、朋友、交通工具、节日、自然现象及季节等。

从英语语言素材的表现形式来看，幼儿英语教育内容主要可包括围绕以上各主题的英语语音、词汇、句型、对话、儿歌(rhyme)、歌曲、故事和歌谣(chant)等。

学习英语的开始阶段必须从听力入手。语音是语言的三要素(语音、词汇和语法)之一，是语言的物质外壳，是听力的基础。只有具备良好的语音语调，才能奠定未来英语学习的基础。心理语言学实验研究证明，幼儿英语学习的优势在语音。幼儿语音教育的内容主要涉及英语国际音标中48个音素的发音、单词重音、句子重音以及升降调等。

词汇是语言的基本材料，是语句的基本单位，也是语言的三要素之一。英语词汇包括单词、短语和习惯用语，幼儿涉及的英语词汇较多是单词，如"apple"、"red"、"look"等。对一个学习外语的人来说，掌握的词汇越多，运用语言的能力就越强。因此，词汇是幼儿英语学习的重要内容，是幼儿英语教育内容的基本素材。

句型是从无数句子中归纳出来的一定数量的句子模式，是表情达意的基本单位，也是英语教育的中心，它构成了幼儿英语教育的重要内容之一。通过句型，可使学过的单词由静态走向动态。如句型"I have..."，"This is..."等。

对话是两人或多人之间发生的信息交流过程，通过幼儿之间的英语对话，可将所学的单词、句型等加以运用，培养幼儿的英语语言表达和交流能力，体现语言的交际功能。幼儿英语教育内容可包括幼儿生活中最常用的对话，如"What's your name? My name is Tom."

英语是拼音文字，英语中不乏经典的、有趣的、易使幼儿形成对英语语音语调的强烈感觉和刺激的儿歌。儿歌大多琅琅上口、简短易懂，又富有韵律和节奏感，是幼儿英语教育的重要内容和素材，如儿歌"Lion"：Lion, lion. Can you see? Lion, lion. It is me.

爱好音乐是幼儿的天性，唱歌是幼儿表达自己情感的有力手段。因此，英语歌曲也一直为广大幼儿所喜爱，是幼儿较喜欢的英语学习内容，也成为幼儿英语教育的重要内容之一。由于歌曲具有节奏、韵律、曲调，易激发幼儿的快乐情绪，所以，可以有效地维持幼儿的英语学习兴趣和动

图 4-2　幼儿英语儿歌

机,有利于调节课堂气氛。歌曲还有助于幼儿对地道英语语音语感的感知和获得。如歌曲"We wish you a merry Christmas"、"The wheels on the bus"。

图 4-3　幼儿英语歌曲

歌谣又称童谣,是将音乐,特别是爵士乐与诗歌相结合而产生的一种曲调。歌谣相对儿歌和歌曲,其节奏感更明快、强烈,是较适合幼儿年龄特点的、有韵脚、有意境、有节奏、充满童趣、朗朗上口的一种说唱形式,因此,歌谣成为幼儿英语教育的重要内容之一。如歌谣"Up and Down": Up, up, stand up. Down, down, sit down. Here, here, come here. Back, back, go back.

故事生动形象,引人入胜,对幼儿具有普遍的吸引力,能激发幼儿学习英语的兴趣和动机,引发儿童的想象力、创造力,促进形成轻松融洽的气氛。幼儿喜欢听故事,即使是同一个故事,也会一遍又一遍不厌其烦地听下去。故事还能提供理想的英语语言输入,既训练了幼儿的英语听力技能,又能突出语言的表意功能。在表演故事的活动中,还可促进幼儿的英语表达能力。因此,故事作为幼儿英语教育的内容,具有实现幼儿英语教育目标的多重价值。如故事"I am a little boy": I am a little boy. I have a big kite. The kite is in the sky. Oh, it is in Spotty's mouth!

图 4-4　幼儿英语故事

以上是幼儿英语教育内容的主要种类,可作为幼儿英语教育的基本素材。在这些内容中,由于语音教育较枯燥,在幼儿期不宜单独进行教授,应将语音的听辨、模仿、训练和学习自然渗透在对英语词汇、句型、儿歌、故事、歌谣等内容的学习中。此外,词汇教学最终要与常用句型相结合,组成句子,使词汇学习由静态走向动态,突出语言学习中的语言交际功能,使幼儿能学以致用。儿歌、歌曲、故事、歌谣等本身就富有一定的韵律和趣味性,是幼儿较为喜欢的英语学习内容。

资料 4-1　《满天星幼儿启蒙英语》小班上学期内容介绍①

图 4-5　满天星幼儿英语教材

---

① 高敬主编:《满天星幼儿启蒙英语 1》,复旦大学出版社 2012 年版。

Unit	Let's say	Let's talk	Let's chant	Let's do	Let's sing
1. I'm Tom.	Tom Alice	I'm Tom. I'm Alice.	Hello Hello, hello. I'm Tom, Hello, hello. I'm Alice.	Stand up!	We are glad to meet you!
2. Hi	Hi	Hi, Tom! Hi, Alice!	Hi! How are you? — Hi! How are you? — Fine! How are you?	Wave your hands.	Hello, how are you?
3. My family	daddy mummy	Hello, daddy! Hello, mummy!	I'm fine Hello, hello, how are you? Fine, fine, I'm fine.	Feed the doll.	Happy family.
4. Morning	Morning! Bye-bye!	Morning, Tom! Bye-bye, Tom!	Bye-bye! Time for school. Time for school. Bye-bye, daddy! Bye-bye, mummy!	Sit down!	Morning!
5. My face	eye ear nose	It's my eye. It's my ear. It's my nose.	Two eyes Two eyes, two eyes. One, two. Two ears, two ears. One, two. One nose, one nose. One little nose.	Open your eyes. Close your eyes.	This is my face.
6. Lovely animals	dog cat rabbit	I love dogs. I love cats. I love rabbits.	Song of dog and cat Dog, dog, woof, woof, woof. Cat, cat, meow, meow, meow.	Run. Jump.	Walking
7. Fruit	apple pear orange	This is an apple. This is a pear. This is an orange.	This is a a pear This is a pear. Yummy, yummy, yummy! This is an apple. Yummy, yummy, yummy! This is an orange. Yummy, yummy, yummy!	Taste the pear.	Apple
8. Little driver	car bus truck	That is a car. That is a bus. That is a truck.	Drive the car Drive the car. Beep, beep, beep. Drive the bus. Beep, beep, beep. Drive the truck. Beep, beep, beep.	Go. Stop.	Riding in my car

续 表

Unit	Let's say	Let's talk	Let's chant	Let's do	Let's sing
9. Merry Christmas	tree star cake	Merry Christmas!	Christmas Day Shiny, shiny, Christmas day. Santa, Santa's on the way.	Touch the star.	We wish you a merry Christmas!
10. Happy New Year	candy chocolate cookie	Happy New Year!	Fireworks Fireworks, fireworks, bright and high. Fireworks, fireworks, in the sky.	Let's sing. Let's dance.	Happy New Year!

第二节 幼儿英语教育内容选择的注意事项

　　幼儿英语教育内容一般来自市场上出版的教材或幼儿园自编的课程教材,教师较习惯于从现成的教材中来选择幼儿英语教育的内容。目前,市场上供幼儿进行英语学习的教材很多,据上海市教委2001年进行的上海市托幼机构幼儿英语学习情况的调查,幼儿园使用的英语教材种类共有68种之多,有国外引进的原版教材、有国内幼儿专家自编的教材,还有英语专家和教师编写的教材等。应该说,每套教材都有自己的编写思路,都有许多可取之处,在纷繁众多的教材中好教材也不乏其数,但其中确实也有一些教材的内容并不十分适合幼儿学习。根据幼儿英语教育的目标,结合幼儿的年龄特点,教师在选择和确定幼儿英语教育内容时,要注意以下一些事项:

一、英语教育内容以发展幼儿的听说能力为主

　　幼儿阶段的英语教育应该以听说为主,以激发幼儿的英语学习兴趣为目标,充分发挥幼儿在语音方面的优势。因此,选择幼儿英语教育内容时,教师首先要看教育内容是以发展幼儿的听说能力为目标还是以发展幼儿的认读能力为目标。听说领先原则要求选择的幼儿英语教育内容以发展幼儿的听说能力为主,因为幼儿英语教育目标是培养幼儿良好的英语语音、语调、语感及用英语交流的能力,为实现该教育目标,相应的英语教育内容就需要突出英语的听说技能,使教育内容成为实现教育目标的载体。

　　分析市场上现有的幼儿英语教材,有的教材内容强调幼儿对英语的理解和输出,以发展幼儿对英语的感受和口头表达为主;而有的幼儿英语教材内容则以英语的认读为主,强调幼儿对26个

英语字母的认识,并在此基础上进行单词的认读,如某教材以字母的顺序和认读来安排英语教育的内容,"A for apple. B for boy. C for cat. D for dog. E for egg. F for fish..."这类教材的内容过于偏重发展幼儿英语的认读能力,与幼儿英语教育的价值取向和目标是相背离的。

由前所述,幼儿的年龄特点和幼儿语言发展规律决定了幼儿期的英语教育目标应是听说领先,因此,教师要善于对市场上名目繁多的英语教材进行分析和甄别,选择以发展幼儿听说能力为主的英语教育内容。

图4-6 幼儿英语教材的单词认读内容

二、英语教育内容要贴近幼儿的生活

自20世纪20年代起,外语教学法专家就提出了按使用频率选学英语词汇的理论,即选择生活中使用频率高的词,就是日常生活中的常用词、高频词,可为学习者提供学习上的方便。因此,教师所选择的幼儿教育内容要贴近幼儿的生活经验(close to life),即教师要尽量选择与幼儿生活有直接联系的教育内容,把教育内容活化为幼儿的生活实际,做到幼儿英语教育内容所涉及的词汇、句型、情景等都是真实、实用的,都是幼儿日常生活中能经常接触到和学习到的经验。这样,既便于幼儿将在幼儿园学习的英语经验和日常生活经验联系起来,形成一个经验整体,逐渐理解和内化英语的意义,同时,又容易让幼儿学会后就能够在日常生活中进行迁移和运用,做到学用结合。如 ambulance(救护车),taxi(出租车)等常用词学习,幼儿能结合日常生活经验较好地理解和记忆,又能自然地在日常生活中加以巩固和运用。

图4-7 贴近幼儿生活的英语教育内容

然而,市场上有些教材上出现的词汇还较远离幼儿的生活经验,如 alien(外星人),germ(细菌),gem(宝石),iguana(变色龙),vet(兽医),yarn(线团)等。以上这类词汇内容是幼儿日常生活中不经常接触到的,幼儿没有相关的生活经验积累,故不宜选择作为幼儿英语教育的素材。

另外,教师所选择的幼儿英语教育内容不应过早出现涉及英语语法知识的词汇和句子,如涉及人称代词的主格与宾格的区别(her、him等)、涉及名词性物主代词的词汇(ours,theirs,mine等)、涉及第三人称单数的语法句子(He reads English every day)……教师在选择幼儿英语教育的内容时,始终要明确幼儿英语学习的性质和特点,即幼儿英语学习的优势在语音而非语法上,教师要注意扬长避短,尽量避开幼儿认知能力所限而不易理解的较难的语法词汇和句子,以免抹杀幼儿英语学习的兴趣。

三、幼儿英语教育内容要符合各年龄段幼儿英语输出的水平

幼儿英语教育内容的选择要有适宜性,教育内容要符合各年龄段幼儿英语语言的发展特点,对各年龄段幼儿的英语语言输出要求和水平体现出应有的层次性,从而使各年龄段幼儿英语教育内容的编排总体表现为循序渐进、螺旋式上升的序度。如从初始学习"I'm …",然后到学习"My name is …",再进行组合"Hello, My name is …"。因为与幼儿母语的发展规律相似,幼儿英语语言的输出也要经历由简至繁、由易到难的发展阶段,英语语言的表达也要遵循语言发展的一般规律,即从一词句到二词句再到电报句、简单句和复合句。

因此,教师应为不同年龄段的幼儿选择适合他们语言发展特点和规律的英语教育内容,以免教育内容过难给幼儿造成太大的心理负担和输出压力。有的教材编排一开始出现的内容就是长句,如让初始学习英语的小班幼儿学习句型"My name is …"。由于初学的幼儿在英语音素/aɪ/、/eɪ/、/ɪ/未熟悉与训练的基础上,一般对长句难以掌握,以致会形成压力,出现长时间的"沉默",从而影响英语学习的兴趣和效果。

案例 4-1

【案例】教师为小班幼儿开展英语故事教学,其选择的一节英语故事内容为:"A vase is on the table. Kitty is on the sofa. Kitty jumps. The vase is on the table."教学中,教师在借助于图片和动作讲解完故事内容,在幼儿初步感受和理解故事后,就带领幼儿一边做动作,一边复述英语故事。但幼儿基本都没有开口叙述故事。

【评点】该案例中为小班幼儿选择的该英语故事内容总体较难,有四句短句,每个句子都是完整句。为小班幼儿选择的故事篇幅不宜太长,同时,构成故事的句子不一定都要用完整句,可用一词句、双词句来表达故事情节,使故事内容短小精悍,适合小班幼儿学习。另外,小班如果一定要开展案例中的英语故事教学,宜放在小班下学期进行,同时,要拆分成 2 个教时进行,第一教时学习故事中的单词,为故事完整教学作知识经验的铺垫;第二教时再安排完整的故事感受和尝试表达的教学。如此循序渐进,使故事内容与小班幼儿的英语发展水平相适应。

四、幼儿英语教育内容要有一定的复现率

教师在选择幼儿英语教育内容时,要考虑内容的复现率,使幼儿所学的英语教育内容有一定的重复性。由于幼儿的记忆以机械识记为主,机械记忆的效果较差,学习的内容容易遗忘,因此,幼儿英语教材的教育内容编排还要能提高所学词汇、句型等的复现率。

具体而言,在每一新主题中,教材新内容最好能覆盖前面单元的内容,将幼儿以前所学内容进行再现。这样,既能产生新旧知识的联系,使幼儿英语学习内容做到前后衔接、连贯,又能使新

内容引入自然,同时,还能帮助幼儿不断巩固原有的英语知识和技能。如在学习水、牛奶的词汇时,教师可创设幼儿在教室吃点心的环节,将男孩、女孩、杯子、盘子、桌子、椅子和饼干等词汇自然引入该主题的学习,以实现对前期所学词汇的复习。同时,一个英语学习材料中所包含的词汇和句型等最好能多次重复出现,以帮助幼儿不断进行记忆和巩固。如,歌曲"This is my face":Eye and ear. And mouth and nose. Mouth and nose. Mouth and nose. Eye and ear. And mouth and nose. This is my face.

图 4-8　幼儿英语教育内容的复现率

五、幼儿英语教育内容要突出语言的交际功能

语言最重要的本质特点是一种交际工具,幼儿学习英语其最终目标是能够学会初步用英语与他人进行交际,因此,教师要从"学了就用"的理念出发,学会分析幼儿日常生活中的交际交流的需要,按幼儿的需要取材,即在选择幼儿英语教育内容时,要考虑交际性原则,所选教育内容要符合幼儿日常生活交往和交际的需要。为幼儿选择的英语教育内容不必按语法规则的顺序排列,而应从幼儿实际交往的需要出发,即按幼儿生活中语言交流的需要去选择和排列内容,以促进幼儿的英语交际能力。

因此,幼儿英语教材中的教育内容要体现语言的交际功能,教材中出现的句子应是幼儿日常生活中的常用口语,从而使幼儿能有足够的实践学以致用,在生活中运用英语表达自我意念以及与他人进行交流。如选择"How are you?"、"I'm fine. Thank you."等内容,这些都是幼儿日常交际中需要的口语。

图 4-9　幼儿英语教育内容的交际功能

六、幼儿英语教育内容要体现英语的整体性特点

教师在选择幼儿英语教育内容时，呈现方式要以英语为主，体现对英语的整体性特点，帮助幼儿形成对英语的整体感知和表达能力，培养幼儿英语的直觉思维。教师在为幼儿选择英语文字教材及文字教材配套的多媒体辅助材料，如声像教具、磁带、CD、VCD等多媒体教材时，要选择以英语为主进行表达的内容，避免用翻译法进行汉语——对应解释的英语教育内容，更要避免选择中英夹杂式语言的英语教育内容，如儿歌"小孩小孩 baby，丢了糖果 candy，去追小狗 puppy，跑到城市 city"。这样的幼儿英语教育内容从语言输入的材料而言不够原汁原味，其呈现打破了英语的整体性特点，不利于培养幼儿对英语的整体感知，久而久之，无助于幼儿英语直觉思维的培养。

总之，教师要根据幼儿英语教育目标选择教育内容，使教育内容成为一种载体，成为实现英语教育目标的媒介，让幼儿通过所选英语教育内容的学习，萌发对英语学习的兴趣，培养起良好的语音、语调、语感和一定的多元文化观念及初步用英语交际的能力，从而使教育内容能够为实现幼儿英语启蒙教育的最终目标而服务。

思考与实践

1. 幼儿英语教育内容的含义是什么？
2. 幼儿英语教育内容的作用是什么？
3. 选择幼儿英语教育内容时要注意哪些事项？
4. 某幼儿园大班教师为幼儿选择的英语教育内容如下：BALL GAMES；DRIBBLE.让幼儿了解运球这一球类游戏，并学习认读出这三个英语单词。请根据幼儿英语教育内容选择的注意事项来分析该教师选择的教育内容。

第五章

幼儿英语教育的组织与实施

■ 知识要点
- 幼儿英语教育组织与实施的含义与作用
- 幼儿英语教育组织与实施的途径
- 幼儿英语教育组织与实施的原则
- 幼儿英语教学法
- 幼儿英语教学组织与实施的方法
- 渗透于幼儿日常活动的英语教育组织与实施的方法

明确了幼儿英语教育的目标，选择了幼儿英语教育的内容，还需要将目标和内容贯彻落实在幼儿英语教育实践中，这就涉及幼儿英语教育的组织与实施要素。科学有效的幼儿英语教育，需要教育目标的导向和指引，需要教育内容的适切和丰富，同时，更离不开对组织和实施要素的精心考虑。本章重点阐述幼儿英语教育的组织与实施，包括幼儿英语教育组织与实施的含义与作用，幼儿英语教育组织与实施的途径，幼儿英语教育组织与实施的原则，幼儿英语教学的组织与实施和渗透于幼儿日常活动的英语教育的组织与实施等。

第一节 幼儿英语教育组织与实施的含义、作用与途径

在探讨幼儿英语教育组织与实施的具体实践要求前，需要对幼儿英语教育组织与实施的含义、作用和途径有一个概要性的了解。

一、幼儿英语教育组织与实施的含义

幼儿英语教育的组织与实施是为将幼儿英语教育目标和幼儿英语教育内容落实在实践中而采取的一系列教育方法、教育手段及教育途径等。

二、幼儿英语教育组织与实施的作用

幼儿英语教育的组织与实施在幼儿英语教育中占有举足轻重的地位。幼儿英语教育的组织与实施是实现预期的幼儿英语教育目标和完成预设的幼儿英语教育内容的基本途径和手段，是

幼儿英语教育中的核心环节和实质性阶段。只有遵循幼儿英语教育组织与实施的基本原则,合理安排教育过程和教育方法与手段,才能确保幼儿英语教育实践符合幼儿的年龄特点并具有科学性和有效性,才能保证幼儿英语教育目标的实现和幼儿英语教育内容的贯彻落实。

三、幼儿英语教育组织与实施的途径

幼儿英语教育组织与实施的途径主要包括幼儿英语教学和渗透于幼儿日常活动的英语教育。

(一) 幼儿英语教学

幼儿英语教学是一种正规性的英语教育,主要指教师对幼儿开展的正式的、专门性的英语语言的教学活动。具体来说,教师一般每天或两三天一次,安排半小时左右的时间,有目的、有计划地教授幼儿有关英语的语言知识和技能,让幼儿调动注意力进行有意识的英语学习。此时,英语是作为一门语言学科、语言课程来教授的。

在目前幼儿英语师资条件总体不够理想的情况下,幼儿英语教育组织与实施最主要的途径就是英语教学,即正规性英语教育,它较好地提供了幼儿学得英语的机会和条件。

(二) 渗透于幼儿日常活动的英语教育

渗透于幼儿日常活动的英语教育,是一种非正规性的幼儿英语教育,又称渗透式幼儿英语教育,主要是指教师结合自身和幼儿的实际,用英语来组织幼儿一日生活中的某些活动,如生活活动、游戏活动和运动等,让幼儿除了在正式的教学活动外,在日常活动中也有感受和表达英语的环境,帮助幼儿以一种无意识的状态通过大量接触英语语言输入和使用英语来习得英语。此时,英语不再是作为一门语言学科、语言课程来教授,而是充当了教师组织幼儿日常活动的媒介和与幼儿交流的工具。

渗透于幼儿日常活动的英语教育,即非正规性英语教育是渗透性的、随机灵活的,对教师的英语水平要求相对较高,在目前情况下,是幼儿英语教学的重要辅助途径,它在幼儿英语教学的基础上,为幼儿创设了近似习得英语的机会和条件。

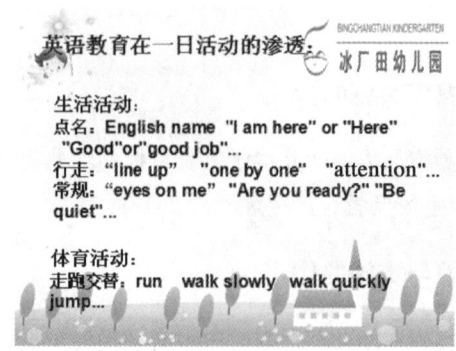

图5-1 渗透于幼儿日常活动的英语教育内容

第二节 幼儿英语教育的原则

幼儿英语教育的原则是为将幼儿英语教育目标和教育内容落实在实践中而实施教育时必须遵循的基本要求。这些要求是根据幼儿英语教育目标和幼儿身心发展的特点,并在兼顾第二语言学习理论的基础上提出来的。

幼儿英语教育的原则一般包括两部分:一部分是幼儿教育的一般原则,是根据幼儿教育的特点提出来的;一部分是幼儿英语教育的特殊原则,是根据幼儿英语教育的特点提出来的,是对教师实施幼儿英语教育时的特殊要求。本章节的幼儿英语教育原则主要是指针对幼儿英语教育的实施而提出的特殊原则。

一、有效(effective)输入、注重感受的原则

对于语言学习来说,输入(input)是首要条件。语言输入是指语言学习者听到或读到的语言素材。语言习得的研究发现,人们掌握语言的过程,能理解的比能表达的要多,语言学习是一个由语言输入到内化,最终到输出的过程。因此,语言输入在外语学习中起着举足轻重的作用,学习语言需要大量的感受、理解,才能产生输出,进行表达。语言学家乔姆斯基认为,语言输入是必要的,是用来激活语言习得机制的运作。

第二语言学习首先也要经历语言输入这一阶段,第二语言输入在整个第二语言学习中的作用是十分重要的,是影响第二语言学习效果的重要外部环境因素。美国语言教育家克拉申认为,第二语言学习的成功依赖于有效的语言输入。只有有效的语言输入,才能帮助幼儿感知和处理环境中的语言输入素材,形成大量的英语语言经验,获得英语的直觉与语感,从而提高第二语言学习的效果。那么,教师如何做到语言输入的有效性,给幼儿充分的英语语言的感受呢?

(一) 提供丰富的、足够的输入(a high quantity of input)——输入材料的数量

乔姆斯基提出,习得语言的特点之一是多接触语言,只有大量的语言输入才有可能产生一定的语言输出。20世纪50年代,信息理论的冗余概念(redundancy)被引入语言研究。冗余指已知信息或旧信息。研究表明,语言的冗余大大有利于语言的习得和记忆,语言并不是行为主义理论中的刺激和反应之间的简单联结。对英语的大量输入是英语习得的基本特征,英语语言的习得是在丰富的英语语言环境中进行的,环境中的语言输入素材可作为激发(trigger)因素去激活幼儿自身的语言习得机制。洛扎诺夫(Lozanov)提出了第二语言学习中的"临界量"(the critical mass)的概念。只有当一个学生在第二语言环境里,接受一般语流的丰富、密集、长时间的"轰击",他才能最有效地学习语言。一个最佳的、丰富的第二语言学习环境不仅仅是一种饱和状态,为了达到最佳状态,学生必须同大剂量的语言作长期密集的接触。可见,幼儿英语教育应先从语言输入量的准则(quantity matrix)入手。

由于教师是最直接的英语输入提供源,教师用语起着重要的英语语言示范作用。因此,教师在短暂的30分钟左右的英语教学活动中或在渗透英语教育的一日某活动环节中,应为幼儿提供充足的英语语言输入。

要做到充足的英语语言输入,教师首先要在实施正规性或非正规性英语教育时,尽量使用完整的语言,语体要有一定的变化,即语言输入中所包含的语言功能要丰富,运用多种类型的语言功能句。此外,教师要善于动用各种手段,如图片、音乐、影像、录音等多种现代化教学手段,扩大语言输入量,向幼儿输入大量的英语语言信息,让幼儿能够大量感受英语、广泛接触英语。另外,教师还要善于利用扩展(extend)幼儿语言的方式为幼儿提供丰富的语言输入。因为幼儿的语言可能是一词句、双词句等不完整的英语,但教师要善于将幼儿的不完整句扩展为完整句。如幼儿说"All gone truck."(卡车都跑走了),教师回应时应将句子扩充成为一个合乎语法的完整句:"Yes, the trucks are all gone."(对,卡车都走了);又如教师问幼儿"What's this?"幼儿回答"Apple."时,教师可对幼儿的语言进行扩展:"Yes. It's an apple. It's a big, red apple."这种扩展还表现为教师在理解幼儿话语方向的前提下,及时提供幼儿所急需的语言形式。

看下面的一段对话:

Teacher: Tom, where is your marker?

Tom: Mm … I … Mm.

Teacher: Did you forget your marker?(扩展1)

Tom: Yes ….

Teacher: So, you forgot to bring it to school, didn't you?(扩展2)

这种语言的扩展方式能最大限度地提供幼儿英语语言的输入,给幼儿充分的语言感受,为幼儿语言的输出打下基础。

(二) 提供粗调输入(roughly-tuned input)——输入材料的难易度

儿童在母语获得中,置身的是一个真实的、自然的生活环境,接触的是超出其自身发展水平的语言素材,但是儿童恰恰在日常生活中的自然的语言素材的刺激下,在短短几年内就学会了母语。对儿童来说,母语输入的质量是较高的,这一输入是未经精心挑选的,是一种粗调输入,而非精调输入(finely-tuned input)。

就第二语言学习而言,斯滕伯格(Steinberg, 1993)强调,成年人适合讲解式的学习,而儿童则适合通过更多地接触第二语言的环境,接受自然语言的输入来进行学习。因此,儿童的第二语言输入应打破系统性,以自然为基准。教师在把握输入数量的同时,即确保幼儿有充足输入的同时,还应借鉴母语获得中的输入质量标准(quantity matrix)。第二语言学家克拉申(Krashen)认为,外语教学没有必要费神费力去为学生准备"精调输入",而应采用"撒网"(casting a net)的方法,大剂量地为学生提供"粗调输入",以确保语言输入的内容有适当的"信息差"。

幼儿英语学习的粗调输入就是指教师的话语要略高于幼儿现有的英语语言水平,以"i+1"为标准。"i"指幼儿现有的英语语言水平,"1"指适度超出幼儿语言水平的输入。这种性质的语言输入总体语言难度不超过幼儿的语言能力,但又略高于儿童现有的英语语言能力发展水平,只有这样，才能保证语言的习得。在这种粗调输入下，英语语言环境更自然、更接近真实(authentic)。粗调输入从心理学的角度而言，就是维果斯基所提出的"最近发展区"，在语言教学中，让教师的言语走在幼儿语言发展水平的前面。

因此，在英语输入的难易度方面，教师的英语话语要略高于幼儿现有的英语水平，教师要注意自身的语言输入，不能因为幼儿初学者的语言基础而精心设计、选择使用与幼儿当前英语能力相当的语言，如一词句、二词句、电报句等。教师不应该让自己的话语等同于幼儿的话语，而是坚持使用自然、完整的英语，其中包含常用的、基本的英语语言的词汇、结构、语法与规则，提供略微超出幼儿现有语言水平、难度适中的英语语言输入，保证让幼儿自始至终浸泡在自然真实的英语语言环境中。否则，幼儿只能听什么说什么，听多少说多少，教师语言输入的精调，不利于幼儿英语语言的学习。

(三) 提供可懂(comprehensible)的输入——输入材料的性质

"可懂"意指可理解。粗调输入的语言信息略高于儿童现有的发展水平，它怎样为儿童所理解呢？因为直觉的感知从来不是真正的理解，感知到的东西并不完全被理解。这就要求教师能做到粗调输入的可懂性。

"可懂的输入"指的是教师的英语语言输入要以幼儿的可理解程度为出发点。母语习得的研究发现，当对儿童进行粗调输入时，成人会运用各种手段与儿童互动(interact)，帮助儿童理解其输入的语言信息，从而转化为儿童的习得。在儿童母语获得过程中，母亲或照顾者为了使孩子理解自己的语言，所使用的单词、句子结构简单，话题内容与生活息息相关，单词、短语、句子频频重复，发音清晰、语速缓慢，句子末尾处用升调，句子中对比重音的数量极大，会不断调整自己的话语，如有意通过缩短话语长度调整输入给孩子的语言信息等，形成一种简约输入(simplified input)。克拉申(Krashen，1985)认为，在母语习得中，母亲话语(motherese)和保姆话语(caretaker talk)比较简单，容易理解，适合儿童的需要，为母语习得提供了理想的语言输入。① 这种输入是简约输入，是可理解的输入。

从以上简约输入出发，怎样把母语学习和外语学习联系起来呢？借鉴母亲语的输入特点，第二语言习得研究者从"外国人言语"(foreigner talk)和"教师言语"(teacher talk)入手进行研究。他们发现，本族语使用者在同第二语言学习者的接触中也会调整自己话语的语法结构和词汇，调整话语的难度和长度，产生所谓的"外国人言语"，以便使第二语言学习者理解并与第二语言学习者进行交流。在学校外语教育中，教师的用语也会发生类似的调整现象，形成所谓的教师语言(teacher talk)。教师话语是指教师在课堂内对学生所说的话语，是组织英语教育的工具，构成英语教育的环境，也是对学生语言输入的一个重要来源。因此，有效的教师话语是英语教育中必要而有价值的部分。

教师语言主要是针对学生而言的，为达到使学生理解并达到与学生交流的目的，教师的语言常常在教学过程中经过调整、简化，从某种意义上说，它是"人工性的"，对学生而言是经过简化的

---

① Krashen, S. D., The Input Hypothesis: Issues and Implications, London: Longman, 1985, p.76.

符号系统,这样,才能确保输入的可理解性。

在语言学家克拉申看来,"输入的可理解性"是决定外语学习成效的一个最重要因素,他认为,导致语言习得的真正起因,是学习者接收并弄懂可理解的语言输入。语言学家朗(Long)强调,不论是母语学习还是外语学习,成功的学习者总是以获得可理解的语言输入为特征的,只有可理解的输入,才能成为真正被吸收的语言(intake),才能促进外语学习。他认为要使输入可理解,关键是采用语码调整这一方法。语码调整的目的在于形成简约输入,提高信息被吸收的效率。因此,为了做到输入的可理解,教师要善于将粗调输入不断调整,将其转化为简约输入。教师的话语可借鉴母亲语(motherese),使之成为简化语码(simple codes)。为此,教师话语要注意:

1. 坚持句法的简单化

母亲语的最大特征是抽象和难懂的词较少,句子平均长度较短,语法结构简单,较少用复杂的复合句,从句和每句话的层次较少,但相对规范,极少出现不合语法的话语和断句。因此,教师在对幼儿说英语时,首先要注意运用常用词,避免使用生僻词,如不用"snip"(剪)、"thrust"(插),而用"cut"、"put"来表达同样的意思;教师还要多运用直观词语,避免使用抽象词,如表达"选"的意思时,可用"pick",不用"choose"。其次,教师介绍活动规则的用语尽量简单,避免使用带有从句的复合句,如"If you find the apple, put it on the table"。如此的语句太长和复杂,幼儿较难理解,教师可借助直观动作将其简化为:"Find the apple, put it here,on the table"。

2. 坚持"此时此地"原则(now and here principle)

母亲语是贴近幼儿生活的,这些知识和经验是幼儿最熟悉的,并具有重复率(frequency)。母亲语的话语限制在此时发生并存在于幼儿身边的事和物,限制在幼儿能理解的范围之内,在所处环境中能够立刻被感知的事或物,语词与环境之间的对应十分亲密。比如,母亲对孩子说的话,一般都是指向孩子看得见、摸得着的物或者是当时正在发生的事情。

"此时此地"原则是进行最佳调整(best-tuned)、确保语言输入可理解的一个方面,因此,教师英语输入所指的事物应是此时发生、存在于幼儿生活中的、是幼儿身边的真实的事物,让幼儿眼见为实,以帮助幼儿理解。教师要避免使用"ghost"(幽灵)、"witch"(巫婆)等这类远离幼儿生活的词。同时,教师还要善于研究发现幼儿身边的事物和已有的经验,发现幼儿的需要和兴趣,以此为标准来为幼儿提供英语的输入。

3. 减慢语速并进行大量的重复(repetition)

国外研究发现,母亲对婴儿说话时,语速缓慢,存在大量的重复现象,如"Put the doll in her crib. Yes, the doll. That's right, in her crib"。

为此,在幼儿英语教育中,为了帮助幼儿理解,使教师的英语输入可懂,教师在表述时,要注意把语速(语流)放缓,发音力求清晰,并不断进行重新陈述。重复是幼儿英语学习的重要原则。教师在重复时,言语要尽量包括一般的、常用的变体,语言变体(用语的变化)不宜过多,可大量使用同义词来释义、复述。幼儿喜欢重复句,而且,重复句还便于理解。

4. 使用大量的非语言信息

为了帮助幼儿理解粗调输入,教师还要善于使用反映教学情景的超语言因素(extra language features),包括各种副语言(para-language)手段,如拟声、叹气、间断、夸张等;各种直观手段,如实物、图片、简笔画、模型、录像等;各种体态语言(body language),如动作、表情、姿态、手势等,便于幼儿听懂。因此,当幼儿对教师的粗调输入发生理解的困难时,教师可运用以上的各种超语言的手段和方法,让幼儿借助于语境和非语言信息去理解英语,过程中,教师的语言输入还要根据幼儿的反应进行调整、互动。

对于以上帮助幼儿理解粗调输入的调整手段,教师在具体运用时,既可以运用其中的一条,也可以几种手段同时相结合,如坚持"此时此地"原则时,句法结构不必先简化,还可讲出含有基本句法结构或较复杂句法结构的句子,当幼儿仍产生理解困难时,可进一步调整句法结构,或使用其他简化语码的手段。

图 5-2 教师体态语言的运用

二、兴趣为先、感觉参与的原则

在第二语言习得中,输入是主要因素,情感因素则会阻碍或促进语言输入传递到语言习得机制中的过程。第二语言学家克拉申认为,语言输入要想顺利地进入负责语言的大脑区域,语言输入的量和学习者的情感过滤程度起关键作用。克拉申把学习者的情感比喻成一张过滤网,大量可懂的输入在幼儿理解后,要经过情感过滤(filter)。一部分输入经过滤挡在网外被排除掉,而另一部分输入则透过网进入"语言习得机制"(LAD)成为被内化吸收的语言(intake)。第二语言学习中的情感过滤低、吸收多,就会习得较强的语言能力;过滤高、吸收少,习得的语言能力就较弱。情感因素的影响完全处于语言习得机制之外,过滤的情感因素包括幼儿的动机、自信心和焦虑状态等。具体的情感过滤过程如图 5-3 所示。

Input → Affective Filter --→|--→ Language Acquisition Device → Acquired Competence

语言输入　　情感过滤　　语言习得装置　　习得的能力

图 5-3 第二语言习得中的情感过滤过程[①]

由图 5-3 可见,学习者不能处理所有接收到的语言输入。埃利斯(Ellis,1994)把第二语言学习者暂时记入大脑的那部分输入称为"吸收"。"吸收"最终可融入到学习者的语言中,成为长期记忆的一部分。因此,语言输入变为有效吸收,需要降低学习者的情感过滤。

为了使语言输入尽量多地变为语言吸收,幼儿英语教育要创设宽松愉快的环境,激发幼儿的兴趣,鼓励幼儿多感官的参与(七个信息通道:视、听、味、触、嗅、动和思悟觉的参与),这样才能激起幼儿学习的兴趣,降低幼儿情感的过滤,提高英语学习的效果。

---

① Krashen,S. D.,The Input Hypothesis:Issues and Implications,Longman,1985,p.96.

兴趣可以分为直接兴趣和间接兴趣两种，直接兴趣是对事物本身感到需要而产生的兴趣，幼儿期的兴趣大多以直接兴趣为主，因此，教师要善于充分调动起幼儿对英语本身的直接兴趣。教师可使用"全身反应法"让幼儿进行运动，调动幼儿全身感官的参与；可使用游戏的方法，利用歌曲、儿歌、歌谣等形式，充分调动幼儿学习英语的直接兴趣。

三、强化模仿、促进交流的原则

语言不仅是思维的载体，同时又是一种技能。技能是顺利完成某种任务的活动方式，是模仿和练习的结果。因此，学会一门外语，掌握外语的技能，需要进行大量的模仿、记忆和操练。行为主义的观点认为，语言的掌握就是一个习惯形成的过程，人们掌握语言主要靠模仿，这种观点一直到现在都影响着外语教学。模仿在英语学习的初级阶段具有不可低估的作用，它是习得语言最有力的手段，是儿童获得、锻炼自己语言能力的一种手段，语言教学在很大程度上是建立在模仿的基础上的。仅靠内在的语言机制还不能完全解释儿童是怎样掌握语言的，语言能力还需要模仿、记忆。幼儿习得语言的特点是直觉型掌握语言，他们的机械记忆占优势。机械记忆是依靠重复进行的识记，主要是根据材料的外部联系，采用简单的重复，诸如单词、短语和常用语的记忆等。而且幼儿听觉敏锐、善于模仿，因此，教师应充分利用幼儿的这一优势，创设真实的、原汁原味的(authentic)语言环境，让幼儿模仿语音、语调，形成语感。如引入有音素代表的单词、短句，也可让幼儿进行专门的语音训练活动，如念绕口令、押韵句等。另外，语言是由语音、词汇、语法等组成的符号系统，除了语音的模仿外，英语学习还必须记忆一定的词汇。因为从认知心理学的角度而言，第二语言处理过程需要借助于记忆中的"语块"，语言形成是积累了大量的、有用的"语块"的结果，没有一定量的词汇，语言处理过程会十分缓慢和困难。

学习语言的确需要模仿，但关键问题是如何模仿和模仿什么。语言习得的研究证明，如果只是机械地模仿，只注意语言的形式，并不能保证学习者能在生活中真正地使用语言。我们认为，英语学习中的模仿不是行为主义理论下的机械模仿，不是美国心理学家阿尔波特所谓的"儿童语言只是成人语言的简单复制"，也不是一种即时模仿，而是一种在尊重幼儿主体性基础上的延迟模仿、选择模仿，甚至可以认为应是一种创造性模仿。儿童早期的牙牙学语的活动，都是在一定环境中有意义的活动。因此，我们的模仿是以认知能力为基础的，强调理解性练习，即鼓励幼儿在模拟生活中的真实情景中进行模仿，注意语言所表达的内容和意义，让幼儿身临其境地去使用所要模仿的语言，这种模仿才是有效的。同时，模仿中教师不应强调幼儿即时的反馈，更鼓励幼儿进行选择模仿、创造模仿。因为语言习得的研究证明，人们在掌握语言的过程中，并非像鹦鹉学舌那样只能机械地模仿重复所接触到的语言，人是有创造语言的能力的。因此，幼儿英语的模仿操练不应是一种机械操练，不是机械运作式的简单重复，而是一种在适当的语言情景中的意义模仿和操练，是一种有意义的操练而非形式操练。

在模仿、记忆的基础上，教师要创设生活情景鼓励幼儿迁移运用，培养幼儿的语言运用能力，让幼儿运用语言进行交际的操练活动，即有意义的功能性的交际活动。功能性的交际活动更多地表现为无意识状态，幼儿调动内隐的语言知识、利用语言来获取有关信息、与人交流。因为交际活动是内化语言知识的重要手段。从语言的本质看，语言是一种交际工具，作为交际工具的语言是在社会交际需要中产生的,并在使用中得到发展。儿童总是在学习语言的同时,学习语言的功能及学习如何在社会性相互作用中运用语言的。从儿童母语的获得看,其中儿童有强烈的交流动机,交际是语言习得的重要特征,语言说话能力不是直接教出来的,是通过输入习得足够的能力之后自然形成的,输入必须与交际相结合,语言学习者才能获得习得的条件,而且交际都是在一定情境中进行的。因此,教师要创设一定的交际情景,创设能表达意义、理解话语的情境,鼓励幼儿开口说英语、用英语。理想的英语教育应向幼儿提供这样一个环境:它能使幼儿获得更多的直接使用目标语的场所和机会,让幼儿"沉浸"于使用英语的环境中,进行有意义的交际。

为培养幼儿的英语交际能力,教师要善于在英语教育组织与实施中创设各种情境(situation)。情境主要是指言语感受和交际的外部的具体场合。建构主义提出,语言学习是与一定的社会文化背景——"情境"相联系的。[1] 当教师设置一些真实性(authenticity)和准真实性的情境,即当所学英语内容发生情境与英语知识、技能被运用的实际情境高度相联时,[2]可使抽象的语言形式变成生动具体的可视语言,有较强的直观性、科学性和趣味性,使儿童仿佛置身其境,从整体上正确理解和运用语言。同时,人与人之间运用语言进行交际总是与社会的具体情境相联系,并在一定的情境中实现的,交际活动的实现是情境与语言相互作用的结果,是受情境制约的,一旦离开了情境,言语交际活动就难以实现。因此,教师在幼儿英语教育组织与实施时,要努力创建与当前学习主题内容相关的、接近真实的情境,展示语言的意义及其交际价值。具体而言,就是创设多种具有真实语境的活动,让幼儿在活动中进行语言的迁移和运用。

四、重视习得、辅以学习的原则

幼儿的英语教育应借鉴母语习得的原则,即让幼儿置身于真实的英语语言环境进行自然而然的习得。然而,英语在我国作为一门外语,社会环境及师资水平还无法达到让幼儿自然习得英语的条件,学习是弥补习得环境不足的一个重要手段,正规性的语言教学活动下的英语学习还是应该提倡。学习的知识会一部分进入"习得贮藏库",使显性的知识转化为隐性知识,学习中也有无意识的习得。在幼儿英语学习的过程中,教师可以通过创设有助于习得的条件,促进幼儿习得英语。

近年来,一些心理语言学家开始注意研究外语学习合适的语言环境问题。克拉申(1976)指出,具形式(正式)的语言环境与不具形式(非正式)的语言环境对第二语言习得各有不同的作用,第二语言学习既可以是正式的语言学习,也可以是非正式的语言学习。

因此,教师首先要在正规性幼儿英语教育过程中,创设类似习得式的学习环境,即在幼儿正式的英语学习中注重英语语言环境的作用,让幼儿通过习得和学习两种途径来掌握英语,力求习得和学习相交融,力求有意识学习和无意识学习相交融。前面我们知道,习得是指在丰富的、自

---

[1] Richards, Jack., C., & Rodgers, Theodore, S., Approaches and Methods in Language Teaching (2nd Edition). Foreign Language Teaching and Research Press & Cambridge University Press, 2008, p.157.
[2] 杨苗捷:《英语情境教学法的应用》,《中小学英语教学与研究》,2010年第1期。

然的语言环境中,下意识地、不知不觉地获得语言的过程。可见,在幼儿有意识学习英语的教学活动中,要能够促进幼儿的英语习得,即进行习得式的英语学习,主要还是应该在语言环境上下功夫;教师要提供丰富的、真实的、大量的、非正式的英语语言信息,并强调英语语言的使用和交际,让幼儿浸身于环境中感受英语,观察或参与自然的、有意义的交际活动,从而无意识地、自发地习得语言。幼儿英语教育在目前缺乏大的社会英语环境的背景下,是以幼儿正式的、有意识的在课堂上的学习为途径,但幼儿期的学习特点表明,幼儿的学习多以无意识的内隐学习为主,从语言获得的角度来说,就是以习得为主,因此,幼儿英语教育更应重视幼儿在有意识的学习中进行无意识的英语习得。

此外,教师还要根据自身的英语水平,多开展非正规性英语教育,将英语渗透在幼儿的日常活动中,将英语学习目标隐性化,多让幼儿通过无意识的、习得的方式来进行非正式的英语学习。

五、理解先行、表达随后的原则

一切知识技能都首先是通过视觉或听觉来吸收和学习的,语言的获得遵循人类智慧技能形成的一般规律。在儿童母语获得过程中,言语理解先于言语产生,听懂是能说的基础。儿童在形成讲话能力之前先发展了听力,一旦建立了听力基础,就能自然而然地说话。

言语理解也称为译码或解码过程,是指对输入的信息进行心理上的分析,从而建构意义的过程。言语的产生则是利用语言表达思想,即把意义转变为声音或文字的过程,言语的产生过程也称为编码过程。在儿童母语的获得过程中,言语理解先于言语产生这个常识性问题,已经得到了许多实验研究的证明。儿童在能够说出任何可懂的话之前,就已表现出能理解很多话语了。儿童的咿呀学语,只算个体开始了语言产生,在此之前婴儿早已开始了语言的理解学习。儿童发展心理学将幼儿正式开始说话前的这一阶段称为"前口语时期",也可以称之为话语产生的"准备期"。这时期儿童的言语发展以"理解"为中心。

理解与运用(use),也称接受(perception)与表达(expression),是法国学者 C. V. A. 马西尔在 19 世纪提出的,他认为理解是表达的前提,理解先于表达。H. 帕默指出,学生领会式掌握的材料(消极材料)一定多于复用式掌握的材料(积极材料),消极材料大大多于积极材料。因此,表达性言语技能以理解性言语技能为基础,即理解性技能先于表达性技能,儿童首先要建立起识别和理解语言单元的能力,然后才能说出这些语言单元。

从语言的理解出发,就像母语习得过程中需经历一个"前口语时期"一样,第二语言习得也经历这样一个口语理解的阶段,克拉申称之为"沉默期"(silent period)。沉默期主要是指习得者没有足够的能力使用二语的那段时间。在这段时间里,习得者往往只听不说,对可理解的语言输入进行加工、整理,积累语言能力,逐步培养讲二语或外语的能力。第二语言学家阿谢尔强调,学习一门语言的第一步是使这种语言的代码内在化。许多外语学习的课堂实验结果同样证明了理解先行原则对于外语学习的有效性。因此,表达性言语技能以理解性言语技能为基础,即理解性言语技能先于表达性言语技能。在言语的理解与语言的表达之间,存在着一个"沉默期"。第一语言获得中,沉默期是必要的,相对较长;第二语言获得中,沉默期并不是必要的,但对许多学习者特别是幼儿来说,倾向于有一沉默期,大量研究证实了这一点。然而,第二语言习得中的沉默期总体相对较短,因为幼儿已经知道了何为语言,已经获得了一种语言。

因此,幼儿英语教育应注重幼儿对英语语言的感受与理解,为幼儿的英语语言表达提供基础,而不能追求"立竿见影"的即时效果。教育中不强求幼儿对语音、词汇和句型的即刻模仿,而是运用各种手段,如全身反应法等方法,帮助幼儿先进行语言的理解。当幼儿在教学活动中出现沉默现象,无法即刻反馈语言时,教师应充分理解而并不急于求成。

六、适宜输出、循序渐进的原则

输出是语言使用的产物,"理解先行"并不否认"语言表达",理解和表达是相互转换的双层结构交替过程,语言习得是语言输入和输出相互影响的过程。在输出的过程中,学习者往往是验证对输入的理解。外语学习并不像克拉申认为的"只要关注语言输入的理解,语言的输出就会水到渠成,可理解性语言输入会自动导致语言习得"。[1] 要自然等待幼儿将英语输入、英语吸收转变为语言输出是不现实的,这是自然环境下的第二语言习得产生的结果。许多语言学家发现:"长期接受理解性语言输入的学习者,在第二语言的某些方面仍有问题。"[2] 尽管理解性语言输入对第二语言学习必不可少,但它不是幼儿所需要的唯一手段,语言输出的重要性也应得到承认。

英国语言学家思维恩(Swain,1985)指出,"单纯的语言输入对语言习得是不够的,学习者应该有机会使用语言,语言的输出对语言习得也同样有积极意义"。输入在第二语言学习过程中固然有很大作用,但输出在第二语言学习中也具有重要作用。在输出的过程中,学习者往往是在验证对输入的理解,同时能提高第二语言学习者的流利性和准确性。思维恩认为,输出在第二语言习得中具有潜在的重要作用,在某种条件下,输出可以促进第二语言习得;其方式不同于输入,但却可以增强输入对第二语言习得的作用。心理学证明,没有足够的输出条件,知识和信息只会停留在记忆阶段,记忆不是被动地储存,也需要调用。思维恩提出了"可理解输出"的理论:让学习者有意识地注意自己输出的语言信息,尝试做到使听话人理解,有助于语言的学习。因此,激活第二语言习得者"输入"的语言信息,帮助他们成功地"输出",是外语教学的关键。

此外,从幼儿第二语言学习的特点看,其第二语言的学习不同于母语获得。在母语习得过程中,幼儿先理解语言,等发音器官、言语调节器官成熟后才能进行表达,期间表现为一个较长的"沉默期"。同样,英语学习中也有"沉默期",但是,由于学习英语时幼儿的言语调节器官、输出器官已经发育成熟,所以教师在让幼儿感受、理解英语后,应创设环境鼓励幼儿进行输出,利用教育来缩短幼儿英语学习中的"沉默期"。

因此,幼儿英语教育中,教师没有必要在"输入"大量语言知识后再让幼儿开口,要学以致用。教师应该强调理解与输出合一,使语言输入与输出在有意义的教育情境中组合,有助于加深幼儿的记忆,将储存在幼儿短期记忆中的信息迅速过渡到长期记忆;有助于促进幼儿英语的表达能力。

---

[1] Krashen, S. D.: The Input Hypothesis: Issues and Implications, Longman 1985, p.18.
[2] Swain, M.: Three functions of output in second language learning, //G. Cook & B. Seidhofer: Principles and Practice in Applied Linguistics, Oxford University Press, 1995, p.138.

但是，教师对幼儿的英语语言输出要求要适宜，要遵循循序渐进的原则。因为按信息论的原则，输出量一定小于输入量。从心理过程看，输入止于再认，输出却要再现，且输入可借助音、形、义等多方联系，输出却不能。另外，从语言的发展规律来看，第二语言的输出也经历类似母语发展的阶段，先操练独立的声音，然后是单词，再后是句子，经历由简到繁的自然顺序。因此，教师对幼儿英语的输出要求要从短词句入手，逐步过渡到简单句。否则，句子太长，幼儿即沉默，这样幼儿的沉默期不会缩短，反而会相应延长。我们认为，为做到输出要求的适宜性，开始幼儿的输出应先选择以一词句为主，如"Hi!"、"Hello!"、"Morning!"、"Up!"等，词汇音节以1—2个为宜。等幼儿的基本语音音素训练好后，再进行输出要求上的扩展，如从"Hi!"到"Hi, Kitty!"，从"Hello!"到"Hello, doggie!"，从"Morning!"到"Good Morning!"，从"Good Morning!"再到"Good Morning, Lanlan."。

教师要了解幼儿语言发展的规律，并根据对幼儿的了解，把握好每一年龄阶段幼儿适宜的语言输出要求，如以中班幼儿语言输出为例，如果教师让幼儿学习和表达"a pair of..."的词组（a pair of shoes, a pair of mittens, a pair of socks等），就不宜再让幼儿增加具体鞋类名称的语言点（a pair of leather shoes, a pair of running shoes等），如此构成的短语过长，难度过大，语言点过多，超出了中班幼儿的最近发展区。

七、英语为主、母语为辅的原则

幼儿学习母语时，每学习一个新词语的同时，也学到了该词语所代表的事物或意义，语言形式同客观表象之间的联系是直接的，是将语言符号与事物直接建立联系的学习过程。同理，幼儿的第二语言学习也应是直接学习，应使英语词语同它所代表的事物或意义直接联系起来。

幼儿学习外语的方式主要也是通过语言器官（视觉、听觉等）感受语言刺激，然后直接在大脑的语言中枢建立起语言所描绘的事物之间的联系，形成对语言的认知图式，不像成人需借助母语建立起第二语言与第二语言所描绘的事物之间的联系，即间接的以母语为中介的联系。

因此，教师应借鉴历史上"直接法"的教育方式，在组织与实施英语教育时，尽量用英语，忌用经过英语到母语、再由母语到英语相互转换的翻译法来进行词义的一一对应。因为使用汉语越多，就会剥夺儿童英语听说的机会。另外，因为两种不同的语言，一般来说，既没有在意义上完全一一对等的两个单词，也没有在结构上字字对等的两个句子。此外，教师更忌使用汉英夹杂式的混合语言，人为地将母语与英语相互干扰。如在"什么不见了"（What's missing?）的游戏中，教师在进行总结时说"Egg 不见了；Milk 不见了"，这是一种不利于幼儿英语直接思维的混合语。教师要善于用直观的手段把英语的"声"和"形"相结合，帮助幼儿培养用英语思维的习惯。

一些神经生理学的研究表明，两种语言系统在脑机制上可以是相互独立的、并列发展的，而非混合的。从大脑损伤对语言功能影响的案例来看，两种语言具有不同的加工机制，母语与第二语言可能具有不同的皮层代表区。两种或多种语言系统在使用中的交互转换现象称之为"语码转换"（code-switching），即操双语者的大脑中同时拥有的两套不同的语言编码，能根据不同的环境使用其中的任何一种编码，两种编码保持各自的独立性，又称并列双语现象（bilingualism）。只有在需要时，才从一种语言转换到另一种语言，进行两种语言系统的交互使用和转换。苏联语言学家别里耶夫的一系列实验也已证明,外语可与思维直接联系。

因此,幼儿英语教育的实施提倡教师使用英语来组织,"尽量避免母语的干扰"。[①] 这样,有助于发展幼儿直接使用英语的能力和利用英语思维的习惯。

幼儿英语语言的学习是建立在幼儿业已形成的初浅母语知识的基础上,幼儿掌握英语之前,借以认识客观世界与主观世界的主要工具是母语,因此母语必然会对英语的学习产生影响,母语的影响不容忽视。随着幼儿年龄的增长,对外语的学习越来越依赖母语的中介,母语的干扰也影响了外语的学习效果。"母语系统建立得越稳固,对外语使用的干扰性就越强,从而需要用更多的大脑加工资源去压抑干扰。"[②] 比列斯托克(Bialystok,1997)指出,"母语跟外语的差异是影响外语学习的一个主要因素,两种语言之间的差别造成外语学习困难,这种困难对所有年龄段的学习者都存在"。[③] 从英汉两种文字的差异看,汉字的字形都是单音节的方块字,无词尾变化,而英语是字母拼音文字,且词尾变化纷繁;在遣词造句的规则上也大相径庭。因此,教师在英语教育中应尽量避免母语的负迁移影响,根据幼儿英语水平的高低,坚持使用英语。

然而,我们的英语教育不应像历史上的"直接法"和"听说法"一样,一味排斥和限制母语,把英语和母语相对立。

案例 5-1

【案例】

某幼儿园英语教师认为,幼儿英语教育不能用母语,忌讳用母语,以为英语教育中用母语就不是优质的英语教育活动了,教师也就不是好教师了。于是,该教师机械地照搬国外的直接教学法和听说教学法,一律采用英语对幼儿进行教育。但该教师发现教育结果往往适得其反,完全用英语教育,不仅影响了英语教育的效果,造成了幼儿理解上的困难,还让幼儿对英语学习产生了恐惧心理。

【评点】母语在幼儿英语学习中,特别是英语学习的初级阶段,起着补充辅助的作用,有助于幼儿英语语言信息的理解和英语知识的掌握。教师应转换观念,走出母语使用的误区,不一味排斥母语,充分发挥母语在幼儿英语教育中的积极作用。

可见,在幼儿英语教育中,教师不要忌讳母语,应充分重视母语的作用,适当使用母语,发挥母语在幼儿外语学习中应有的功能,把它引导到有利于幼儿英语学习的轨道上来。斯蒂博德(Stibbard,1998)认为,母语的使用可以缓解学习者的学习压力和心理负担,从而提高可理解性

---

① 戴炜栋:《试论影响外语获得的若干重要因素》,《外国语》,1994 年第 4 期。
② 王初明:《影响外语进行的两大因素与外语教学》,《外语界》,2001 年第 6 期。
③ Bialystok, E.: Communication Strategies: A Psychological Analysis of Second-Language Use, Basil Blackwell Ltd, UK, 1999, p. 79.

信息输入的数量和质量。① 母语作为代表存在事物的符号系统或信号系统,在大脑里是根深蒂固的,它是幼儿达到深刻理解的重要手段,教师可利用母语的资源解释英语,帮助幼儿认识、理解输入的英语信息,把幼儿不可理解的信息输入转化成可理解的信息输入。一些无法直观演示的、抽象难懂的词语与规则,如果教师仅仅使用图片、肢体语言或面部表情解释,就很容易给幼儿造成误解,因此,教师最初呈现时可用母语来释义,因为这类抽象外语由于无相应的语言情景和对应的直观动作,会引起意义的含糊和混淆。如在幼儿学习"More?"(还要吗?)的英语教育活动中,教师为了解释"More"这一词语的意义,反复做喝水、吃饭的动作,以致幼儿将其理解成喝水、吃饭的意思。因此,教师遇到此类非直观性质的英语输入,可适当地用母语来进行解释,在念完"More?"之后,配上先前的动作,再用汉语解释一遍"还要吗?"那么幼儿对该英语意义就会有较好的理解。

案例 5-2

【案例】

教师在教授英语单词"father"和"mother"时,指着一张男人的照片教"father",指着一张女人的照片教"mother",让幼儿感知和理解这两个词汇,并尝试了指指念念的活动让幼儿学念这两个英语词汇,整个教学过程中没有用母语进行解释。

【评点】该教师借助的照片教父亲和母亲的英语词汇,使幼儿头脑中会产生不同的概念。他们可能会认为照片里的人是一个"男人",是"哥哥",也可是"叔叔"等等,由此会造成对英语词汇意义理解的偏差。在这种情况下,教师可使用母语进行解释,以消除幼儿的误解。因为语言学习的关键是可理解性的信息输入,而母语的使用在某种程度上能够提高可理解性输入的数量和质量。因此,在幼儿英语教育中适当使用母语,对英语教育是有帮助的,把母语逐出英语教育不仅没必要,还是十分不明智的行为。

总之,在幼儿英语教育中,教师应尽量用英语直接教授英语,但也不能忽视母语的积极作用,运用母语要注意适度、适时,运用母语时千万不要形成汉英对译模式,以免影响母语的有效作用。

八、宽容错误、含蓄反馈的原则

随着第二语言习得理论的发展,人们对第二语言学习错误的认识和态度有了很大的改观。20世纪60年代盛行的行为主义理论把语言学习看作是一种习惯的形成,在学习过程中强调正确的语言表达,排斥错误,对错误持否定态度。后来,科德(S. P. Corder)的《论学习者错误的重要性》一书使人们深刻认识到,学习者的错误不仅有助于教师了解、掌握学生现状,分析错误产生的原因,而且有助于人们研究和发现语言学习的进程,分析和解决习得过程中出现的一些现象与问题。

---

① Stibbard, R. ; The Principled Use of Oral Translation in Foreign Language Teaching. Studies in Second Language Acquisition, 1998(5), p. 48.

从乔姆斯基母语习得的理论看,习得母语依靠的是正面证据(正面语料)而不是负面证据(负面语料),即幼儿习得母语过程中没有人刻意指导,语言学习环境并没有提供什么样的词语序列不符合句法这样的信息,没有人告诉孩子他的话是否结构正确,但儿童仍听懂并自然而然地习得语言。因此,错误并不令人感到遗憾,它是母语发展过程中一个不可避免的、不可缺少的自然组成部分。儿童习得母语的过程虽伴随着电报语言、残句等现象,但这不仅没有妨碍他们交际,相反,儿童从交际中不断地同化与顺应,使自己的语言一步步走向完善。

语言学家塞林格(Selinker)在1972年提出,从母语发展到第二语言的过程中,会出现"中介语"(interlanguage)现象。[1] 塞林格指出,中介语系统是第二语言学习者在学习过程中,自觉地、主动地建立的一个既依赖母语却又不同于母语和目标语的语言系统,这是一个处于母语和目标语之间的独立的语言系统,这是第二语言学习者从母语出发,经过中介语到达目标语,即母语——中介语——目标语系统中的一个必然成分和过程。这种过程语言是第二语言学习者在学习过程中的一种自然现象,它是第二语言学习者使用母语的结构生成的且正在被重新建构的连续体,是第二语言学习者创造的语言系统,科德(S. P. Corder)称它为具有独特风格的"特异方言"或"语言学习者的语言"。"中介语"是一种复杂的语言系统,也是一个独立的语言系统,既不同于本族语(NL),又不同于目的语(TL),而是两种语言的混合体。

"中介语"特点是存在大量的语言错误,反映了母语的迁移(即本族语知识向第二语言迁移)及学习者认知学习策略的应用(过度概括使用第二语言规则)。前一种错误叫语际迁移(interlingual transfer),幼儿借用了母语的模式,反映了母语对后来外语学习产生的影响。如幼儿会在英语表达中混杂汉语,教师说"It's too low",幼儿说"It's too 高";幼儿也会完全按母语翻译的模式来表达英语,如幼儿会将"热水袋"的英语表述为"hot water bag"。在学习者的中介语初级阶段,他们更多地依赖母语的模式来表达思想,因而母语迁移的错误也比较多。后一种错误叫语内迁移(intralingual transfer),幼儿沿用了目标语(英语)的模式盲目类推。如幼儿在学了"a banana"、"a pear"表达单数个体的形式后,会出现"a milk"的表达;幼儿在学了"cats"、"dogs"表达复数的形式后会说出"childs"、"breads"的表达;当教师问"What colour are the bananas?"幼儿回答"It's yellow"时,教师重复问的语句中强调了"are the bananas"后,幼儿会马上自我纠正为"It's yellows"。以上的这些错误是一种语内迁移,理查德(J. Richards,1974)把这种现象称之为过度泛化(over generalization)。

外语学习中的错误是不可避免的,甚至是必需的,幼儿正是借助这些"跳板"来逐渐接近第二语言,幼儿正是通过"犯错和验证"(errors and trials)来不断取得进步的。目前没有证据表明纠正学生话语中的错误能改善他们的中介语,错误成为揭示学习者中介语系统的发展模式的有力论证,从中可以反映出外语学习中的母语迁移现象和学习者认知策略的应用。第二语言的学习中,母语的迁移是客观存在、不可避免的,其中大量地表现为负迁移现象,出现许多的错误,这是一种自然现象。而且,从交际的角度而言,语言学习的目的是接受和传达有意义的信息,只要能达到交际的目的,不准确的用法并不需要改正。

---

[1] Selinker L.: Interlanguage, International Review of Applied Linguistics, 1972, 10, pp. 209 - 231.

因此,教师要正面、积极地看待幼儿英语学习中出现的错误,对错误持宽容的态度,不宜过分挑剔,不要刻意纠正幼儿的错误,以免因为纠正语言的错误而挫伤幼儿学习英语的积极性和自信心。相反,教师应积极鼓励愿意开口说英语、乐意开口说英语的幼儿,为幼儿积极创造一种轻松、幽默、宽容的英语学习氛围。但是宽容并不意味着忽视,幼儿英语学习由于环境的限制,不可能像母语的自然习得状态一样可一味重视、利用正面语料的作用而让幼儿自然习得英语。所以,当幼儿英语学习中的错误出现后,教师不刻意纠正,但要及时抓住这一纠错的时机,积极介入教育手段的干预,讲究纠错的技巧,对幼儿进行适当的反馈,给予幼儿正确的语言示范。

对于反馈的作用,艾妮特(Annett,1969)认为,就一般学习任务而言,反馈有三种功能:进一步激发学习者的努力、强化学习者的表现和有助于更正答案。为了强调反馈的作用,卡罗(Carroll)把语言输入分为两类:一类输入和二类输入。前者指学习者从周围环境中获得规范的目的语的语言输入;后者则指包括清楚的或含蓄的反馈在内的修正输入。具体的语言输入分类见图5-4。

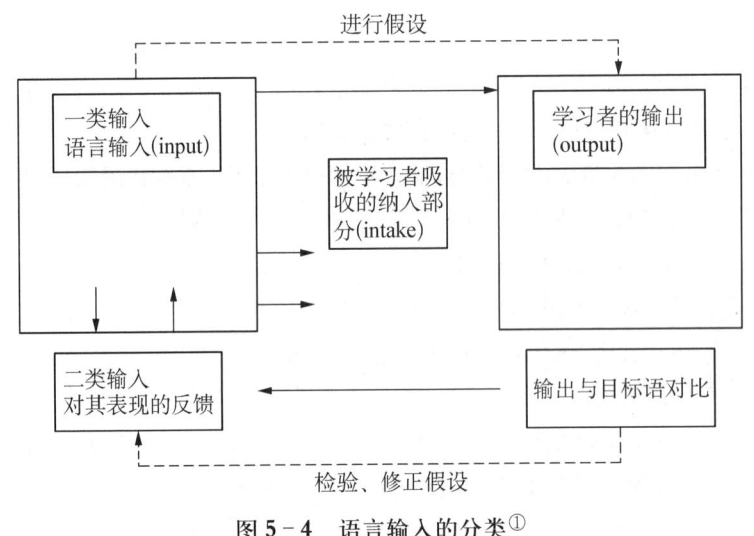

图5-4 语言输入的分类[①]

清楚的反馈是任何一种明白无误地告诉学习者"你错了"的反馈;含蓄的反馈可以是进一步澄清的话语、示范的话语等。与我们看待幼儿英语学习中错误的态度相一致(容错),教师对待幼儿错误的反馈不同于成人,要避免直接的反馈,而应尽量使用间接的(indirect)、含蓄的(implicit)反馈,即注意采取适当的形式和得体的态度,有策略地重新用扩展、代述等回应方式进行正确的示范,以此构成更丰富的语言输入信息。这样既降低了幼儿的情感过滤,又给予幼儿更进一步的英语语言感受,促进了幼儿的英语习得。

因此,教师的语言要坚持以正面证据为主,对幼儿英语学习中出现的错误,要宽容以待,并抓住时机给予适当的、含蓄的反馈,保持幼儿学习英语的动机,促进幼儿英语的习得,即让幼儿不在

---

① Carroll &. Swain:"Explicit and Implicit Feedback: An Empirical Study of the Learning of Linguistic Generalizations." Studies in Second Language Acquisition,1993(15),pp. 37-39.

纠正错误中有意识学习，而是在正确示范中无意识地习得。

九、不断反复、加强巩固的原则

从第二语言习得的角度看，接触语言的频度比长度更重要，输入频率对习得的效果产生重要的影响。输入的内容如果具有复现性，可以提升语言的自动化。从信息加工的角度而言，学习感受的英语材料经过吸收便进入了短时记忆。短时记忆广度小，进入短时记忆的材料如不予重温，很快就会消失，表现为遗忘。短时记忆的材料只有经过不断重复，积累记忆痕迹，才能形成长时记忆。长时记忆的广度没有限制，其结构痕迹一经形成就不易消退，并在一定条件下能够恢复。另外，从记忆的方法而言，幼儿以机械记忆为主，即喜欢采用逐词逐句重复的方法进行材料的识记，而机械记忆的特点是效果差，容易遗忘。因此，为了提高幼儿英语学习的效果，帮助幼儿将英语语言信息从短时记忆进入到长时记忆，克服英语学习中的遗忘现象，促进幼儿自动地掌握英语，教师需要帮助幼儿充分复习，不断巩固所学的内容。

根据德国心理学家艾宾浩斯的遗忘曲线规律，遗忘的进程是不均衡的，"先快后慢"，暂时记住的信息很快就开始遗忘，且在识记后最初的一段时间即开头时遗忘的速度特别快，而后速度逐渐变慢。因此，教师在幼儿英语教育中需要及时复习、尽早复习。此外，复习不仅需要及时、尽早，还需要经常重复和巩固。因为记忆中保持的信息会随时间的推移而逐渐消退；接受语言教育后由于经过若干时间不使用，会产生第二语言或外语技能和知识丧失或退化的语言耗损现象（language attrition）。[①]

因此，重复是语言教育的重要原则，也是克服遗忘的一种有效做法。教师要善于把幼儿所接触过的语言材料有计划地、系统地重复，提高学习内容的复现率。如每天要安排5—10分钟的英语复习时间，进行以前所学内容的重复；新授课前1/3的时间最好安排复习，通过各种形式的热身活动（warming-up activities），达到对以前所学内容的温故和巩固；多次重复在幼儿日常活动中渗透的英语，包括组织活动的英语用语、英语指令和与幼儿交往互动的英语口语等，以进一步帮助幼儿理解、记忆和巩固英语。

以上是针对幼儿英语教育的实施所提出的九大教育原则。当然，幼儿英语教育隶属于幼儿教育的体系，幼儿英语教育首先是要遵循一般的幼儿教育原则，在此基础上，还要兼顾以上特殊的原则。

第三节 幼儿英语教学的组织与实施

幼儿英语教学，即正规性幼儿英语教育的组织与实施，主要借鉴了国内中小学英语教学法，

---

① 蔡寒松、周榕：《语言耗损研究述评》，《心理科学》，2004年第4期。

而国内中小学英语教学法主要来源于西方外语教学法。教学法是就语言的本质和教学的规律而言的方法,幼儿英语教学组织与实施的方法可以说是西方外语教学法在幼儿英语教学中的运用。

一、西方外语教学法主要流派

就西方外语教学法而言,主要包括以下一些流派。

外语教学法(teaching approach)是指为达到外语教学目的而采用的教学途径和教学方法体系,而不是特指的某一种具体的教学方法。

从外语教育的历史看,各种教学法层出不穷,先后有翻译法、直接法、听说法、视听法、全身反应法和功能法等。同时,围绕教学法的争论也已持续了几十年。但归根结底,语言观,即对语言的看法,是教学法的基础,有什么样的语言观,就会有什么样的教学法。

(一)翻译法(Translation Method)

翻译法又叫语法翻译法(Grammar-Translation Method),它是18、19世纪运用的外语教学法,是指用母语来教授外语的一种方法。

18世纪以前,作为外语的拉丁语是西欧文化教育和著书立说的国际语言,为日常交流、教育、商务和政府的通用语言的训练,欧洲已经存在拉丁语教学。教授拉丁语的主要方法是翻译法,内容以阅读拉丁语的书籍为主。到了18、19世纪,为服务跨国交流,法语、英语等现代语言的教学在西欧国家兴起,在教授法语、英语的开始阶段,由于一时找不到新的、有效的外语教学方法,学校就自然沿用了古典拉丁语教学所采用的、重视语法分析和翻译练习的语法翻译法来教授这些现代语言。

1. 翻译法的语言观

提倡翻译法的外语教育家认为,语言是书面语,是一种知识,是由语音、语法和词汇构成的符号体系。

2. 翻译法的主要特点

在翻译法的外语教学中,母语与所学外语经常并用,即教师说出一个外语词后,马上译出对应的母语词;教师说出一个外语句子后,马上将其译成母语;教师逐句分段朗读连贯的外语课文,然后再逐词逐句用母语翻译过来。整个外语教学过程中,学生始终与两种语言打交道,教学中强调两种语言的机械对比和对译。

如以下是教师用翻译法组织外语教学的实录:Class begins. 开始上课了。Now open your book, please. 现在,请打开书本。Turn to page five. 翻到第五页。Let's read the text. 现在我们来读课文。……

3. 对翻译法的评价

翻译法是外语教学法史上最早的一个教学法体系,它的出现为建立起外语教学法的科学体系奠定了基础。

但是,两种不同的语言,一般来说,既没有在意义上完全一一对等的两个单词,也没有在结构上字字对等的两个句子,翻译法把学习外语和学习母语纯粹对立了起来,不易培养儿童外语的直接思维。翻译法还注重语言知识,特别是语法知识的学习,忽视对儿童语言技能的培养,忽视儿童口头语言的表达。

（二）直接法(Direct Method)

直接法是指通过运用外语本身进行外语教学的方法,在教学中,教师不用母语,不进行翻译,也不作语法分析。直接法是对儿童学习母语的自然过程的模仿,主张把外语和它所表达的事物直接联系起来,在教学中只用外语,排斥母语,教师通过各种直观手段让儿童直接学习外语,直接理解外语,并通过师生间的问答循序渐进地培养和提高儿童直接运用外语的能力。

直接法产生于19世纪90年代。从19世纪中叶起,西欧资本主义各国间的来往日益频繁,但彼此之间语言不通成为交往的最大障碍,这一现象迫切要求各欧洲国家兴起外语教学革新运动,要求外语教学能强化口语,注重口语能力的培养。于是,在这种社会背景下,直接法便成为外语教学的主要方法。

1. 直接法的语言观

提倡直接法的外语教育家认为,语言是一种技能或习惯,习惯的养成要靠大量的重复练习和模仿。

2. 直接法的主要特点

根据幼儿学外语的理论,直接法主张听说领先,以口语教学为主,即直接法主张口语是第一位的,书面语是第二位的,要重视语音、语调和口语教学,在学习口语的基础之上再培养儿童的读写能力。

直接法以句子为教学的基本单位,整句学、整句用,不孤立地教授单词和语音规则。该方法强调控制及模仿练习,让儿童靠直觉感知、靠直觉模仿,进行机械操练和记忆背诵,以求养成一种语言习惯。

直接法在教学过程中完全用外语进行教学,即把外语声音形式同客观表象直接联系起来,而不经过母语这一"中介",不依赖母语翻译,丢掉"心译"这一过程。

由于完全用外语教学,为了帮助儿童理解,教师广泛采用各种直观手段,如实物、图画、动作、手势、表情和游戏等来解释词义和句子,使外语语词的声音和它代表的语义直接联系起来,以培养儿童把外语与客观事物直接建立起联系和直接用外语思维的能力。

直接法还主张采用循序渐进的方法进行外语教学,让儿童由易到难地进行外语的学习。

3. 对直接法的评价

直接法尽量排除母语的干扰,在课堂上最大限度地使用外语,这有利于培养儿童外语思维的能力和直接(不经过心译)进行口头交际的能力;直接法强调教授活语言——口语,并充分利用多种形式的直观手段,这为建立活用式掌握语言的教学法奠定了基础。

但直接法对母语在外语教学中的作用,只看到消极的一面,而未看到积极的一面。如在讲解一些抽象语言知识的时候,教师也完全排斥母语的中介作用,忌讳使用母语,这既容易造成理解的错误,又浪费时间,而且直接法对教师外语水平的要求也过高。另外,直接法还完全照搬儿童习得母语的办法,只偏重经验和感性认识,对儿童在外语学习中的自觉性和监控性的重视不够。

直接法排斥母语的使用,最终会浪费学生的时间和精力。

(三) 听说法(Audio-Lingual Method)

听说法是以句型为纲,以句型操练为中心,着重培养儿童听说能力的外语教学法,所以,又叫"句型教学法"或"口语法"。

听说法起源于美国。20世纪三四十年代,第二次世界大战爆发了,这时,各国急需为军队培养掌握外语口语的人才,以满足战争的需要。美国国内产生了培养能用各种外语进行有效交流的军队语言人才的需要。于是,20世纪40年代美国推出陆军法(Army Method)。到了20世纪50年代,推广到学校外语教育的教学方法——听说法就形成了,该方法在战后不断得到完善。

1. 听说法的语言观

提倡听说法的外语教育家认为,语言是口语,是说出来的话,而不是写出来的文字;语言是成套的习惯(a set of habits)。

2. 听说法的特点

听说法在教学活动中强调听说领先,重视听说,以语言的听说能力训练为主。该方法以句型为中心,他们认为句型是从无数句子中归纳出来的一定数量的句子模式,是表情达意的基本单位,也是外语教学的中心。在外语教学中,教材的安排、知识的传授、技能的操练主要是通过句型来进行的。

直接法注重反复实践,特别是句型操练,强调外语学习要靠大量的反复操练,通过模仿、记忆、重复、交谈等实践练习,形成自动化的习惯;教学过程中遵循刺激—反应—强化的程序,及时纠正错误,以期形成语言习惯。如教师教"What's this? It's a..."的句型时,提供实物,先让儿童理解,然后让儿童反复操练直至熟练表达。美国语言学家弗里斯(C. C. Fries)编撰的《英语900句》就是听说法的典型教材,该教材以句型为中心材料,以大量的、机械性的听说操练为主。

该方法在对比母语和外语两种语言结构的基础上,主张外语教学必须把外语和母语进行对比,找出它们在结构上的异同,以确定外语教学的难点。

听说法继承了直接法的思想,在教学中排斥或限制母语,主张用直观手段、情景、上下文,借助所学外语来解释意义。只有在不得已的情况下才可以把翻译当作释义和理解的手段。

3. 对听说法的评价

听说法重视听说训练和句型操练,强调外语教学的实践性,建立了一套培养语言习惯的练习体系;听说法限制母语的运用,有利于儿童用外语进行思维;其对比分析母语和外语的结构特点来确定教学难点的做法,使教师在教学中的讲解更有针对性。

但是,听说法过分重视语言的结构形式,忽视语言的内容与意义;过分重视强调句型的机械性操练,忽视教学活动中儿童语言能力的培养,不利于儿童灵活掌握和运用外语,如儿童虽然把句型对话背得滚瓜烂熟,但在现实生活中的交际场合不会使用;为操练句型而编写的对话,以语言形式为纲,语言显得不自然、不真实,使儿童不善于结合情景进行交际活动;该方法还把语言看作是一系列"刺激—反应"的过程,忽视了语言运用的主动性和创造性。

(四) 视听法 (Audio-Visual Method)

视听法是在法国实施的，于20世纪二三十年代到60年代发展起来的一种外语教学法，是法国对外国成年人进行法语短期速成教学的一种方法。

视听法是在直接法和听说法的基础上，利用视听手段形成的一种外语教学法。它是指教学中综合利用图片、幻灯等电化教具视听手段，创造情景，学习外语。由于利用视听手段创造情景是其主要特色，所以该方法又叫情景法(Situational Method)。

视听法强调耳、眼等器官以及大脑整体地去感知和认识外语材料，具体的、真实的情景和听说活动常常构成一个整体，形成完整的结构方式，因此，这是一种整体结构的教学法。简言之，视听法是用实物、幻灯等创造情景并配合同步录音的一种方法体系，培养儿童的听、说、读、写四种技能。所以，这一方法又叫"视听整体结构法"。

1. 视听法的语言观

提倡视听法的外语教育家认为，口语是第一性的，书面语是第二性的，语言学习就是要掌握语言能力，如听、说、读、写的能力，而非语言知识，如语音、词汇、语法等。

2. 视听法的特点

这种外语教学法将语言和情景紧密结合，以情景为中心，充分利用视听手段，让儿童一边听声音，一边看图像，做出模仿反应，形成自动化习惯。

视听法强调对语言的整体结构感知，掌握句子结构的整体意义，采用整体教学。首先要求儿童听一段内容完整的对话，掌握它的语音语调和节奏等整体结构，然后再进行个别音素的训练，教学顺序是"对话—句子—单词—单音"，教学过程分为感知、理解、练习和活用四个步骤。

视听法同样继承了直接法的基本要素，排除母语的中介作用，避免使用母语，通过实物、图片、手势等直观手段直接教外语，使情景的意义与所学的外语建立联系。

视听法主要培养儿童的听说能力，坚持口语领先和句本位的原则，日常生活情景对话是教学的中心，入门阶段常常要用一个约60小时不见文字的听说阶段，以使儿童掌握正确的语音、语调和口语语感。

该方法还广泛使用现代化技术设备，使儿童充分运用视觉感官和听觉器官进行学习。

3. 对视听法的评价

视听法的语言和情景的结合可创造逼真的环境，使教学更接近于交谈的自然形式；视听手段的运用，即情景视觉与录音听觉相结合，使儿童见其形听其声，调动左右脑的神经细胞，加快儿童学习外语的过程，有利于儿童的理解和记忆；视听法强调口语，重视用外语教外语，有利于培养儿童的语言能力和用外语思维的能力。

但是，视听法有以下三个弊端：过分强调视觉直观的作用，使一些抽象的词汇难以表现；过分强调整体结构的原则，忽视语言知识的分析和讲解，不利于儿童理解和运用语言；过分重视语言的形式，没有更好地从交际需要的内容出发来确定情景，以最大限度地满足儿童交际的需要。

(五) 功能法 (Functional Method)

功能法是以"语言工具论"为出发点，以语言的功能—意念为教学目的，培养儿童外语交际能力的一种方法体系。由于交际能力是外语教学最根本的功能,所以,功能法又叫交际法(Communicative Method)。语言功能主要指用语言叙述事情和表达思想,即从表达的思想内容出发,表示询问、请求、邀请、介绍、同意、感谢和道歉等意念(notion)。

功能法产生于20世纪70年代初的西欧共同体,是西欧的一种培养外语交际能力的教学体系。西欧各国要进行交流,但语言不通,因为五六十年代采用的视听法、听说法着重语言形式体系的讲解和训练,忽视使用语言进行交际能力的培养,所以,为了更好地促进各国间的交往,西欧各国制定出统一的意念大纲,用功能法进行外语的教学。

1. 功能法的语言观

提倡功能法的外语教育家认为,语言不只是某种形式的符号系统,语言是一种工具,语言的社会交际功能是语言最本质的功能。

2. 功能法的特点

功能法以培养学习者的交际能力为目标,突出语言的工具性。提倡功能法的外语教育家认为,以前的外语教学法忽视儿童交际能力的培养,主张让教学过程交际化,把言语交际作为外语教学的全部出发点,让幼儿在真实的情景和真实的交际过程中使用语言,以培养学生的交际能力。初学阶段交际形式以语言游戏、角色扮演为主。

功能法的教材内容是选择真实的、自然的言语,而且是根据功能、意念等要素来选择内容的,而不是根据语言的形式。教学中为不同小组确定不同的目标。教学活动的练习形式多样,采用二人、三人、小组和全体的相互交流形式。功能法要求教师把学生的注意力引导到表达的内容上,不要计较学生在表达思想时出现的个别语音语法上的错误。

3. 对功能法的评价

功能法注重培养儿童的交际能力,做到了学用结合。但是,功能法过分重视语言的功能而忽视语言的结构,使儿童在语言知识的掌握上较为薄弱。另外,如何科学系统地确定语言的功能项目,做到具有科学性以及交际过程中是否存在虚假性,也是功能法存在的局限。

(六) 全身反应法(Total Physical Response)

全身反应法(简称TPR)是美国加州圣何塞(San Jose)州立大学心理学教授詹姆士·阿西尔(James Asher)于20世纪60年代创立的,它是一种通过语言与行动的协调来教授语言的方法。阿西尔(Asher)认为,成功的第二语言学习与小孩习得母语的过程相似,即对于外语的学习,儿童先用身体反应,然后用语言进行反应。

这种方法倡导把言语和行为联系在一起。教师先把外语教学内容设计成一系列指令式语言项目,然后让儿童对这些项目用身体作出反应,通过这些反应来感受语言、内化语言,然后在内化语言的基础上进行开口表达。

1. 全身反应法的语言观

提倡全身反应法的外语教育家阿西尔认为,语言学习时,理解能力产生于表达能力之前,语言技能的获得首先是通过听,然后再转换到其他技能。语言主要是口语,大多是以具体名词和祈使动词呈现的,而且针对儿童的语言大多是命令句。

2. 全身反应法的特点

全身反应法强调理解的重要性，认为听力理解领先，即理解先于输出，并认为在理解与输出之间有个沉默期。因此，教师在教学中首先应训练儿童听的技能，不要强迫儿童开口。儿童通过对听到的语言材料的理解，内化了目标语言的结构和内容，然后到一定时候自然会开口。

全身反应法的教学活动以"听—做动作"为主要教学形式，儿童通过身体对教师指令的动作反应来提高自己的理解力。这种方法重视精神因素对学习的影响作用，认为一种不要求语言产生的游戏般运动的教学方式，会使儿童减轻压力，并在学习过程中创造一种积极的学习气氛，从而有助于儿童的外语学习。

全身反应法的顺序安排大致如下：
- 教师说出指令并做示范动作，儿童一边听一边观察。
- 教师说出指令并做示范动作，然后让儿童跟着做。
- 教师说出指令，不示范动作，儿童按照教师的指令去做。
- 教师说出指令，不示范动作，让儿童复述指令并完成动作。
- 让个别儿童说指令，教师和其他儿童一起做动作。

以下是教师课堂活动指令举例（Sample Commands）：

Stand in a row. Stand in a line. Bend down. Straighten up.

Hands up. Hands down. Hands front. Hands left.

Touch your toes. Touch your feet. Touch the right foot. Touch the left foot.

Right foot up. Right foot down. Jump three times. Turn around.

Everyone, point to the window/door.

A, B, C, D, stand up. Walk to the blackboard. Touch it. Jump. Turn around. Go back to your seat. Sit down.

E, F, G, H, walk to the window. Touch the window. Turn around. Point to the teacher. Come and touch the teacher. Go to the blackboard. Pick up the chalk. Draw a cat on the board. Put down the chalk. Go back to your seat and sit down.

Everyone, pick up your book. Open the book to page four and show it to me. Close the book and throw the book up to the ceiling. Catch it. Put the pencil in the pencil case. Put your pencil case, notebook and book in your bag. Close the bag. Put the bag on the floor.

Open your mouth. Close your mouth. Close your eyes. Open your eyes. Close your right/left eye. Open your right/left eye. Pull your ears. Pull the left ear and cry "Oh!". Pull the right ear and cry "Oh!".

3. 对全身反应法的评价

全身反应法被称作是"让语言动起来"的教学法，其主要优点是能尽快抓住儿童的注意力，在情感方面吸引儿童，课堂气氛热烈，有利于调动儿童的兴趣并使用所学的技能。在教学初期，全身反应法教学侧重于听力，可让儿童在不感到焦虑的情景中学习语言；让儿童对所理解的语言进行表演，可验证其对新语言的理解。全身反应法能提供一个与实际生活紧密相连的学习环境，使儿童在形式多样的活动中、在循环往复的练习中学会英语。全身反应法能协调儿童的左右脑发展，有助于提高儿童英语学习的成效，因为儿童可用左脑通过听觉来吸收信息，然后用右脑将这些信息通过肢体动作表达出来。

但是，比较抽象的概念很难用 TPR 动作来表述；这种方法不是一套完整的方法，通常只作为一种供听力输入和身体反应等的教学活动，要融于其他教学法之中，应配合其他有效的教学法才能更好地完成教学任务；该方法是一种被认为不适用于中、高级阶段的外语教学法。另外，全身反应法以儿童感官基础上的运动为主，容易引起儿童的兴奋，如果未把握好该方法的分寸和时间的话，会给教师英语教学活动的组织和常规纪律的维持带来一定的难度。因为该方法使用时间过长，对于儿童来说，神经系统长期兴奋，很难控制激动的情绪，经常造成教师放开活动后无法回到正常的教学秩序上来的尴尬局面，特别是对于年轻教师来说，全身反应法的组织和实施往往成为一大难点。

以上介绍了外语教育史上较为典型的、对我国幼儿英语教育产生重大影响的几种外语教学法流派。

二、西方外语教学法在幼儿英语教学组织与实施中的运用

幼儿英语教学组织与实施的方法，受到西方外语教学法流派的影响，主要表现为西方外语教学法在幼儿英语教育中的具体运用。

从西方外语教学法的介绍来看，每种教学法都有自己的特点和局限，组织与实施幼儿英语教学时，教师应该注意采取"博采众长、整体优化、为我所用"的态度，从幼儿的年龄特点和自身的实际出发，根据幼儿英语教育的目标加以灵活运用。

具体而言，在幼儿英语教育的组织与实施中，直接法、视听法、全身反应法、听说法、功能法及适当的翻译法，与幼儿的年龄特点相适宜，与幼儿英语教育目标相符合，都可得到不同程度的组合与运用。如全身反应法调动了幼儿的动觉，通过活动来学习英语，可激发幼儿英语学习的兴趣，维持幼儿英语学习的注意力，注重幼儿英语的感受和理解，与幼儿活泼好动的年龄特点相符合，有助于达成兴趣启蒙的幼儿英语教育目标，是一种较适宜的幼儿英语教育组织与实施的方法。

三、幼儿英语教学的具体方法

从幼儿英语教育的原则出发，借鉴西方外语教学法流派，幼儿英语教学的组织与实施可根据幼儿期特有的年龄特点，采用一些特定的、具体的教育方法与技巧，以更好地激发幼儿参与活动的兴趣，达到良好的教育效果。

（一）直观法

幼儿英语教育中，教师要善于利用各种手段，如实物、图片、动作、表情、多媒体音像材料等，具体直观地呈现所教的英语材料。在教学过程中，教师还要善于利用这些直观手段对教学的组织用语进行解释，以更好地帮助幼儿理解所输入的语言材料，使抽象的言语具体化。

图 5-5 幼儿英语教学中的直观法

教师在具体运用直观法时要注意：

1. 抽象与形象相结合

抽象的英语内容与直观手段要同时呈现，相互结合，不要割裂，要使英语的声音与英语所代表的意义构成一个整体。

2. 控制母语的使用量

可完全用直观手段解释的、幼儿能通过感官直接理解的英语语言材料，教师要坚持不再用汉语进行解释，以免干扰幼儿对英语的直觉感受。

3. 必要时适当运用母语

无法用直观手段阐述清晰的英语语言材料，教师可借助母语先解释一遍，然后再自然过渡到英语与直观手段的结合。

（二）模仿法

语言学习需要大量的模仿，模仿是幼儿学习语言的重要方法和手段。在幼儿学习英语的过程中，教师要提供幼儿丰富的英语语言输入以及标准的英语语音语调、创设宽松的心理氛围、提供多样的方法和手段，鼓励与促进幼儿进行英语语音语调的模仿。

教师在运用模仿法时要注意：

1. 鼓励意义模仿

模仿不是鹦鹉学舌式的机械模仿，教师要鼓励幼儿进行意义模仿，即创设有意义的真实情景和交际情景，让幼儿在真实的交际活动中进行模仿和操练。如对"I want it!"的句型模仿，教师创设了超市购物的环境，让幼儿一边用榔头敲击物品，一边自然地进行表述。

2. 不追求即时模仿

教师不可追求一次教育活动后幼儿的即时模仿，而是要创设环境，注重幼儿的延迟模仿和选择或创造性模仿。教师不要刻意要求每个幼儿在参与一次英语教育活动后都能马上正确模仿和反馈，可将所教授的内容放入英语区域活动中，鼓励幼儿在语言材料和同伴的刺激下，进行延迟反馈，甚至进行创造性的反馈。如学了"This is an apple."后，教师可将苹果等图片放入区角中，让幼儿进行模仿和操练。模仿和操练时，幼儿不仅可以用所学的上述句子进行模仿表达，还可以

图 5-6 幼儿英语教学中的游戏法

进行"This is a red apple. This is a big apple."等创造性的模仿表达。

（三）游戏法

游戏是幼儿的主要活动形式，是对幼儿进行教育的基本手段，也是幼儿学习英语的最佳方法。教师要善于利用这一喜闻乐见的方式，设计组织生动有趣的游戏，寓教于乐，寓学于嬉，让幼儿在轻松的、快乐的气氛中学习英语。游戏可以活跃教学气氛，帮助幼儿集中注意力、提高记忆效果，还可培养幼儿对活动的情感态度，是对幼儿进行英语教育的重要方法。游戏的种类主要有语言游戏、动作游戏、角色游戏和娱乐型游戏等。

为了更好地发挥游戏的作用，教师在设计与组织游戏时要注意：

1. 游戏的设计和组织要具有目的性

游戏应为教学服务，即游戏作为一种活动形式，其目的是引起幼儿活动的兴趣，让幼儿积极主动地参与到活动中去，最终完成教师预定的教学目标。因此，无论设计何种游戏，教师都要始终围绕教学目标，控制好游戏过程中的重点，而不是只重视游戏的娱乐性，忽略其教育性，不能将活动中心转移到为游戏而游戏，使幼儿单纯为玩而玩，收不到应有的教学效果。如在一次"Halloween"的万圣节英语教学活动中，教师安排了让幼儿穿上万圣节的服装，拿上万圣节的道具，进行服装表演的游戏活动，但整个游戏活动中教师只是注重幼儿表演姿势和台步的走法，对幼儿要接触与学习的与万圣节相关的英语词汇，如"costume"、"stick"、"mask"、"jack-o'-lantern"等，没有进行复习和巩固。这种表演游戏没有一定的目的性，游戏的设计和组织明显没有围绕预定的教学目标。

2. 游戏的设计和组织要具有适宜性

在设计和组织游戏时，教师应从幼儿的年龄特点出发，选择适宜的游戏活动。游戏要考虑各年龄段幼儿的特点，小班游戏的规则不宜太复杂，教师交代游戏规则的用语要简短易懂，并大量借助直观手段帮助幼儿理解；中班、大班的游戏可适当提高游戏规则的难度，但教师仍要注意多使用简单句而不是复杂的复合句来介绍游戏规则，并通过直观手段、教师自身和幼儿的示范等方法，让幼儿理解游戏的规则。

3. 游戏的设计和组织要具有合理性

从语言的输入和输出角度来区分，游戏有听力游戏和口语游戏两种，教师要把握两种游戏的性质，合理运用听力游戏与口语游戏。一般来说，听力游戏重在发展幼儿的理解能力，作为语言的表达基础；口语游戏重在发展幼儿的语言表达能力和运用能力。每次教学活动中，教师必须注意其不同的组织顺序和适用范围。

教学中一般应先进行听力游戏,再进行口语游戏。如果是新授课,还可以适当增加一些听力游戏,如"Simon Says"、"Slap Game",且口语游戏的要求不能太高,应围绕新授的语言点;复习课则可将说的游戏放在主要地位,如"Name Six"、"Beach Ball Game"、"What am I?"等,让幼儿在游戏中尽情地进行语言的表达。

在一个中班的英语教学活动中,教师新授了海洋中的各种动物的词汇,在操练阶段,教师安排了一个口语游戏:教师做水母(jelly fish),幼儿做各种海洋动物,如蟹、章鱼、鲸鱼等,当教师扮演的水母抓住幼儿扮演的海洋动物后,该幼儿要用英语将自己扮演的动物名称说出来:"I want to be a (an) shark/whale/crab/octopus."由于"I want to be a ..."是一新句型,新句型与新单词的组合,增加了幼儿表达的难度,几乎没有一名幼儿能进行上述的表达,他们只能在教师的启发下进行被动的、机械的重复。

可见,游戏在设计和组织时,要考虑合理性,特别是对口语游戏输出的要求不能过高。

4. 游戏的设计与组织要具有群体性

游戏要面向全体,充分调动每一个幼儿的积极性。因此,教师要注意游戏的组织形式。

由于目前幼儿园一个班的幼儿人数普遍过多,游戏时教师如果采取集体的形式,一味让所有的孩子一起成为游戏的主角,就不利于教师的组织、观察和指导;反之,如果游戏时采取个别的形式,一味集中在个别幼儿的身上,那么其他的孩子就会降低学习的兴趣,练习的机会就少了。为了做到游戏的组织坚持面向全体,对于人数多的班级,教师组织时可让部分幼儿先来做游戏的主角,鼓励其余幼儿注意观察游戏的进展并作出反应和判断,然后及时进行轮换。这种小组形式的游戏,既能兼顾到全班幼儿游戏的参与面,考虑到游戏参与的群体性,又能维持游戏中的正常秩序。

5. 游戏的设计与组织要突出语言的实用性

教师设计与组织的游戏内容和场景具有现实意义,与日常生活有关,使幼儿可以自然地、有兴趣地接受英语知识,并尝试运用所学的英语与别人交际。为此,教师可结合教育内容,精心设计和创设真实的游戏情境,使幼儿能够身临其境,增加游戏的趣味性。比如,教师可以利用餐桌、厨房用具、萝卜、青菜、蘑菇等玩具材料,创造出"小兔的家"这一鲜明、生动的场景,把幼儿引入其中,从而让幼儿在游戏情景中自然产生认识和运用萝卜、青菜、蘑菇这几个英语单词的需求,使英语语言的学习融于真实的游戏情景中。

6. 游戏的设计与组织要具有清晰性

游戏规则是顺利完成游戏活动的一个重要保证,为了使幼儿都能参与游戏,游戏的规则要清晰,能让不同英语基础的幼儿理解。为此,教师介绍游戏规则时所使用的语言要浅显易懂,尽量不使用生僻、抽象的词语;可借助于自身的动作示范,也可在交代好游戏规则后,通过指导个别幼儿动作示范的形式来解释游戏规则。对于新游戏规则的介绍或对于英语水平总体较弱的小班幼儿来说,教师除了运用自己和个别幼儿的动作示范外,还可用汉语进行适当的解释。大班幼儿的游戏规则相对会较复杂,教师也可用汉语进行解释。

(四)音乐法

儿童对感性的东西接受能力特别强,当他们还不能像成人一样懂得理性思维和辨析时,就已经能够直接感知这变化莫测的世界。其中，儿童对美妙音乐的感知和理解更是突出。音乐对每一个有生命的实体来说都具有强烈的刺激作用，可开发右脑潜能，激发幼儿英语学习的兴趣和动力。因此，唱伴有音乐的歌曲和歌谣是幼儿学习英语的良好方法和手段，教师可将幼儿要学的英语语言知识融于歌曲和歌谣中。

用爵士乐的调子赋在诗歌上所形成的爵士调或爵士歌谣(Jazz Chant)，其节奏感特别鲜明、强烈，能帮助幼儿学习以自然的语速和清晰纯正的语调进行表达，从而使发音更接近说英语的本族人(native speaker)。通过歌谣的学习，不仅促进了幼儿英语口语表达能力的发展，同时也达到了复习和学习英语语言知识的目的。另外，歌曲中也包含富有一定节奏的英语词汇，它以优美的旋律、节奏和形象的动作呈现，符合幼儿形象记忆的特点，带给幼儿美的享受，易调动幼儿的情绪，激发起他们学习英语的兴趣，减轻幼儿学习的压力，也易使幼儿在不知不觉中巩固已学过的单词、句型等英语语言知识，掌握自然的英语语音语调。

（五）故事法

利用故事教授英语是一种很有效的方法，故事以其优美的语言、引人入胜的情节、色彩丰富的画面、超越时空的想象等特点，抓住幼儿的注意力，唤起幼儿的强烈情感，从而对幼儿有着普遍的吸引力。在听故事的过程中，幼儿具有极大的学习兴趣和动力。

将幼儿要学的词汇、句型、对话等英语教育内容编成故事来教授，可使幼儿获得大量的、标准的英语语言输入，营造出丰富的英语语言环境，从而有利于促进幼儿对英语单词、短语、句型等语言知识的获得。另外，故事的复述和表演还能直接提供幼儿口语表达的机会，培养幼儿英语语言的表达能力。如教师可利用"Three Little Pigs"的故事，让幼儿学习"straw house、wood house、brick house"的词汇和"This is a … house."的句型。

（六）情景法

语言的表达和交际离不开一定的情景，只有在接近真实的情景中，幼儿才更容易身临其境，具有迁移和运用所学语言的欲望。但是，英语在我国是一门外语，幼儿的英语学习始终没有真实的语言环境，因此，教师要善于在教室里利用直观、形象的手段，来有意识地创设生动形象的、接近真实的环境，让幼儿身临其境地在情景中学习英语、理解英语和运用英语。如教师创设过草地去小动物家的情景，让幼儿理解和学习词汇"jump"和短语"jump high"。

实物、图片、简笔画、模型、幻灯、录像等直观手段在幼儿英语教育中应经常使用，它既有助于调动幼儿多种感官的参与，增加幼儿对英语的感性认识，又能使英语教育活动的情景生动真实、丰富多彩，有效避免了英语学习的枯燥性。

实践活动中，幼儿教师非常注重和擅长于创设与英语学习内容相对应的情景，如一位教师在幼儿学习图形"oval"的词汇时，创设了图形王国的情景，让幼儿边逛边说所看到的图形，包括"circle"、"square"、"rectangle"、"triangle"等，情景中每种图形又各有红、黄、蓝、绿等几种颜色，大小也各不相同。在如此丰富的环境中，幼儿能自然而然地、有兴趣地应用所学的英语对图形的形状、数量、大小、颜色等进行表述，从而使创设的情景最大限度地发挥出其具有的教育作用。

对于精心创设出来的情景,教师要注意充分利用,以发挥出情景应有的教育作用,千万不要似"蜻蜓点水",匆匆过场。

(七) 儿歌法

英语的儿歌短小精悍,琅琅上口,行文简单,易于幼儿理解和掌握。同时,儿歌的语言也十分优美生动,往往具有一定的韵律,有助于幼儿对语音语感的感受和掌握,目前也成为幼儿阶段英语学习的一种重要方法和手段。通过学习简短的儿歌,幼儿可积累一些常用的词汇,掌握一些常用的句型表达法。教师可将幼儿要学的英语单词、短语或句子等,编成一首短小的英语儿歌,用儿歌的方法让幼儿进行学习,这样可收到良好的学习效果。

如教师可让幼儿通过对英语儿歌"Kites"(Big kites, little kites, flying in the sky. Red kites, yellow kites, flying very high)的感受和学习,从而掌握单词"kite"、"sky"、"big"、"little"、"red"、"yellow"和短语"in the sky"等。

(八) 活动法

幼儿英语教育是实践性很强的活动。活动是儿童自主参与的,以儿童的兴趣、积极性和内在动机需要为基础的,而不是被动接受知识的过程。由于幼儿生性活泼好动,活动便是激发幼儿兴趣的重要途径。同时,活动又是幼儿与环境互动的中介,在幼儿的发展中具有重要的地位。生动活泼、含义丰富和有趣味的活动,能引起幼儿对英语学习的兴趣,提高幼儿英语教育的效果,减轻幼儿的学习负担。

因此,教师要善于创设丰富多彩的各类活动,如操作活动、身体运动活动等,特别是TPR活动,让幼儿在活动中多感官地参与英语的学习,提高英语学习的兴趣和动力。如在幼儿学习英语儿歌"Ants and Bees"(Ants on the grass. Ants on the tree. Bees near the flower. Bees near me)时,教师为每位幼儿提供了一幅有花、草、树和儿童照片的背景图及多张蚂蚁和蜜蜂的塑封图片,让幼儿通过"把蚂蚁放在草和树干上"、"把蜜蜂放在花及儿童的周围"的操作活动来学习和掌握该首儿歌。

第四节 渗透于幼儿日常活动的英语教育的组织与实施

一些英语特色的幼儿园,为了强化英语的学习,使幼儿有更多接触英语和使用英语的时间,便纷纷提高英语教育的频率,尝试用英语来组织幼儿的日常活动,将英语渗透于幼儿的一日活动中,如用英语来组织幼儿的生活活动、游戏活动和运动等活动。

一、渗透于幼儿日常活动的英语教育的组织与实施的性质

不同于正规的幼儿英语教育,即幼儿英语教学,在这种渗透于幼儿日常活动的非正规性英

语教育中,英语主要是作为教师的一种组织活动的媒介、教师与幼儿之间的一种交流工具,已经不是作为一门简单的语言课程和语言学科。如前所述,这其实不是一种正规的、正式的幼儿英语教育活动,而是一种非正规性的、渗透性的英语教育活动,幼儿园习惯称之为双语教育活动。

但是,从非正规英语教育活动的实践现状看,渗透于幼儿一日活动的英语教育,在英语和汉语的现实比例上,汉语的比例占了重头,英语的比例普遍较小。从时间安排来看,渗透于幼儿一日活动的英语教育并不十分固定,教师只有在感到某活动与幼儿英语教学内容密切相关时或感觉对某个主题自身的英语水平能驾驭时,才会尝试开展这种渗透性的英语教育。因此,目前这种渗透性的英语教育有时被视为双语教育,只能是一种双语教育模式的雏形,还不是一种典型的双语教育,因为典型的幼儿园双语教育模式,要求用英语组织的活动在整个一日活动中应占有一定的比重,至少为百分之五十。因此,我们更倾向于称之为非正规性的、渗透性的幼儿英语教育。

二、渗透于幼儿日常活动的英语教育组织与实施的要点

以上非正规性幼儿英语教育的组织与实施,主要涵盖以下要点。

(一) 自然渗透

教师可结合幼儿一日活动中的某个环节,根据该活动环节的目标、该活动与幼儿英语教学内容的相关性或根据组织该活动环节英语组织语言和指令的特点,来自然渗透英语教育,即用英语而非汉语作为工具来组织与实施幼儿的某个活动环节。

自然渗透的方法,首先可用于活动环节的教师组织和指令用语,使该活动的开展成为帮助幼儿在日常活动情景中复习巩固和运用英语的过程。如英语教学活动中幼儿学习了"Wash your ..."的句型,教师就可在生活活动的盥洗环节中自然渗透该英语句型,既培养幼儿养成勤洗手的良好生活习惯,又感受和巩固了所学的英语句型;又如英语教学活动学习了"Good morning"的问候语,教师就可在生活活动的来园活动环节中渗透早晨问候的日常用语。自然渗透的方法也可用于幼儿某日常活动环节涉及的英语组织和指令中较直观、简单或容易借助于情境理解的活动内容,在这种情况下,教师就可用英语而非汉语作为工具来组织与实施该活动环节,为幼儿在一日活动中提供尽可能丰富的、可理解的英语输入,提供幼儿非正规性英语教育的机会。如拍皮球的英语指令"Bounce the ball",借助教师的动作示范会十分清晰、直观,教师可在幼儿体育活动的拍球运动项目中渗透该句型,让幼儿反复在拍球运动中感受该句型,从而最终理解和主动运用拍球的句型。这样一种自然渗透英语的方法不是正式的教学,但通过幼儿多次接触和感受英语的方式自然习得了英语,较适合幼儿无意注意占优势的心理发展特点。

总之,教师要善于运用自然渗透的方法,在幼儿的一日活动,如生活活动、运动、游戏活动等日常活动中渗透英语,多开展非正式的幼儿英语教育,为幼儿营造丰富的英语语言环境,促进幼儿无意识的英语学习。

图 5-7 幼儿英语教育可渗透的一日活动环节

（二）随机灵活

由于幼儿一日活动的丰富性和多样性，渗透于幼儿日常活动的英语教育，一般无法固定组织与实施的时间和频率，而是完全由教师结合自身的英语水平，根据幼儿原有的英语语言知识和经验，根据幼儿英语教学内容和幼儿一日活动某环节目标的相关性，根据幼儿一日活动某环节的英语指令或组织语言的特点，来随机灵活地确定渗透性英语教育的频率、活动内容、活动形式及英语的比例等。因此，渗透于幼儿日常活动的英语教育没有固定的教育模式和程序，具有随机灵活的特点。如英语教学内容是礼貌用语的学习时，第二天的来园活动可自然灵活地渗透该礼貌用语的运用。

教师在幼儿的日常活动中，要具有开展非正规性英语教育的意识，并随机灵活地将英语自然渗透在幼儿的日常活动中，最终旨在使幼儿在一日生活中有更多的感受与运用英语的机会和条件，促进幼儿用习得的途径来掌握英语。

（三）重复运用

幼儿在园的一日生活基本都有稳定的作息，形成了一定的制度化，因此，幼儿的日常活动内容很多都是循环进行的，具有重复性。如幼儿每天都要进行午睡、餐点、盥洗等生活活动，每天都要开展户外运动和散步活动等。为此，教师渗透的英语要能够紧密结合幼儿的一日活动作息制度，密切联系幼儿经常进行和反复开展的活动，善于运用重复的方法，使幼儿反复感知理解并自然习得英语。教师在一段时间内，可在一日活动的某活动环节中经常反复使用同一内容的英语，特别是涉及较长句子的英语组织用语、英语指令要求和英语常用对话等，教师不仅要每日坚持渗透英语，更要每日重复同样的表达，让幼儿在反复感知和熟悉理解的基础上逐步养成听说习惯，发展听说能力。

（四）将英语语言学习目标隐性化

一日活动中的日常英语渗透教育，即非正规性幼儿英语教育，教师一般将各类活动欲达成的目标作为追求的显性目标，而英语语言学习的目标在渗透过程中被隐性化了，即教师并没有追求幼儿对所渗透英语的准确输出和反馈。如某教师组织的生活活动目标为"培养幼儿穿脱衣服的生活自理能力",在该生活活动环节的组织过程中,教师虽然渗透了"Put on ..."、"Take off ..."的句型,但活动的着眼点在于观察幼儿穿脱衣服的行为,帮助幼儿形成穿脱衣服的生活自理能力。教师在生活活动环节开展过程中可用英语来演示或指导幼儿形成正确穿脱衣服的动作,但无需一味追求幼儿输出并掌握相应的英语语言知识和技能。

由此,组织与实施渗透性的幼儿英语教育,教师在活动中并不突出和强求幼儿英语语言即刻的、准确的输出,教师应将英语语言目标隐性化,关注的重点在于帮助幼儿理解英语并参与活动,关注的焦点在于所渗透英语教育的体育、生活、游戏等各类活动的顺利开展及目标的实现。伴随一日活动的重复开展,长此以往,幼儿对教师所渗透的英语指令、组织语言和交往语言就会自然习得。

(五)注重理解

可理解的英语语言输入才能有效促进幼儿英语的习得,教师在日常活动中渗透的英语往往点多量大,因此,对教师来说特别需要采用一定的帮助理解的手段,使之成为幼儿能够理解的语言信息。教师在渗透英语时需要使用一定的策略与方法和幼儿互动,帮助幼儿理解英语,特别是在幼儿初次接触该语言经验时或渗透中幼儿发生理解困难没有回应的情况下,教师要采用一些适宜的手段与方法来帮助幼儿理解。如,教师可以运用简笔画、肢体动作演示、实物、图片、面部表情等策略和方法将抽象的语言直观化,帮助幼儿理解英语。

(六)促进交流

语言是交流的工具,幼儿学习英语的最终目的在于学会使用英语,发展用英语进行交流的能力。渗透于幼儿日常活动的英语教育除了以教师为主体在幼儿的一日生活中有目的、有计划地对幼儿输入英语外,还要充分发挥幼儿的主体地位,鼓励幼儿在理解的基础上主动输出英语,尝试用英语与教师或同伴进行交流和互动。在开展渗透性幼儿英语教育中,在幼儿日常活动中已具备一定的英语听说能力的基础上,教师还要鼓励幼儿在一日生活中用英语与同伴进行互动和交流,帮助幼儿学以致用,促进幼儿英语使用和交流的能力。

三、渗透于幼儿日常活动的英语教育组织与实施的具体方法

渗透于幼儿日常活动的英语教育组织与实施的方法不同于正规性的英语教学,由于该英语教育是非正规性的,英语是作为教师活动组织的媒介而非幼儿语言学习的显性课程,因此,其组织与实施的方法有自身的独特性,一般可包括以下几种。

(一)直观法

在将英语教育渗透于幼儿日常活动时,由于幼儿一日活动内容的丰富性,教师所使用的英语组织用语在输入量上比英语教学活动更大。因此,为力求使组织指导活动时的英语输入可理解,教师要使用各种直观手段,例如体态语、图片等。体态语是最有效的一种直观方法,可以帮助幼

儿建立语义与语言形式之间的联系，使幼儿的思维不受母语的干扰。教师要善于利用面部表情和手势等帮助幼儿理解所渗透的英语词汇和句子，教师在渗透式英语教育中如能掌握并善于使用体态语，可以帮助幼儿理解输入的英语信息，达到事半功倍的效果。如在幼儿玩抛接球的活动中，教师可借助自己的动作示范渗透"throw"、"catch"等词汇，通过直观形象的体态语，幼儿很容易就能理解教师所输入的英语。

（二）情景法

语言的理解和表达依赖于情景，只有在接近真实的情景中，幼儿才更容易身临其境，更容易理解语言和具有语言表达的愿望。教师在开展渗透于幼儿日常活动的英语教育时，要紧密结合一日活动的自然场景，力求在幼儿活动的现场渗透英语，在真实的活动情景中帮助幼儿理解和运用英语。如生活活动午睡环节中，教师可在幼儿午睡前脱下衣服就寝时渗透"Take off..."的句型，在幼儿午睡起床后穿衣服的环节渗透"Put on..."的句型，这样，教师组织活动的指令与幼儿日常活动的真实情景自然结合，既使幼儿容易理解教师的英语输入，同时，在多次感受的基础上，又促进幼儿对英语的自然习得和运用。

（三）儿歌法

为帮助幼儿理解教师在日常活动中所渗透的英语组织用语，并促进幼儿在日常活动中运用英语，教师可结合幼儿的一日活动，将所使用的英语编成琅琅上口、短小精悍的儿歌。因此，儿歌法也是教师在日常活动中渗透英语教育时可采用的一种有效方法。如在幼儿运动的热身阶段，教师可将热身的相关指令编成小儿歌：Hands up! Up up up! Hands down! Down down down! Hands back! Back back back! 教师一边念儿歌一边带领幼儿做动作，使幼儿理解英语儿歌的内容，同时，在反复感知理解的基础上能够跟唱儿歌。

（四）交际法

交际法是教师在幼儿日常活动中渗透英语教育时可使用的一种方法。在非正规性幼儿英语教育中，教师除了将英语作为工具组织幼儿的日常活动外，还要帮助幼儿养成将英语作为工具的听说习惯，鼓励幼儿在反复感知教师所渗透英语的基础上，尝试用英语与教师或同伴进行交际。教师要主动在幼儿的日常活动中使用英语对话，与幼儿进行交流互动，以促进幼儿的英语交际能力，同时，也提高幼儿的英语工具意识，帮助幼儿学会用英语主动与同伴进行交流。如教师在来园活动中，要主动用英语教学活动中所学的"Good morning!"、"How are you?"、"Nice to meet you!"等英语问候幼儿，鼓励幼儿积极回应，同时，多在日后的来园活动中提醒幼儿用以上英语主动问候同伴。

思考与实践

1. 幼儿英语教育组织与实施的含义与作用是什么？

2. 幼儿英语教育组织与实施的途径是什么?
3. 幼儿英语教育组织与实施中应该遵循的原则有哪些?
4. 渗透于幼儿日常活动中的英语教育组织与实施的方法有哪些?
5. 联系实际,谈谈幼儿英语教育组织与实施中如何做到"兴趣为先、感觉参与"的原则。
6. 联系实际,谈谈全身反应法在幼儿英语教学中的运用。
7. 材料分析题

某教师在幼儿英语教育组织实施过程中,一边对幼儿进行英语的输入,一边还借助实物、图片、简笔画、模型、录像等,有时还加上适当的动作、表情、姿态、手势等。

请分析该教师在英语组织实施中所使用的原则。

第六章

幼儿园英语教学活动的设计与组织

■ 知识要点
- 幼儿园英语教学活动设计的含义与要素
- 幼儿园英语教学各要素的设计
- 幼儿园英语教学活动计划的结构设计
- 幼儿园英语教学活动组织的含义与注意事项
- 幼儿园英语各类教学活动的设计与组织

开展幼儿英语教育的主要机构是幼儿园,幼儿英语教育目标、内容及组织实施相关原则与方法的贯彻落实都需要通过在幼儿园开展的英语教育活动得以实现。幼儿园英语教育活动承载了幼儿英语教育的重任,幼儿园成为开展幼儿英语教育的重要场所。幼儿英语教育组织与实施的重要途径之一是幼儿英语教学,那么,如何在幼儿园开展英语教学活动,即如何开展正规性英语教育呢? 这就需要了解如何科学有效地设计并组织和实施幼儿园的英语教学活动。本章将主要描述幼儿园英语教学活动的设计与组织,包括幼儿园英语教学活动设计的含义和要素,幼儿园英语教学活动各要素的设计,幼儿园英语词汇、句型、对话、歌谣、歌曲和故事等内容的教学活动设计和组织的方法。

第一节 幼儿园英语教学活动的总体设计与组织

幼儿园英语教学活动的设计是幼儿园英语教学活动组织与实施的基础,是幼儿园英语教学活动取得成功的重要影响因素。

一、幼儿园英语教学活动设计的含义

幼儿园英语教学活动设计是指教师依据幼儿的特点,制定教学活动目标,选择教学活动内容,采用一定的方式和手段有效安排和组织幼儿进行有意识的英语学习活动而事先研究制定计划的行为。

幼儿园英语教学活动设计,一般包括英语教学活动目标、英语教学活动内容、英语教学活动组织与实施等要素的设计。幼儿园英语教学活动评价监控主要是在幼儿园英语教学活动实施

后,为完善后继的教学活动设计而进行的工作,一般不直接在教学活动的计划中加以体现。故关于幼儿园英语教学活动评价将在后面的幼儿英语教育评价章节中加以叙述。

二、幼儿园英语教学活动设计的要素

(一) 幼儿园英语教学活动目标的设计

幼儿园英语教学活动目标的设计,主要表现为制定幼儿园英语教学活动的目标。在进行幼儿园英语教学活动目标的制定时,要做到以下几方面的要求。

1. 全面性

教师制定的幼儿园英语教学活动目标首先要有全面性,为此,制定教学活动目标时,教师要根据宏观的幼儿英语教育目标所涉及的领域范围确定教学活动目标。具体的幼儿园英语教学活动目标与前面第二章表述的总体的幼儿英语教育目标相一致,也应包括认知、情感、技能和文化四大领域,使幼儿园英语教学活动目标成为一个由认知、情感、技能及文化等领域的目标组合而成的一个多维目标的结合体。但是,并不是每节英语教学活动都能涵盖这四大领域的目标,特别是文化领域的目标更需要长期的培养而非在一节英语教学活动中就能得到体现。因此,教师要根据英语教学活动内容的性质灵活制定目标。

2. 可操作性

教师制定的幼儿园英语教学活动目标要有可操作性,为此,在文字的表述上,幼儿园英语教学活动目标相对宏观的幼儿英语教育目标而言,不宜过分笼统,应更细化、更清晰,具有一定的可操作性,以发挥出目标指导教师英语教学活动方向的作用。

就认知领域目标而言,培养幼儿语音语感的总体目标应结合具体英语语言知识的学习、经日积月累而达成。因此,教师在一节英语教学活动认知领域目标的表述时,要明确达成总体的良好语音语感目标的载体——幼儿所要学习的具体语言知识,包括词汇、句型、对话、儿歌、歌曲、歌谣和故事等方面的具体目标。

就情感领域目标而言,培养幼儿对英语学习兴趣的总体目标要落实在具体的某类英语教学活动中,如英语游戏活动、英语歌曲表演活动、英语操作活动等,教师要结合教学活动内容和教学活动方法清晰阐述目标。技能领域和文化领域的目标由于受到教学活动内容的限制,并不是在每节英语教学活动中都能够体现,但是如果某节教学活动能够覆盖这些领域的话,教师要结合具体教学活动的内容,力求将技能及文化领域的目标加以细化和操作化。

总之,教师要善于把握宏观英语教育目标与具体英语教学活动目标在表述上的差异,使英语教学活动目标更具有明确性和可操作性。

3. 适宜性

教师制定的幼儿园英语教学活动目标要有适宜性,为此,教师要全面了解幼儿原有的经验,经过仔细分析和准确评估后,创设幼儿英语语言的最近发展区。

幼儿原有的经验,首先包括幼儿原有的生活经验。教师要分析幼儿已有的生活经验,因为英语知识的学习应建立在幼儿具有相关生活经验与背景的基础上,否则,英语知识远离幼儿的生活实际,英语输入不符合可理解性和"此时此地"的原则,就会影响幼儿英语学习的效果。如幼儿先前没有关于消防的知识和背景,而教师在未了解和考虑幼儿缺乏这一生活经验的基础上,便结合"消防日"安排了一节有关"消防"的英语教学活动。由于所选英语教学活动内容远离幼儿现有的生活经验,幼儿学习的兴趣和积极性无法充分显现,英语学习的效果也就大打折扣。

此外,幼儿原有的经验还包括幼儿原有的英语知识经验。教师要分析幼儿英语的原有知识经验,了解各年龄段幼儿的英语语言发展水平,在此基础上,制定出适合幼儿年龄特点和原有英语发展水平的教学活动目标,这样的教学活动目标才具有适宜性。

(二) 幼儿园英语教学活动内容的设计

幼儿园英语教学活动内容的设计主要涉及以下几方面的工作。

1. 根据幼儿汉语学习的主题选择教学活动内容

一般而言,教师可以根据幼儿的生活经验和兴趣单独确立英语教学活动内容的主题,围绕这些主题来选择幼儿园英语教学活动内容。

随着幼教改革的开展,幼儿园逐渐打破了分科教学的模式,多实施综合主题教学,幼儿园英语教学活动更多地与汉语主题教学活动相结合,幼儿园英语教学活动内容往往会根据汉语主题教学活动内容进行选择。具体而言,幼儿园英语教学活动内容以贴近幼儿日常学习的汉语主题为核心,主要涉及幼儿生活中经常接触到的动物、植物、季节、城市、人、水、学校等主题。与汉语主题相一致的英语教学活动内容的选择,既做到与幼儿的日常生活经验相联系,同时,也要注意到汉语输入与英语输入的衔接与联系,使幼儿汉语学习经验和英语学习经验相整合,做到英语教学活动内容与幼儿的原有知识与经验相适应。这样有利于幼儿对英语输入内容的理解和运用,更容易促进幼儿进行英语的有意义学习,从而产生事半功倍的输入效果。如根据汉语主题"在动物园",在了解了动物园里主要动物的知识和经验后,同步学习相应的英语动物单词、句型、对话、歌曲、歌谣及故事等。

2. 分析与钻研英语教学活动内容

在选择与确定了英语教学活动内容后,教师需要分析与钻研教学活动内容,即对所要实施的教学活动内容进行研究,并努力做到以下几点。

(1) 熟知教学活动内容所要教授的英语语言知识点及相关背景。教师在实施英语教学活动前,要熟悉和把握教学活动内容所要教授的英语语言知识点,包括词汇、句型等,并要对知识点涉及的相关英语语言背景知识有所了解。

如教师结合消防日设计了一节英语教学活动,教学活动内容是让幼儿学习用英语表达消防救火的电话号码"119"及学习词汇"fireman"、"fire-engine"。为了更好地把握教学活动内容,教师除了熟练掌握内容本身所直接涉及的、幼儿应学习的英语语言知识外,还要熟知相关消防背景知识及相关的英语语言表达方式。如教师除了掌握"telephone number 119"和"fireman"、"fire-engine"外,还应了解以下有关消防的相关表达:"The house is on fire.(房子着火了)","It's dangerous.(很危险)","The fireman is coming.(消防队员来了)","The fire-engine is coming, too.(消防车也来了)","The fire is put out.(火被扑灭了)","The fireman is brave.(消防队员真勇敢)"等。

充分做好分析与钻研教材的工作,能使教师在开展英语教学活动时既做到突出英语语言教学的重点,又能提供幼儿丰富的英语语言输入。

(2) 明确教学活动内容要求幼儿掌握的英语语言技能。语言是交流的工具,教师在分析和钻研内容时,更要研究教学活动内容所具有的促进幼儿语言表达和交际的教育价值,应注重通过语言知识的学习,同步让幼儿掌握相关的语言技能,促使幼儿用所学的英语进行表达和与同伴交流。这样,也通过教学活动内容这一载体,实现了英语教学活动的认知领域及能力领域的目标。

如在设计中班《在餐厅》的活动时,教学活动内容是让幼儿了解一些常见的食物,学习词汇"hamburger"、"cookie"、"noodle"。该活动内容除了涉及以上的英语词汇的语言知识外,就语言技能而言,教师可考虑幼儿以前所学的哪些句型可与这些词汇相结合,从而使静态的词汇学习成为动态的语言交际操练,以发挥出语言应有的交际功能。如以上词汇可自然结合句型"I like …"进行整合学习,从而鼓励幼儿用英语相互介绍自己喜欢吃的食物,促进幼儿用英语进行表达和交流的能力。

(3) 把握英语教学活动内容的难点和重点。每节幼儿园英语教学活动都有自己的重点和难点,教师要善于分析和把握英语教学活动内容的重点和难点,并将其熟记在心。教师要考虑该节教学活动内容重点教授的新词汇是哪些,可覆盖复习的词汇又有哪些,这样,既突出了教学活动内容的重点和难点,又兼顾到对以前所学内容的复习和巩固。

如教师在小班幼儿复习已知农场动物英语词汇的基础上,引进和教授新的词汇"sheep",为此,在设计教学活动时,教师应突出重点学习的内容"sheep",将活动的重点和难点放在该词汇的学习上,做到让幼儿感受、理解和操练"sheep"这一词汇的时间和机会多于其他的动物词汇。

(三) 幼儿园英语教学活动组织与实施的设计

1. 幼儿园英语教学活动组织与实施设计时应考虑的要素

幼儿园英语教学活动组织与实施的设计是指为将幼儿园英语教学活动目标和内容落实在实践中而对教学活动过程所采取的安排策略。

在具体设计幼儿园英语教学活动的组织与实施过程时,教师要预先进行周密预设,对涉及活动过程的各个要素做事先细致的考虑和安排,包括活动环境、活动材料、活动环节、活动形式、活动方法、活动手段和活动的延伸要求等。其中,幼儿园英语教学活动过程的环节设计是关键要素,教师要考虑英语教学活动过程分为几大环节,各环节是如何环环相扣,体现一定的层次性等问题。

2. 幼儿园英语教学活动过程的设计

幼儿年龄小,注意力容易分散,因此,教师在设计英语教学活动的组织与实施过程中,必须针对幼儿的实际情况和年龄特征,科学合理地安排教学环节和步骤,使幼儿能积极主动地、轻松愉快地在教学活动中复习旧的知识,掌握新的知识,全面发展各种英语语言技能。

一般而言,幼儿园英语教学活动过程的设计应体现出一定的层次性,总体环节可简要称为4P,分别为:准备阶段(preparation)、呈现阶段(presentation)、实践阶段(practice)和创造巩固阶段

(production)。

(1) 准备阶段。幼儿园英语教学活动过程的首要环节可称为准备阶段。准备阶段的重要任务是激活幼儿的大脑兴奋中枢,激起幼儿学习英语的兴趣和帮助幼儿迅速进入英语学习的良好状态,为幼儿后续内容的学习打下铺垫。

幼儿园英语教学活动准备阶段进行的活动主要是幼儿在正式教学前的一些热身(warm-up)。热身活动(warm-up activities)是顺利进行英语教学的保证,对于课堂氛围的产生奠定了坚实的基础,是课堂教学成功的基石。幼儿年龄小,活泼好动,注意力容易分散,自我控制能力较差。因此,热身活动有利于调动课堂的气氛,安定幼儿的情绪,激发幼儿的兴趣,集中幼儿的注意力,使幼儿在无意识的状态下做好上课的准备。热身活动主要是让幼儿通过教师组织的多样化的活动进行先前所学内容的复习练习,因为幼儿以机械记忆为主,且遗忘快,每节课的复习及时减慢了幼儿遗忘的速度,易于幼儿对所学内容的巩固。同时,通过教师安排的多样化的热身活动,在活动一开始就能迅速吸引幼儿的注意力,激发幼儿进行英语学习的兴趣,为新内容的学习打下良好的身心状态的基础。但热身活动花费的时间不宜太长,否则会影响一节教学活动的主要教学进程,教师应在幼儿预热、但觉得玩得不够尽兴时,及时"刹车",使幼儿的注意力进入下一个阶段。

一般热身活动常用的组织形式有:师幼间的日常生活问候和对话、拍手打节奏、背歌谣、念英语儿歌、做游戏、唱英语歌曲、TPR韵律活动等。热身总体要做到形式活泼、生动有趣,以充分发挥准备阶段热身活动的重要作用。

(2) 呈现阶段。幼儿园英语教学活动过程的第二环节可称为呈现阶段。呈现阶段是教师在幼儿热身活动后自然引出所学的英语教学活动内容的阶段,即教师通过各种方式呈现新授的英语语言内容的阶段。

这一阶段的主要任务是将教学活动内容以各种形式呈现给幼儿,吸引幼儿对所学新内容的注意,提供幼儿对所学新内容进行充分感知和理解的环境,从而为后继的英语言语的表达和输出打下基础。语言的习得输入是基础,为此,教师要注重幼儿对英语输入的充分感知,创设幼儿多次感知新内容的机会。同时,可理解输入可提高英语学习的效果、促进英语的习得,为此,教师还要注重幼儿对英语输入的理解,帮助幼儿透彻理解新内容的意义,为后继的英语输出做好铺垫。一般在新内容的呈现阶段,教师重点应考虑新内容呈现的方式,以给予幼儿充分感知的机会,而不是关注幼儿对新学习内容的即时输出和表达。

幼儿园英语教学活动内容的呈现方式应该做到多样化、直观化、趣味化和真实化,可以运用多媒体、实物等演示再现真实情景的形式,音乐歌舞的形式,木偶表演的形式,也可以运用教具、游戏活动等形式。只有这样,才能使幼儿对新内容的学习具有盎然的兴趣和强烈的欲望,才能使幼儿对新内容有直观的感受和深刻的理解,才能为幼儿后阶段的英语输出和表达打下基础。如教师运用多媒体播放马路上车辆来来往往的录像,同时呈现车辆图片和播放车辆的声音,以再现真实情景,运用教具的形式,直观、真实、动态而有趣味地引出"bus"、"car"、"bike"等新内容的学习。

(3) 操练阶段。幼儿园英语教学活动过程的第三环节可称为操练阶段。操练阶段是幼儿园英语教学活动过程的主体部分,是在教师呈现教学活动新内容、幼儿对活动内容有初步的感知理解后而安排幼儿进行新内容的内化和输出练习的活动环节。

该阶段的主要任务是进一步帮助幼儿感知理解所学的新语言内容，并鼓励幼儿将所学的语言内容尝试进行表达和输出。该阶段进行中，幼儿能够对教师新授的英语学习内容进一步内化，并在此基础上重点进行所学英语内容的输出练习。

感知理解是幼儿吸收和掌握语言的基础。在对呈现的新内容初步理解的基础上，教师可利用听力游戏活动、操作活动、TPR活动等，进一步帮助幼儿对所学内容进行内化理解的操练活动。如通过"听英语做动作"、"听英语指物"、"听英语拍卡片"、"听英语贴图片"、"听英语排列图片"等听力操练活动，让幼儿对教师呈现的新语言内容进行再次的消化和吸收，为继而进行的口语输出操练活动打好基础。

幼儿要吸收和掌握新语言，表达输出的练习更是必不可少。操练阶段除了可安排听力理解的操练活动外，还需要设计口头操练活动，让幼儿在教师的指导下进行初步的口头输出所学英语内容的练习活动，一般以幼儿的模仿操练活动为主。当然，如前所述，这种模仿操练不是机械的、鹦鹉学舌式的模仿，而是一种与幼儿的生活情景紧密相连的、有意义的模仿练习，是幼儿在具体情景中的灵活运用。如学习食物的英语词汇教学活动，教师创设了餐厅的环境，让幼儿做顾客点餐，尝试模仿英语的食物词汇。但过程中，幼儿先模仿练习哪种词汇，哪种词汇练习得多，哪种词汇练习得少，教师都没有硬性规定。教师也没有安排教师示范、幼儿反复跟读的单调练习环节，更多的是幼儿在情景中自发产生英语食物词汇表达的需要并主动输出，教师从中进行指导和示范。因此，操练阶段的设计，教师在激起幼儿对所学新内容的兴趣和提供幼儿对所学内容充分感知理解的基础上，要创设真实的生活情景，让幼儿在情景中进行所学语言的输出练习。

对英语新内容的口头操练要兼顾集体、小组和个别活动三种形式，做到三种活动形式相结合。教师在幼儿操练的过程中，既要注重发挥自身的主导作用，更要注重发挥幼儿的主体地位，教师不能一味安排集体操练活动，更要注重幼儿的个别操练和小组形式的操练活动。教师在幼儿的操练过程中，还要注重个体差异，了解幼儿对英语语言知识的掌握情况，获得教学反馈信息，在此基础上进行因材施教。如在学习用"I want to be a …"的句型表达某种职业的英语教学活动中，教师创设了"站圈"的游戏情景，在地面上画了三个圆圈，分别代表"doctor"、"teacher"和"cook"三种职业，让幼儿选择自己喜爱的职业圈站立。随后，教师可分别针对全体幼儿、小组幼儿和个别幼儿发问："What do you want to be?"鼓励集体、小组或个别幼儿用所学的句型进行回答："I want to be a …"这种集体、小组及个别操练相结合的形式，使幼儿获得了充分的语言表达的机会，同时，也有利于教师了解幼儿的学习情况，进行针对性的指导。

为了解释操练活动的程序和步骤，我们将操练阶段分为听力理解和口语表达两种类型，并将这两类操练作为两个独立的环节各自进行描述和说明。但在幼儿园英语教学实践活动中，往往这两种类型的操练并不是截然分开的，有时可整合进行，特别是涉及较简单的英语词汇学习的教学活动内容，在幼儿操练时，教师可将听力操练和口语操练自然组合，不刻意将两种类型的操练活动作为两个独立的环节分开进行。如在大班"A Sailor"的英语教学活动中，教师的教学活动目标是让幼儿掌握"crab"、"sea horse"、"dolphin"、"turtle"四种海洋动物的名称。活动过程的设计，教师安排了让幼儿听英语扮演海洋动物做动作的TPR活动和角色模仿的操练活动，幼儿一边学做这四种海洋动物的动作,一边同时进行口头模仿这四种动物英语词汇的操练活动。通过教师设计的"做做说说"的游戏活动,幼儿既理解了所学英语内容的意义,又同步进行了英语语言输出的练习。

然而,对于输入容量大、输出难度相对比较高的英语故事、歌曲、歌谣等教学活动内容,为了保证幼儿英语输出的适宜性和有效性,教师首先要注重幼儿对英语输入的感知与理解,活动过程中一般宜先进行单独的、充分的听力理解操练活动。因此,教师可将听力练习与口语练习作为独立的两大环节来进行设计和组织,不急于让幼儿在初次感受理解的基础上便进行口语的同步输出。

具体设计活动过程的操练环节时,教师要根据英语教学活动目标和内容灵活安排操练阶段。总体而言,不论是将听力操练和口语操练设计成是整合的还是独立的,操练阶段的环节设计要注意遵循幼儿英语教育的总体原则,即英语的输入应先于输出、理解先行、表达随后,环节安排上应让幼儿在充分感知理解的基础上再进行英语的表达和输出。另外,操练阶段的重点是输入而非输出,因此,该阶段听力操练的环节并不是必不可少的,若在呈现阶段幼儿对所学英语内容感受得充分、理解得透彻的话,操练阶段可不进行该内容的听力理解练习活动。

(4)创造巩固阶段。幼儿园英语教学活动过程设计的最后一个环节是创造巩固阶段,以幼儿创造性的语言输出练习活动为重点。

该阶段的主要任务是鼓励幼儿以新带旧,将所学的新内容与原有知识进行整合,融会贯通,从而做到学以致用、活学活用。教师在这一阶段,要提供丰富的活动材料,创设自然的、接近真实的生活情景,让幼儿进行一种活用性、交际性的创造性练习,目的是让幼儿尝试将原有和新学的英语语言知识相联系,并在生活情境中进行迁移运用。

创造巩固阶段的英语表达与操练阶段相比,主要是一种实践功能性的操练,是以幼儿为主体的英语创造性输出练习。该阶段的英语输出操练可采用两人结对交谈、相互问答、角色表演、活动法、游戏法、做做讲讲等多种形式。当然,促进幼儿新旧知识联系和运用英语的重要因素,还在于教师要善于创设贴近幼儿生活的、能让幼儿进行语言表达的交际性的生活情景。如新学习了"How much is . . . ?"的句型后,教师创设了商店购物的情景,让幼儿进行新句型的操练,并通过示范将幼儿以前所学的"What do you want?"的句型同时运用进去,鼓励幼儿将新旧知识融会贯通地使用,进行创造性的表达。又如在新学了"I want to be . . ."的句型后,教师提供了各种职业的服装和道具,让幼儿进行角色扮演的游戏活动,在角色活动的情景中,幼儿主动练习新学的句型"I want to be . . .",并将以前所学的"I'm . . ."的句型同时加以整合运用。

创造巩固阶段,教师在让幼儿创造表达的基础上,要针对性地对幼儿进行指导,促进幼儿英语水平在原有基础上的提高。指导时教师还要注意强化教学内容的重难点,突出新授内容,再兼顾原有的知识点,以全面提高幼儿英语语言的运用能力。

综上所述,幼儿园英语教学活动的过程设计一般分为四大阶段,即4P。教师在进行英语教学活动的过程设计时,总体上应遵循以上的设计程序。但具体运用时,教师不能将这一程序视为不变的、固定的模式,应结合教学活动的具体情况和实际需要,进行灵活的调整与变化。一般来说,在英语新句型教学活动的设计中,教师对操练阶段和创造巩固阶段不必进行清晰的划分,因为句型的操练离不开相应的词汇,故设计时可自然结合在一起,让幼儿在操练阶段的过程中就能进行创造性的语言运用,即整合原有知识进行新内容的操练。如在幼儿学习了"This is a ..."的句型后,可鼓励幼儿组合许多原先学过的词汇进行表达:"This is a banana. This is a pear ..."此外,小班幼儿的原有英语水平较低,因此,在小班幼儿的英语教学活动过程的设计中,创造巩固的环节未必都需要。另外,有些英语教学活动其新学的内容很难整合原有的内容,这时,教师也不要牵强附会,硬凑最后一个创造巩固的环节。如中班《三只小猪》的英语教学活动,教师安排了大灰狼撞三只小猪房子的表演游戏,幼儿进行了"This is a straw/wood/brick house"的操练后,教师没有安排创造巩固阶段,而是设计了一个尾声,在三只小猪战胜了大灰狼后,教师带领幼儿一起表演歌舞《If You Are Happy》欢庆胜利,将教学活动划上了句号。

当然,对于有一定难度的教学活动内容或能够拓展的教学活动内容,在创造巩固阶段活动后,教师往往也可以设计一个延伸的环节。如英语故事教学活动后,教师出示小图书,告诉幼儿将图书放在英语区角活动中,让幼儿去阅读故事并巩固操练故事中的语言知识与技能。

三、幼儿园英语教学活动计划的结构设计

幼儿园英语教学活动计划,即教案,从结构上来说,一般包括活动名称或标题(title)、活动目标(aims/objectives)和教学辅助手段(teaching aids)或教学准备、活动步骤或程序(steps/procedures)等要素。

具体而言,一份幼儿园英语教学活动计划(教案)的设计,最核心的部分主要包括以下几个方面:

1. 活动名称

教学活动名称有时又称标题,主要说明教学活动所涉及的主要内容,一般表现为幼儿汉语学习主题下的某一内容。具体书写时,标题(title)可以省略,用教学活动内容来加以代替。

2. 活动目标

教学活动目标指出通过本次英语教学教师期望幼儿在英语方面达到的预期结果或标准。具体的教学活动目标是在遵循前面所论述的幼儿英语教育总体目标的基础上,结合所选择的教学活动内容而指出本次活动在促进幼儿英语认知、技能、情感和文化等领域发展的具体要求。然而,并非每节英语教学活动都需要涵盖这四个领域的目标,教师要根据活动内容灵活制定活动目标。幼儿园英语教学活动在表述时,要做到具有可操作性、适宜性,为英语教学活动的开展提供清晰的、科学的指向。

3. 教学辅助手段

教学辅助手段,又称活动准备,指出教师在实施本次英语教学活动过程中所需要的环境布置、教具及幼儿活动中所需要的学具材料。

4. 教学活动步骤或程序

教学活动步骤或程序要具体设计出本次英语教学活动进行的详细过程和环节,一般可划分为4个阶段,即4P(preparation, presentation, practice 和 production)。同时,在每一环节下,指出该阶段进行时教师所运用的方法、所采取的形式和手段、所提出的问题和所表述的指导语等。

以下,我们提供了一份幼儿园英语教学活动计划(教案)的具体结构图(见图6-1)。

```
                        (Title)
    Objectives：
    Teaching Aids：
    Procedures：
        Ⅰ. Preparation（Warm-up）
        Ⅱ. Presentation
        Ⅲ. Practice
        Ⅳ. Production
```

图 6-1　幼儿园英语教学活动计划结构图

在具体的幼儿园英语教学活动教案中,4P可以以显性的方式呈现,如上面给出的结构;也可以以隐性的方式呈现,即教师不写明4P,而是以具体的活动环节名称来取代。但无论呈现的方式是显性还是隐性,教师设计的总体步骤还是应该遵循复习热身——新内容的呈现——操练——创造巩固的基本过程。具体设计时,教师可根据教学活动内容和自身的需要进行灵活的设计。为方便教师对英语教学活动教案格式的理解和设计,清晰把握英语教学活动组织与实施的步骤,本书提供的教案主要为显性的格式,即以4P的方式呈现。

另外,根据目前幼儿教师的英语水平,英语教学活动计划不一定要求全部用英文来书写。结合目前的师资水平,为了便于教师英语教学实践的开展,为幼儿创设良好的英语学习环境,活动中教师要运用的一些主要教学用语和组织用语一定要用英文来书写,其他不需直接口头表述的活动目标、活动准备和活动环节名称等则完全可用中文来书写。因此,我们不强求教师写英文式样的教案,当然,如果教师能较熟练驾驭英文,则完全可以用全英文进行教案的书写。

案例6-1

【案例】小班英语教学活动计划(教案)

Dog，cat and rabbit[①]

Objectives：

1. 在模仿游戏中感受动物的明显特征,愿意说说单词"dog"、"cat"和"rabbit"。
2. 喜欢和教师一起游戏,体验英语活动的快乐。

Teaching aids：

小猫、小狗、小兔的图片及长毛绒玩具若干、黑板一块。

Procedures：

Ⅰ. Warm-up

---

① 该案例由上海市闸北区延长路幼儿园朱利老师设计。

1. 打招呼

教师引导幼儿用学过的问候语相互打招呼。

Let's greet each other. (Hello! Hi! Morning! Bye-bye!)

2. 歌曲表演 This is my face

教师放 CD,鼓励幼儿一起跟着磁带边哼边做动作表演歌曲。幼儿可以相互找朋友一起表演。

Please listen to the CD and perform the song "This is my face" together.

You can find a friend and perform it.

Ⅱ. Presentation

1. 看图片,感知小动物的英语名称"dog"、"cat"和"rabbit"

请幼儿看图片,听英语,让幼儿初步感知和理解小动物的英语名称"dog"、"cat"和"rabbit"。

Look at the picture. In the picture, there is a dog, a cat and a rabbit.

Then, look! What's this? A dog, please hug it. Dog, dog, woof, woof.

Look! Meow, Meow, Meow, I am a cat, a cat, a cat. A cat can run.

Look! What's this? A rabbit. A rabbit has two long ears. A rabbit has two eyes. A rabbit has a short tail. Jump! A rabbit can jump.

Please listen carefully.

2. 游戏:看谁举得快

教师说出小动物的英语名称,请幼儿举起相应的小动物玩具。速度可不断加快。

Let's play a game "Who is faster". There're toy animals.

I say the name of the animal, and you raise the toy.

Ⅲ. Practice

1. 游戏:猜猜谁来了

教师把三个长毛绒动物藏在黑板后,露出动物的耳朵,让幼儿猜猜谁来了,尝试用英语进行回答。

Let's play a game "Who is coming". The animals are behind the blackboard. You can look at their ears and guess which animal it is.

Look carefully! Who is coming?

Oh, it has two small ears. (cat)

Oh, it has two round ears. (dog)

Oh, it has two long ears. (rabbit)

2. 游戏:抱抱小动物

教师引导幼儿抱抱自己喜欢的长毛绒动物,并鼓励幼儿说说动物的英语名称。

A cat, a dog and a rabbit. Which do you like? Come and hug it. Say it in English.

If you like the cat, hug it and say "cat".

Ⅳ. Production

游戏：亲密接触

教师在游戏角提供动物的长毛绒玩具，让幼儿在玩玩具的过程中，说说动物的英语名称，用学过的英语与动物打打招呼。

You can go and play with the animals.

When you are playing, try to say the name of the animals and greet them. (Eg: Cat. Hi, cat. Hello, cat. Morning, cat.)

【评点】以上案例清晰说明了幼儿园英语教学活动计划的结构，包括活动名称、活动目标、教学辅助手段和活动步骤。活动名称是学习动物的词汇，活动目标包括认知、技能和情感三大领域的内容，活动步骤以显性的4P形式呈现了活动过程。从总体而言，该活动计划的结构设计十分清晰。

四、幼儿园英语教学活动的组织

（一）幼儿园英语教学活动组织的含义

幼儿园英语教学活动的组织是指教师将所设计的英语教学活动计划付诸实践，以实现预期的英语教学活动目标的教学行为。没有英语教学活动的组织，所设计的英语教学活动计划只能是一纸空文，无法发挥引导英语教学活动的实质性作用。

（二）幼儿园英语教学活动组织的注意事项

在组织幼儿园英语教学活动，即将事先制定好的教案、教学活动计划落实于幼儿园具体的英语教学实践时，教师应注意以下的一些因素。

1. 把握好活动时间

一节英语教学活动的持续时间应从幼儿注意力维持的时间长短来考虑，做到遵循幼儿注意力水平的发展特点，具有适宜性。从总体而言，英语教学活动时间由于是集体形式的活动，一般以半小时左右为宜，不应太长。但具体确定英语教学活动的时间时，各年龄段应有所不同，年龄越小，幼儿注意稳定性越差，教学活动时间越短。小班幼儿的英语教学活动时间一般为15—20分钟，中班幼儿的英语教学活动时间一般为20—25分钟，大班幼儿的英语教学活动时间一般为25—30分钟。因此，教师在英语教学活动组织与实施时，要掌握活动开展的节奏，控制好教学活动的时间长短。目前，许多幼儿园安排了45分钟到1小时的英语教学活动时间，远远超出了幼儿注意力集中的时间限度，给幼儿带来了不必要的身心疲劳。

2. 灵活组织活动过程

教学活动计划即教案预设了基本的英语教学活动开展过程，然而，当教师依照教案设计的步骤组织教学活动时,不能完全被教案牵着鼻子走,要注意幼儿活动中的实际表现,灵活处理活动中随机出现的各种问题,使活动步骤更具有弹性和灵活性,更符合幼儿的实际需要。如活动操练阶段幼儿对所学英语的实际掌握情况没有教师设想的那样理想时,教师可适当延长该英语内容的操练时间,将预设的创造巩固阶段暂时舍弃,以更好地适应幼儿的实际表现和表达需要。又如新内容呈现时,当幼儿对输入的某个英语素材不太理解,教师就可在下一内容呈现前先进行该内容的听力操练活动,而不是一味将该活动按照预先设计好的放在操练阶段的听力操练环节继续进行下去。

3. 创设迁移运用英语的环境

除了根据教学活动目标和教学活动内容创设专门的、用于英语教学活动的环境外,教师还要善于在教室中布置与英语教学活动内容和目标相适应的日常英语学习环境,如在墙面上张贴英语的图片,在教室里开辟英语的区角,让幼儿既能感受英语,又能将所学的英语进行迁移和运用。

具体布置可迁移运用英语的环境时,教师可将其与英语教学活动内容相结合,以达到最佳的英语学习效果。如将教学活动内容预先布置在墙面或英语区角中,让幼儿先进行初步的接触和感受,为后继的英语学习做好铺垫;新授活动结束后,将所学的内容放在区角环境中或张贴在墙面上,让幼儿在活动后,可围绕所学内容开展一些复习活动,如看图片复述所学的故事和儿歌等,通过涂涂、画画等活动,说说物品和动作的名称,听歌曲进行歌舞表演等,让幼儿进一步复习巩固和迁移运用所学的英语知识和技能。

图 6-2 迁移运用英语的环境

第二节 幼儿园英语词汇教学活动的设计和组织

著名语言学家威尔金斯(D. A. Willkins)曾经说过,"没有词汇,无以传意"(Without vocabulary, nothing can be conveyed)。[①] 词汇是语言的基本材料,是语言的三要素之一。英语词

---

① Widdowson, H. G. : Aspects of Language Teaching, Shanghai Foreign Language Teaching Press 1999, p. 47.

汇包括英语单词、短语和习惯用语等。对一个学习外语的人来说,掌握的词汇越多,运用语言的能力就越强。因此,词汇是幼儿英语学习的重要内容,是幼儿园英语教学活动内容的基本素材。

一、英语词汇的选择

开展幼儿园英语词汇教学活动前,教师首要的工作就是选择所要教授的词汇。在具体选择英语词汇时,教师要努力做到以下几点。

(一) 选择的英语词汇要有生活性

选择的英语词汇要有生活性,即选择与幼儿生活经验有密切联系的英语词汇。教师所选择的英语词汇应是幼儿日常生活所能接触到的高频率、实用性强的名词,主要涉及幼儿的日常生活用品、食物、交通工具、自然现象等,如"water"、"cup"、"bed"、"milk"等。那些远离幼儿日常生活的生僻、冷门的词汇,要尽量避免选择。因为具有生活气息的英语词汇具体形象、通俗易懂,能为幼儿提供有效的语言输入,同时,又可促进幼儿在生活中学以致用,提供幼儿英语语言表达的素材,提高幼儿英语语言表达的技能。

(二) 选择的英语词汇要有趣味性

选择的英语词汇要有趣味性,即选择能激起幼儿兴奋点的、使幼儿感兴趣的词汇。我们知道,除了经常接触与日常生活紧密相连的名词性词汇外,由于幼儿活泼好动,他们对伴有情绪色彩和动作特征的词汇往往非常感兴趣。因此,具有动感、美感和能激发幼儿强烈情绪反应的词汇,能增加幼儿英语学习的兴趣和动机,可作为幼儿英语教学活动的重要内容之一,如表示动作的词汇"jump"、"run"、"walk"等,表示色彩的名词"red"、"white"、"blue"等,表达美感和情绪的形容词"beautiful"、"lovely"、"hungry"等。

(三) 选择的英语词汇要有交际性

选择的英语词汇要有交际性,即选择服从于幼儿交际活动需要的英语词汇。教师要尽量选择能与幼儿生活交际常用句型相结合的词汇,从交际沟通的需要来选择词汇。这样,才能做到词不离句,句不离口,将词汇最终与常用句型相结合,组成句子,使词汇学习由静态走向动态。如此,也使幼儿园英语词汇教学活动突出了语言的交际功能,使幼儿能学以致用、活学活用,提高英语的运用能力。

(四) 选择的英语词汇要有适宜性

幼儿的注意广度和信息加工能力是有限的,因此,总体而言,一次教学活动新授的英语词汇量要适宜,因各年龄段的差异而有所不同。如小班一次教学活动一般可以新授2—3个英语单词。随着幼儿年龄的增加,其理解能力及记忆能力有所提高,每次教学活动可接受的单词数量也可有所递增,或者在一节教学活动中,词汇数量不增加,但将单词和句型等其他相关内容综合起来进行整合学习,通过词汇学习复习句型,促进英语的表达。然而,需要明确的是,确定具体的英语词汇学习数量时,教师最主要的是要根据本班幼儿的英语语言发展水平和基础来灵活决定。

二、幼儿园英语词汇教学的方法

幼儿园英语词汇教学要帮助幼儿正确理解词义,掌握词的发音,同时,促使幼儿在表达中正确运用词汇。幼儿园英语词汇教学要善于运用丰富多彩的方法,使幼儿对英语词汇学习产生兴趣,使抽象的英语词语能为幼儿所理解和接受,促进幼儿对词汇的吸收和掌握。下面介绍一些常用的英语词汇教学方法,供教师在设计词汇教学活动时选用。

(一) 直观法

语言是约定俗成的,语言中的词汇都有相应的词义和发音。在教授英语词汇时,教师要善于运用直观的方法将抽象的词汇化为具体形象的信息,借助实物、图片、动作等,让幼儿动用视觉、听觉、动觉等多方面的协同作用,使幼儿在语言和形象间建立直接的联系,充分理解词义。如教单词"smile"时,做面带微笑的动作;教单词"catch"时,做用手抓握的动作;教单词"sleep"时,做双手掌合并,轻放在肩上,头微微侧向左边的睡觉状。

(二) 游戏法

游戏是对幼儿实施教学的重要手段,有利于营造轻松和谐的气氛,寓教于乐。教师在幼儿园英语词汇教学活动中,可利用一些生动有趣的游戏,帮助幼儿感知和表达新词汇。如游戏"猜猜什么不见了?(What Is Missing?)"、"拍卡片(Slap the Card)"、"掷骰子(Throw the Dice)"等,可让幼儿在一种宽松的情景中,更好地理解并自主自愿地学习和表达所学的词汇。

(三) 谜语法

教师可将英语词汇编成简单的谜面,让幼儿结合自己的生活经验进行猜测,用猜谜语的方法引出幼儿所要学习的词汇。谜语法的运用可调节英语教学活动气氛,既能很好地吸引幼儿的注意力,激发幼儿学习英语词汇的兴趣,也能加深幼儿对该词汇的理解和记忆,同时,也提供了幼儿丰富的英语语言输入。如在学习鲨鱼(shark)这个英语词汇时,教师可用如下的谜语来请幼儿猜测:"It can swim. It lives in the sea. It looks like fish. But it's not a fish. It has many teeth. What is it?"

(四) 情景法

结合情境进行英语词汇教学可帮助幼儿理解和识记词汇,是幼儿英语学习的重要方法,因此,教师可创设与所学英语词汇相对应的轻松愉快的情景来呈现材料,让幼儿在模拟的、接近真实的情境中把单词与语言情境结合起来学习英语,达到良好的学习效果。如学习关于水果的词汇时,教师可创设超市的情景;学习关于动物的词汇时,教师可创设动物园的情景;学习几何图形的词汇时,教师可创设图形城堡(figure castle)的情景。在接近真实的情景中,词汇与生活情境中的实物相联系,便于幼儿身临其境,更好地感知和理解词汇。同时,教师可充分利用创设的情境,让幼儿在情境中采用指指说说(point and say)、购物(shopping)等活动,鼓励幼儿输出英语词汇,进行所学词汇的口头表达操练和已学词汇的复习巩固。

(五) 歌曲法

罗浮(Laufer,1990)提出,外语学习者的词汇学习主要通过两种途径,即直接教学(explicit teaching)和附带学习(incidental learning)。① 前面的几种词汇教

图 6-3 幼儿英语词汇教学中的情景法

学方法是针对词汇的语音、意义和用法进行的直接学习,而通过歌曲学习英语词汇不是直接的学习,而是一种附带学习。在欣赏和学唱英语歌曲的过程中,幼儿可在无意间感受和把握歌曲中主要的和重复出现的英语词汇。如在反复吟唱"Old Macdonald Had a Farm"这首歌曲时,幼儿可自然学会有关农场里主要动物和叫声的英语单词。

因此,采用歌曲法进行词汇的附带学习,符合幼儿无意记忆占优势的特点,不失为一种有效的幼儿园英语词汇教学的方法。

(六) 歌谣法

歌谣法也是一种英语词汇附带学习的主要方法。没有曲调但节奏鲜明的歌谣也是帮助幼儿学习巩固词汇、掌握词汇发音的重要方法。教师可将幼儿所要学习的英语词汇编成一首简短的、琅琅上口的儿歌,让幼儿在教学活动中感受儿歌的意境,借助意境理解儿歌内容。在此过程中,幼儿会自然学习和掌握儿歌中主要的和反复出现的英语词汇。如通过反复感受和理解儿歌"Kites"(Big kites, little kites, Flying in the sky. Red kites, yellow kites, Flying very high),幼儿可借助儿歌的情境,自然掌握"kite"、"big"、"little"、"red"、"yellow"等儿歌中反复出现的词汇。

三、幼儿园英语词汇教学活动组织的注意事项

在进行幼儿园英语词汇教学活动的组织时,教师要注意以下几方面的事项。

(一) 用直观形象的方法呈现英语词汇

词汇代表的是抽象的语词和声音,而幼儿以具体形象思维为主,因此,教师要善于结合实物、图片、多媒体、体态语等各种直观手段,注意将词汇与形象相结合,让幼儿直观地感知词汇,切忌独立呈现抽象的英语词汇,否则,幼儿无法理解并进行意义记忆,只能机械识记、死记硬背,对语词的记忆效果就差。幼儿是靠感官以直觉方式进行学习的,在词汇教学活动中,教师应适时适当

---

① Laufer, B., & Hulstin, J. H., Incidental Vocabulary Acquisition in a Second Language: The Construct of Task-Induced Involvement, Applied Linguistics, 2001(22), pp. 21-28.

地调动幼儿的多种感官,让幼儿通过看一看、摸一摸、尝一尝、听一听等方式,发现事物的明显特征,区别不同事物间的异同,从而理解所教授的英语词义。如学习"elephant"、"lion"、"giraffe"、"zebra"等动物的单词时,教师可提供生动逼真的动物图片或录像,让幼儿进行直观的感受;学习"coat"、"hat"、"scarf"等服装词汇时,教师可收集幼儿的帽子、外套、围巾等实物,让幼儿边穿戴、边模仿表达;学习"watermelon"、"apple"等水果时,教师可直接提供西瓜、苹果等实物,让幼儿在看看、摸摸、尝尝中理解和表达词汇。

(二)注重对英语词汇的整体感知

教师要善于把英语词汇放在句子中,与句型、故事、歌曲、歌谣等相结合来呈现词汇,提供幼儿英语词汇的整体感知,帮助幼儿运用更多的信息来多方位理解英语词汇的意义。实验证明,人们对无意义的音节遗忘最快,散文次之,韵律诗遗忘较慢,歌曲最慢。因此,用句型、故事、歌曲、歌谣等方式呈现词汇,能使静态的学习转化为动态的表达,提供幼儿许多组词成句的模仿材料,促进了幼儿英语表达能力和交流能力的发展。如运用歌曲"Bus is Coming",在幼儿掌握了歌曲的旋律和内容后,可用不同的交通工具替换歌词、创编歌曲。由于歌曲琅琅上口,富有韵律,幼儿识记的积极性被大大激发,能轻松掌握"car"、"bike"、"train"等不同车辆的名称。

(三)善于将词汇与动作相结合

教师选择的英语词汇很多是具有动感的,教授这类动词时,教师要善于运用 TPR 的方法,将词汇较好地与动作相结合,提高幼儿的理解力。如学习动词"laugh"、"cry",教师面部可以做"笑"和"哭"的夸张表情。除了动词以外,许多名词性的英语词汇,教师也要充分运用肢体语言,做出与词义相匹配的动作来演示词汇,并鼓励幼儿模仿,帮助幼儿理解和加深记忆。如学习动物单词"cat"、"rabbit"时,可以模仿猫和兔走路的样子;学习交通工具"car"、"boat"时,可以模仿开车或划船的姿势;学习食物单词"banana"、"juice"时,可以模仿剥香蕉皮、喝果汁的动作。此外,还有很多英语词汇本身是静态的,可能不适合用动作来表达,教师可通过让幼儿听单词指物、听单词拍卡片等 TPR 的"全身反应"法,来活跃教学气氛,让幼儿在动静交替中学习,使枯燥的词汇教学变成有趣味的活动。

(四)注意词汇操练的多样性

教师在幼儿感知和理解词汇的基础上,还要善于创设情境,通过游戏、操作等多种活动形式激发幼儿听说的兴趣,让幼儿在与材料的互动中主动听说词汇,进行口头模仿和操练。如在学习不同的颜色英语词汇时,教师可以让幼儿通过玩颜料的方法,用海绵印出各种颜色的花朵,在拓印的操作活动中练习表达"red"、"yellow"、"blue"和"pink"等词汇。

(五)重点突出新授的词汇

对于当次教学活动新授的英语词汇,教师要增加理解和运用的比重。教学活动开展中,在时间和材料数量的提供和分配上,不能将它和已学的词汇保持同样的比例。如教授的新词汇所对应的图片或实物要多于旧词汇对应的图片或实物的数量,保证幼儿在活动中能更多地接触新词汇,充分地理解和运用新授的词语,从而突出活动的重点和难点。

(六) 提高词汇的复现率

教学活动时,教师创设的情景、提供的材料不仅要针对本次教学活动中重点新授的英语词汇,还要自然覆盖和渗透以前所学的词汇,这样做到以旧带新、不断重复循环,就能在活动中提高词汇的复现率,做到既学习了新的词汇,又达到了对原有知识的复习和巩固,促进了幼儿对英语词汇学习和记忆的效果。如学习"jump/jump high"时,创设的情景可覆盖"walk"、"run"的复习;学习"rooster"、"hen"时,渗透对"chick"的复习。

(七) 强调对词汇中语音的模仿

掌握词汇的数量不是幼儿园英语词汇教学活动的终极目的,词汇教学的最终目的是训练幼儿对英语基本音素的模仿能力,培养幼儿正确的语音语感。因此,通过词汇的学习,教师要注重幼儿掌握正确的英语发音,特别是音素的正确发音,通过语音来理解和反馈词汇所表达的意义。在集体教学中,教师要预留一定的时间,逐个倾听幼儿的发音,并帮助幼儿正音。但是,当幼儿不能即时模仿和反馈所学的英语单词,即不能当堂正确发出英语的音素及音素组合时,教师也不能操之过急,不宜过于追求立竿见影的模仿效果。教师可将个别幼儿语音辅导的环节,有机渗透于一日活动中。尤其对于有些口齿不够清晰、口语表达能力较弱的幼儿,教师要在幼儿日常活动中给予有效的关注和指导。

案例 6-2

【案例】幼儿园中班英语词汇教学活动设计[①]

Crane, double-decker and train

Objectives:
1. 在说说、玩玩中认识单词:"crane"、"double-decker"和"train",并学说单词。
2. 愿意和同伴一起参与英语活动,感受英语游戏的快乐。

Teaching aids:
小汽车、公共汽车、卡车、大吊车、双层巴士和火车的图片、头饰和小卡片,马路背景的图片。

Procedures:
Ⅰ. Warm-up
1. 师幼问候
教师与幼儿用英语问好。

[①] 该案例由上海市杨浦区延吉幼儿园高慧军老师设计。

Hello kids. How are you?

2. 歌曲表演"Riding in my car"

幼儿和教师一起模仿小司机的样子，一边唱"Riding in my car"的歌曲一边进行表演。

Let's sing a song "Riding in my car".

We can act as the driver. You can dance while you are singing.

Ⅱ. Presentation

1. 在马路上

教师出示马路的图片，图片上有高楼、红绿灯和斑马线，以及小汽车、公共汽车和卡车等车辆。教师依次放上大吊车、双层巴士和火车的图片，每放一张图片，教师就说说这些交通工具的英语，并让幼儿学学这些交通工具的样子。

This is the road. There are some vehicles on the road. What are they?

Oh, there are lots of cars, buses and trucks on the road. Look! Vehicles are coming.

This is a crane. It has long arms. You can stretch your arms, just like a crane.

That is a double-decker. It has two floors. You can find a good friend, then you can drive together, just like a double-decker.

And that is a train. It runs fast. You can roll your hands, just like the train rolling on the rail.

2. 游戏：什么车来了

教师出示不同的车辆图片，并说出相应的英语单词，幼儿根据看到的图片做出相应的动作。如看到大吊车的图片，就伸出手臂模仿大吊车的样子。

Vehicles are coming. Look carefully.

If you see the picture of the crane, you can stretch your arms, just like a crane.

If you see the picture of the double-decker, you can act as the double-decker.

If you see the picture of the train, act as the train.

Ⅲ. Practice

1. 游戏：接龙

教师戴上大吊车的头饰，走到一名幼儿面前，说出英语单词"crane"，幼儿重复教师的单词，跟在教师的后面，然后找下一个幼儿。教师再依次戴上双层巴士、火车的头饰，游戏继续进行。

Let's play a game named "One After Another".

I will act as a crane. When I say "crane", please read after me. Then you can go with me.

Let's act as a double-decker and play again.

2. 游戏：看看少了谁

教师将三张车辆图片放在地上，幼儿闭起双眼，教师拿走其中的一张图片。幼儿听到教师问"What's missing?"即可睁开眼睛,谁先说出拿走车辆的英语名称,谁就是胜利者。

Let's play a game named "What's missing?".

When you hear "What's missing?", please tell me the the missing vehicle immediately.

If you say the word first, you will be the winner.

Ⅳ. Production

贴贴说说

幼儿选择自己喜欢的车辆的小卡片,贴在马路背景图片上,一边贴一边说出相应的英语单词。

Look! So many vehicles.

You can choose your favorite vehicle, put it on the road, then say it in English.

【评点】该案例制定的教学活动目标具有适宜性,较符合中班幼儿的英语发展水平;目标具有全面性,兼顾幼儿英语认知、能力和情感领域的目标;目标表述具有可操作性,能较好地引导英语教学活动的方向。教学活动内容,即英语词汇的选择具有生活性,贴近幼儿的生活经验,同时,具有一定的实用性,有利于幼儿的迁移和运用。教学活动的结构设计清晰,遵循由输入到输出、由理解到表达的科学顺序。教学过程中大量设计了游戏法和操作法,帮助幼儿理解和表达车辆的英语词汇,也同步激发了幼儿英语学习的兴趣和动机。

第三节 幼儿园英语句型教学活动的设计和组织

句型是从无数句子中归纳出来的一定数量的句子模式,是表情达意的基本单位,也是英语教学的中心内容。因此,句型教学成为幼儿园英语教学活动的重要内容之一。

一、英语句型的选择

教师在为幼儿选择英语句型时,应注意做到以下几方面的要求。

(一)选择的英语句型要适合幼儿的年龄特点

幼儿英语表达的水平总体较低,因此,教师选择的句型涉及的语法应尽量简单,不过于复杂,长度不宜太长。如类似"He ... every day"的句型,由于涉及第三人称单数动词变化的复杂语法知识,幼儿由于认知水平低不易理解,教师应尽量不要选择。另外,各个年龄段的句型选择应注意循序渐进,与幼儿的年龄特点相适应。如用英语自我介绍时,小班幼儿可用句型"I'm ...",中大班幼儿则可用句型"My name is ..."。小中班幼儿以肯定句型的学习为主,大班幼儿可适当选择疑问句型的学习,以满足大年龄幼儿社会交际的需要。

(二) 选择的英语句型要以生活中常用的句型为主

为幼儿选择的英语句型应突出实用性,符合幼儿日常生活中相互交流和交际的需要,这样,就能做到学以致用,有效促进所学句型的使用,提高幼儿英语的表达能力。如学习用句型"I like the toy cars"表达自己喜欢的玩具;用句型"I like to eat apples"表示喜欢吃的水果;用句型"I want to go..."来表达想去的地方,等等。

二、幼儿园英语句型教学的方法

教师在具体开展幼儿园英语句型的教学活动时,可设计和运用一些适合幼儿年龄特点的教学方法。

(一) 直观法

语言的输出需要可理解的输入,因此,幼儿园句型教学中教师要善于设计各种直观的方法呈现句型,包括借助实物、图片、多媒体演示、体态动作等,使幼儿理解教师所输入的英语句型的意义,为句型的输出打下基础。如在大班"What are you wearing?"和"I'm wearing..."的句型教学中,教师可提供画有一定符号和标记的图符卡,直观形象地帮助幼儿理解句型。教师可以在问句"What"的位置画上一个大大的问号,而在"wearing"处画上一个衣架。而答句的图符卡上,则设计成可活动的衣服图片,让幼儿边替换不同的衣服,边进行句型的回答。句型图符卡的图文并茂,既帮助幼儿通过感官理解了句型的意义,也通过幼儿的操作激发幼儿大胆表达句型的兴趣。

(二) 情景法

教师要善于创设与句型相对应的自然情景,帮助幼儿将英语句型的表达和运用渗透在接近真实的日常生活情景中,便于幼儿对句型的理解和日后的迁移运用。如学习句型"I want..."时,教师可在呈现阶段创设商店购物的情景,教师一边购物,一边进行该句型的表达,让幼儿结合商店情境理解该句型的意义;也可在操练阶段,让幼儿在商店购物,练习该句型。如学习句型"I need..."时,可创设为装饰新家前去商店购物的场景,让幼儿决定装饰新家时所需要的家具和物品,一边购买一边进行相应句型的表达。

(三) 操作法

为了加强对英语句型的练习和掌握,教师可运用实物或图片,利用幼儿喜欢动手摆弄操作的特点,安排粘粘贴贴、摆摆放放、撕撕剪剪等小肌肉的操作活动,让幼儿一边操作,一边进行所学句型的表达和运用。如让幼儿一边贴生梨的图片,一边学念"This is a pear";让幼儿一边撕香蕉的图片,一边学念"That is a banana"等句子,以此来练习"This is..."、"That is..."的句型。

（四）游戏法

游戏是幼儿园教育的重要手段,幼儿园英语句型教学活动中,教师要善于运用游戏的方法,设计各种生动有趣的游戏,提高幼儿英语句型学习的兴趣和效果。如学习句型"Where are you going?"和"I'm going to..."时,教师可设计转盘的游戏,在转盘的各个方向贴上上海等地的不同名胜景点的图片;教师或幼儿转动转盘,根据转盘指针停的位置进行该句型的问答游戏。

此外,教师可根据所学句型的性质,运用表演游戏的方法来进行教学,帮助幼儿理解句型和进行句型的操练。如学习"I want to be a..."这一表达职业的句型时,教师可准备与职业有关的道具与服装,让幼儿通过扮演角色进行表演的方法来学习有关英语职业的词汇。在扮演职业角色进行表演的过程中,幼儿进行该句型的表达和操练。如幼儿穿上警察的服装、戴上警察的帽子,一边敬礼一边学说"I want to be a policeman",以练习"I want to be a..."的句型。

三、幼儿园英语句型教学活动组织的注意事项

在进行幼儿园英语句型教学活动的组织时,教师要注意以下一些事项。

（一）不宜孤立进行英语句型的教学

幼儿期英语学习的优势不在语法的掌握上,幼儿期不宜孤立学习抽象的英语句型结构,因此,英语新句型的学习应与幼儿所学的词汇相结合,使句型自然转化为代表实义的句子,这样能使幼儿既复习了已学的词汇、提高了词汇的动态使用率,又达到了使用和操练新句型的目的,使幼儿更容易理解和掌握新句型。在有一定英语表达基础及英语理解能力的中大班,教师还可通过口头替换句型中的关键词练习,帮助幼儿掌握句型结构,以活学活用句型。如新授句型"I like..."时,教师可以将幼儿已经掌握的玩具、水果等单词放入句中举例:"I like the toy car"、"I like the peach"等。此外,教师还可鼓励幼儿用已学的其他单词替换,进行简单的造句。

（二）掌握好新授英语句型的数量

幼儿的年龄特点决定了其对外在信息的加工能力是有限的,一次教学活动要把握好适宜的新授英语句型的数量,不宜太多。总体来说,一次教学活动以一个新句型的学习为主,同时,各年龄段也应体现出差异。如小班的学习以一个句型为宜,其中可替换一个词汇;中班和大班幼儿在一个句型学习的基础上,可根据自身的基础替换更多的词汇,进行句型的迁移和运用。

（三）注重对英语句型的理解

教师教授英语新句型时,应善于创设与所学英语句型相对应的情景,将句型与幼儿已学的词汇相结合使用,让幼儿结合具体情景在整体感知和理解句子意义的基础上来掌握句型,必要时还可运用适当的翻译法进行解释。因为只有在理解的基础上,幼儿才能习得新句型,才能灵活进行句型的迁移和运用。

(四)鼓励幼儿对英语句型的主动运用和表达

幼儿英语教育的最终目的是培养幼儿初步用英语进行交际的能力,因此,幼儿园英语句型教学活动中,教师要提供丰富的道具和材料,采用多样化的方法,如游戏法、操作法、表演法、情景法等,让幼儿进行句型的操练,并主动迁移到日常生活场景中。如学习"How much is it? / How much are they?"的句型时,可以让幼儿在模拟的商店情景中,一边扮演顾客购物,一边自觉地运用所学的句型来询问营业员物品的价钱。

在鼓励幼儿句型的表达时,教师要遵循幼儿句式掌握的特点,即陈述句先于疑问句,对句型的回答先于对句型的发问。遵循幼儿这一句式掌握的规律,教师在幼儿基本掌握句型答句的基础上,应向幼儿提供更多的机会练习疑问句型进行发问。教学中,发问的角色要面向全体幼儿,引导幼儿共同参与;回答的角色则可集体、小组和个别灵活确定。如此组织教学,使问句的练习密度大大高于答句,幼儿可以得到多次练习问句的机会,能更好地同时掌握句型的问和答,可以达到对所学句型的运用和表达的目的。

案例 6-3

【案例】幼儿园大班英语句型教学活动设计

What's the weather like today?[①]

Objectives:
1. 感受、理解句型"What's the weather like today?",并能大胆用句型询问天气。
2. 积极参加英语句型的学习活动。

Teaching aids:
各种天气的图片、两名外国小朋友的手偶、教师演示用的天气大转盘、幼儿自己事先制作的天气转盘。

Procedures:

Ⅰ. Warm-up

1. 歌曲表演"Once I caught a fish alive"

教师带领幼儿表演歌曲"Once I caught a fish alive"。

Good morning, kids. Let's sing the song "Once I caught a fish alive".

Follow me and act it out.

2. 游戏:天气大转盘

教师出示天气大转盘,帮助幼儿复习所学的各种天气名称。

I will turn the pointer. What's the weather like today? (It's rainy.)

Who wants to turn the pointer?

---

① 本案例由上海市闵行区今日莲浦幼儿园龚柳卿老师设计。

Ⅱ. Presentation

1. 手偶对话

教师出示两名外国小朋友 Alice 和 Tom 的手偶,演示对话,介绍句型。

Alice:What's the weather like today?

Tom:Oh, it's sunny/rainy/cloudy/snowy.

2. 天气大转盘

教师转动大转盘,演示句型并进行回答。多次反复转动,让幼儿感受和理解句型。

What's the weather like today?   It's rainy...

Ⅲ. Practice

1. 游戏:闪卡对话

教师出示卡片并用句型提问,幼儿用所学英语天气词汇进行回答。游戏进行几次后,师幼一起提问、一起回答。

I will flash the cards quickly. Please look at the card carefully.

What's the weather like today? It's sunny.

Look at the card. Let's ask and answer together.

2. 游戏:生生对话

请一名幼儿转动大转盘并用句型提问天气,其余幼儿回答,进行生生对话。

然后,请其他幼儿上来转动大转盘并提问,游戏继续进行。

Who wants to be the teacher? Please turn the pointer and ask the weather.

What's the weather like today? It's snowy.

Who will come up and turn the pointer again?

Ⅳ. Production

游戏:找朋友

幼儿将自己制作的天气转盘拿出来,找一位好朋友,根据天气图互相提问和回答。

Take out your turntables and find a good friend.

One can play the turntable and ask about the weather, and the other answers the question.

【评点】该案例制定的英语教学活动目标较符合大班幼儿用英语进行交际的年龄特点;目标具有全面性,兼顾幼儿英语认知、技能和情感领域的目标;目标的表述具有可操作性,能较好地引导本次英语句型教学活动的方向。教学活动内容,即英语句型的选择与日常天气有关,贴近幼儿的生活经验,同时,具有一定的实用性,有利于幼儿在每日的生活情景中进行表达和运用。该案例教学活动的结构设计层次清晰,教学过程中大量运用了游戏法,有利于帮助幼儿理解和表达表示天气的英语句型,也同步激发了幼儿英语对话的兴趣和动机。

第四节 幼儿园英语对话教学活动的设计和组织

对话是两人或多人之间发生信息交流的过程,通过师幼之间和幼儿之间的英语对话,可培养幼儿的英语表达能力和初步用英语进行交流的能力。因此,幼儿园英语对话教学是幼儿园英语教学活动的重要内容,有助于实现幼儿英语教育的总体目标。

一、英语对话的选择

为了更好地开展幼儿园英语对话教学活动,教师在选择英语小对话时,要注意做到以下几方面的要求。

图 6-4 幼儿英语对话内容的生活性

(一) 英语对话的选择应源于幼儿的生活

英语对话话题的选择决定了幼儿学习对话时的兴趣和使用对话时的积极性和主动性,因此,教师为幼儿选择的对话内容应是幼儿日常生活中经常发生的话题,能贴近幼儿的生活。如"What day is today? Today is Monday"这种日常生活对话,源于生活主题,是幼儿所熟悉和关心的,幼儿学习起来才有兴趣和动力。而且,日常生活对话还符合幼儿交际的需要,可表达幼儿的所见所闻、所思所想,体现实用性,能很好地促进幼儿语言的使用能力,如在幼儿选择积木进行建筑游戏时经常使用的对话:"What colour do you like? I like red."

(二) 英语对话的选择应具有适宜性

教师为幼儿选择的英语对话总体要符合幼儿的年龄特点,语法结构要简单。具体而言,对话中的话语以简单句为宜,以第一人称为主,这样可更好地帮助幼儿进行理解和表达。特别是小班幼儿学习的对话句子不能过长,以免加重幼儿学习和记忆的负担。涉及复杂语法知识点的对话要尽量避免选择,如"What does the rabbit need? The rabbit needs a car",这一对话中包含第三人称单数动词变化规律的语法知识点,以幼儿的认知水平基础是很难理解的,而且,幼儿期的英语学习优势不在语法,不必过早让幼儿接触和理解英语语法知识点。

(三) 英语对话的选择应突出情景性

教师选择的英语对话应是在一定的生活情景中发生的,是伴随特定情境而进行的言语交流。该对话情境与幼儿的生活场景,如家庭、幼儿园、自然和社会等紧密相连,这样就能更好地帮助幼儿理解对话内容和意义,促进幼儿在生活中迁移运用所学的英语对话。如学习了"What's the weather like today? It's sunny/cloudy/rainy"的小对话后,幼儿每天都可在生活中进行运用,与他人进行有关天气情况的问答和交流。

二、幼儿园英语对话教学的方法

幼儿园英语对话教学活动有其独特的、常用的教学方法,主要包括以下几种。

(一) 情景法

语言的交流离不开情景,情景是幼儿进行英语对话和交流的重要条件,因此,教师在幼儿园英语对话教学活动中,应善于创设与对话内容相对应的、特定的场景,在接近真实的生活情景中呈现和操练对话,帮助幼儿理解和运用对话内容。如以"In the Department Store(在百货商店)"为主题的对话中,教师可在教室创设类似百货商店的情景,放置货品架,设置收银台,提供相应的售货员服饰和货品等,教授对话"— Can I help you ? — I'd like the red hat. How much is it? — It's 10 yuan."在接近真实的百货商店的情景中,幼儿能够更自然地扮演售货员和顾客的角色,身临其境地进行对话的理解和交流。

(二) 角色扮演法

人们之间发生的对话一定是与生活中的某个角色与身份相联系的,因此,幼儿园英语对话教学最常用的方法是角色扮演法。教师可提供相应的服装道具,让幼儿扮演对话所对应的人物角色,并结合所创设的场景,让幼儿在角色扮演的过程中进行彼此的交流和表达。如在以"My home"为主题的环境中,幼儿可装扮自己成为母亲和孩子的角色,来表演所学的对话:"— What's for breakfast? — Milk and sandwich."

(三) 交际法

学习对话最好的方式便是进行交际。在幼儿园对话教学活动中,教师可利用已创设好的场景,让幼儿置身于情景中,通过一问一答的形式来操练对话,进行相互间的交流和沟通。交际法的运用,既进行了英语对话的复习巩固,又突出了语言的交际功能。如在创设"Taxi(出租车)"场景的基础上,教师鼓励幼儿扮演司机和乘客,进行角色间的对话:"— Where are you going? — I'm going to the park."又如在交通工具的英语主题教学中,幼儿都喜欢带玩具车来幼儿园,教师可创设停车场的情景,将幼儿各自喜欢的玩具车放在停车场上,让幼儿两两结伴互相谈谈自己的车和别人的车,促进幼儿用英语进行交流的能力:"— What colour is your car? — My car is blue. What do you like? — I like the green bike."

以上三种方法一般在幼儿园对话教学中不宜孤立进行,应相互结合使用,这样才能获得英语对话教学的最大效益。

三、幼儿园英语对话教学活动组织的注意事项

教师在具体组织幼儿园英语对话教学活动时,要注意以下方面的要求。

（一）遵循句本位原则

遵循句本位原则，即教师在幼儿园英语对话教学中，要注重让幼儿完整地感知对话中的句子。幼儿对事物的感知是整体的、直觉的，因此，教师不要割裂幼儿对对话中句子的整体感知，不要一句一句拆开孤立地呈现，更不必拆开对话进行语法的分析。教师应让幼儿在相关背景中完整感受和欣赏对话，这样才更符合幼儿学习的心理特点，从而更易于幼儿理解和记忆对话。如，有些较长的对话句子"How is the weather today?"、"How many people are there in your family?"等，建议初学时都没有必要拆开，一开始就要坚持给予幼儿完整的感知。

（二）遵循情境性原则

遵循情境性原则，即教师在幼儿园英语对话教学中，要将对话和情景相结合。教师在具体组织英语对话教学活动时，要善于创设对话发生的相应场景，并辅以形象的实物和动作，让幼儿借助于情景，身临其境地感知、理解和运用对话中的句子。如，学习"— It's time to go to bed. Good night. — Good night"对话时，教师可借用和结合幼儿午睡环节的场景进行对话学习，或是在教室的娃娃家中创设卧室的场景和情境，在幼儿哄娃娃睡觉时，结合上述的对话进行教学，这样则更便于幼儿的理解与运用，达到事半功倍的效果。

（三）遵循趣味性原则

遵循趣味性原则，即教师在幼儿园英语对话教学中，要努力确保幼儿对话的学习和使用富有趣味性。教师可通过具体情景，让幼儿进行角色扮演的方法进行教学。教师要多借用幼儿园常见的角色游戏的场景、道具和游戏材料，让幼儿在游戏场景中学习对话。这样，既提高了对话学习和使用的趣味性，让幼儿在玩中学，又能激发幼儿开口用英语交流的欲望，提高幼儿语言表达的能力。

（四）遵循适宜性原则

教师在幼儿园英语对话教学中，要从幼儿的年龄特点出发，注意幼儿对话操练和运用的适宜性。

小班幼儿往往以自我为中心，不会和同伴主动交往，教师可利用幼儿泛灵论的心理特点，创设环境让幼儿与小木偶、布偶动物等进行交流与对话。如由教师扮演成兔妈妈，其他幼儿扮演成小兔，引导幼儿与兔妈妈进行对话，多鼓励幼儿开口："— I'm mummy rabbit. Good morning, baby! — Good morning, Mummy!"中班幼儿的社会性有了一定程度的发展，其对话的操练和使用，可逐渐与真实的人物角色进行交流，此时，幼儿与教师可分别扮演真实生活中的角色进行对话，或让幼儿与个别能力较强的幼儿进行角色对话。如，英语表达能力较强的孩子可以发问："How many people are there in your family?"、"What do you like to eat?"能力较弱的孩子可以回答："There are three."、"I like pizza."大班幼儿的社会交往能力不断提高，英语对话教学则重点鼓励幼儿与同伴间的平等的角色扮演和对话交流。

如此有层次的适宜性操练，就能兼顾不同年龄阶段幼儿的差异性，不断提高幼儿语言使用的主动性，扩大幼儿对话交流使用的覆盖面。

（五）遵循循序渐进的原则

教师在幼儿园英语对话教学中，要以旧带新，化解难点，循序渐进地开展教学。教师首先要运用幼儿已有的语言经验，包括英语词汇、句型等方面的原有知识基础。在学习新对话时，先进行原有英语词汇和句型的复习，从而帮助幼儿组词成句，重点理解和表达对话的内容。此外，新对话中如果涉及新的句型或新的词汇时，教师在完整教授新对话前，应将新句型或是新单词进行前期铺垫。这样，可避免在一次新授活动中新语言知识点过多，幼儿难以消化吸收。

案例 6-4

【案例】幼儿园中班英语对话教学活动设计

Where are you going[①]

Objectives：

1. 尝试在游戏情境中学说对话"Where are you going? I'm going to ..."，以询问和表达要去的地点。

2. 复习巩固表示地点的英语单词，体验英语游戏的快乐。

Teaching Aids：

马路背景图、插入式小图片（银行、商店、学校、公园等场景和各种小车）、手偶小人（Tom、Mary）、大骰子（6面分别有 shop、bank、school、park 等学过的英语地点单词）、地点指示牌（后方地面上贴有指示线，表示该地点的区域）、四张地点单词卡（银行、商店、学校、公园）、自制 Taxi 纸版车。

Procedures：

Ⅰ．Warm-up

1. 打招呼

师幼互相问好，并和两个手偶小人问好。

Good morning, boys and girls. Good morning, Tom. Good morning, Mary.

2. 说说马路上看到的地方

教师出示马路背景图，让幼儿说说马路上看到的各种地方。教师根据幼儿所说的内容将各种地点的小图片插在背景图上。

Look! What's this? Yes! It's a picture of the road.

What place can you see on the road? (I can see a shop.)

Ⅱ．Presentation

1. 欣赏对话表演

教师利用马路背景图上的四个地点，轮流操作小车，用手偶呈现对话，让幼儿反复感受

---

① 本案例由上海市浦东新区冰厂田幼儿园黄鹰老师设计。

对话,并从教师的操作中理解对话含义。

Mary and Tom are on the road. Please look at the picture and listen to their dialogues.

Mary: Where are you going?　　Tom: I'm going to the shop/bank/school/park.

2. 游戏:一问一答

教师轮流出示四个地点的单词卡片提问幼儿,与幼儿集体练习新对话,并请幼儿将地点卡片贴到马路背景图上相应的地点。教师也可请个人能力强的幼儿尝试提问,其他幼儿回答。

Let's play a game "Ask and answer". I will ask a question, please look at the card and answer it. After your answer, you should put the card on the picture. Where are you going? (I'm going to school.)

Now, I will invite a kid to ask questions and all of you can answer his/her questions.

Ⅲ. Practice

1. 游戏:我要去

教师出示分布在教室各个区域的地点指示牌,引导幼儿集体提问"Where are you going?"幼儿用"I'm going to ..."表达自己想要去的地方,然后站到相对应的指示牌后的线上。

There are some places in our classroom. Let's find them.

All of you ask "Where are you going?" If you want to go to the shop, please say "I'm going to the shop", and then stand on the line.

2. 游戏:换地方

教师邀请每个区域的个别孩子掷画有地点的骰子并提问:"Where are you going?"其他幼儿根据骰子上的内容用英语回答"I'm going to ..."。如果和原本站的位置相同幼儿则原地不动,如果位置发生变化幼儿则快速跑到另一个地方完成交换场地的游戏。

Now let's play with the dice and change our places. Who will throw the dice?

After throwing the dice, you should ask, "Where are you going?" The others will look at the picture on the side of the dice, and answer, "I'm going to ...".

If you are in this place, please don't move. Or you should change to the place.

Ⅳ. Production

游戏:出租车司机

教师开着"Taxi"(自制纸板车)扮演出租车司机,请扮演乘客的幼儿"上车"。教师用英语提问:"Where are you going?"乘客根据自己想要去的任何地方进行回答:"I'm going to ...",司机将乘客带到相应的地方再请下一位乘客。幼儿熟练后,可以多提供几辆车进行游戏。

This time we will play another game "Taxi Driver". I'm the taxi driver. If you want to take my taxi, please get on it. I will ask you where you are going, and you should answer it.

There are some taxis in the classroom and you can play this game with your friends.

【评点】该案例制定的英语教学活动目标具有全面性,兼顾幼儿英语认知、技能和情感领域的目标,帮助幼儿复习了已学的表示地点场所的英语词汇,同时,更注重幼儿询问和表达要去的地点和场所,以发展幼儿初步的英语交际能力;目标表述具体清晰,具有一定的可操作性,能较好地引导本次英语对话教学活动的方向。就教学活动内容而言,教师选择的英语对话教学主题与每日的出行有关,贴近幼儿的生活经验,同时,具有一定的实用性,有利于幼儿在每日的生活情景中进行表达和运用。该案例的教学活动结构设计清晰,教学过程中大量运用了游戏法、交际法,帮助幼儿询问和表达出行的英语对话;同时,方法的运用也同步激发了幼儿英语对话的兴趣和动机。

第五节 幼儿园英语歌谣教学活动的设计和组织

英语歌谣大多琅琅上口、简短易懂,又富有韵律和节奏感,是幼儿英语学习的重要内容和载体,也是幼儿园英语教学活动的重要内容之一。

一、英语歌谣的选择

英语是拼音文字,英语中不乏经典的、有趣的、易使幼儿形成对英语语音的强烈感觉和刺激的歌谣。但是,面对众多的英语歌谣,教师在选择时要注意以下一些事项。

(一)选择的英语歌谣要有重复性

教师为幼儿选择的英语歌谣应尽量做到有一定的重复,特别是句式最好能循环重复,因为幼儿以机械记忆为主,他们喜欢句式的重复,而且重复也有助于幼儿对歌谣的理解。如歌谣"Tommy Thumb"(Tommy thumb, Tommy thumb, Where are you? /Here I am, here I am, How do you do? Fingers all, fingers all, Where are you? /Here we are, here we are. How do you do?),以上的歌谣,几乎每句的句式后都出现重复,如此循环往复的特点,既便于幼儿的理解,又便于幼儿的记忆。

(二)选择的英语歌谣要有趣味性

教师选择的歌谣要形象生动、富有动态,具有一定的趣味性,这样性质的歌谣,幼儿可结合自身的身体动作进行学习和理解,有利于调动幼儿感官的参与,提高幼儿英语歌谣学习的兴趣和效果。如歌谣"Green light"(Green, green, green. / The light is green. /Go, go, go. /Let's cross the road),幼儿可一边念歌谣一边做动作,在饶有兴趣的过程中学习英语。

(三)选择的英语歌谣要有明显的韵律

歌谣不同于儿歌,歌谣一般都有一定的韵律和节奏。因此,教师选择的英语歌谣最好能押韵,因为押韵的歌谣能保持语言的韵律,更好地帮助幼儿感受和形成自然纯正的英语语音语调,培养幼儿良好的英语语感。如歌谣"Open, and Close Them"(Open, and close them. Give a little clap. Open, and close Them. Put them on your lap. Open, and close them. Give a little clap. Open, and close them. Take a little nap),在学习这首押韵歌谣的过程中,幼儿能感受和掌握英语的韵律,形成对英语的良好语感。

(四)选择的英语歌谣要有适宜性

幼儿总体英语语言的经验和水平有限,因此,教师为幼儿选择的英语歌谣难度不应过大,要具有适宜性。具体而言,选择的英语歌谣要做到语句简短,涵盖的新词汇适量,涉及的内容主题为幼儿所熟悉,这样,可以使歌谣的难度与幼儿的英语发展水平和能力相符合。否则,难度过大,就会影响幼儿歌谣学习的积极性,歌谣教学的目标往往也很难达到。

二、幼儿园英语歌谣教学的方法

教师在进行幼儿园英语歌谣的教学活动时,可采用如下的一些方法。

(一)全身反应法

适合幼儿学习的大部分英语歌谣形象生动、富有趣味,教师在让幼儿感受理解歌谣时,要设计生动活泼的全身反应法,让幼儿充分运用身体动作,多感官地参与歌谣的教学活动,提高幼儿英语歌谣学习的兴趣。如可让幼儿听歌谣做身体动作、听歌谣画画、听歌谣涂色等,促进幼儿主动参与歌谣的理解和表达活动。如歌谣"Four bears"(One bear, two bears, three bears, four bears. Two can jump, and two can walk. Two looks big, and two looks small),在学习第一句时幼儿可以做数数的动作,在学习第二句时幼儿可以模仿小熊做跳跃和走路的动作。又如学习歌谣"Catch"(Catch a ball, run to the door. Catch a pencil, run to the middle)时,教师可让幼儿根据歌谣内容做出接球、接铅笔和跑到相应位置的动作。

(二)情景法

教师要利用图片、实物、多媒体等直观手段,创设歌谣所表现的特定情景,使幼儿能够借助情境理解歌谣的内容,提高幼儿表达歌谣的真实性,促进幼儿对歌谣的输出。如歌谣"Traffic lights"(Red light, red light, stop, stop, stop! Yellow light, yellow light, wait, wait, wait! Green light, green light, go, go, go!),教师可在教室内创设马路的模拟情景,设置人行道、红绿灯等设施和警察角色,在逼真的情景中,让幼儿更好地理解歌谣内容,并主动进行歌谣的表达。

（三）表演法

教师可利用创设好的歌谣情景,借助于头饰、服装等道具和材料,让幼儿扮演角色进行所学歌谣的表演,一边念歌谣一边做出相应的动作和表情,从而达到促进幼儿语言知识的掌握和语言能力提高的目标。如歌谣"Five little monkeys"(Five little monkeys jumping on the bed. One fell off and bumped his head. Mama called the doctor and the doctor says, No more monkeys jumping on the bed),在幼儿感受和理解歌谣内容后,教师可让幼儿戴上头饰,分别扮演五只小猴、医生和猴妈妈,边念歌谣,边进行表演。角色的身份及表情动作的配合运用,可以激发幼儿的学习兴趣,提高歌谣学习的效果。

三、幼儿园英语歌谣教学活动组织的注意事项

教师在组织歌谣教学活动时,要注意以下一些事项。

（一）注重幼儿对歌谣的理解

在语言学习中,理解先于表达,理解是表达的基础,为此,教师在进行英语歌谣教学时,可将英语歌谣的总体内容、歌谣中一些重点和难点的词汇,借助于图片、实物、动作和多媒体等直观手段,帮助幼儿消化和理解。如歌谣"Hands Up"(Hands up, one, two. Hands down, one, two. Hands right, one, two. Hands left, one, two. Hands front, one, two. Hands back, one, two),教学中教师可演示手往上、往下、往右、往左、往前和往后的动作,或出示相应的图片,以帮助幼儿理解歌谣的内容。

（二）突出歌谣的正确节奏

教师在进行英语歌谣教学时,要突出节奏,并示范正确的节拍,因为节奏是歌谣的核心,恰当的节拍能使歌谣节奏鲜明,琅琅上口,易读易记。因此,在教授歌谣前,教师首先得熟悉歌谣的内容、重点和要求,借助适当的拍子来确定歌谣稳定的节奏。

具体教授时,教师可直接用手在桌上、膝盖上或用小型打击乐器进行敲击以打出节拍,演示歌谣正确的节奏。如歌谣"Two little dicky birds"的节奏,教师可以用2/4拍进行表现,并始终要保持这种节奏:Two little　dicky　birds　|　sitting on a　　wall.　|。节拍的运用使整首歌谣节奏鲜明,变得生动有趣,富有韵律感。此外,教师在教学中,还要帮助幼儿把握歌谣的节奏,因为学习歌谣,掌握节奏是前提。教师可让幼儿先练习掌握歌谣的节奏,在掌握节奏的前提下,再进行歌谣内容的学习。为此,教师可先不让幼儿念歌词,让幼儿跟着录音通过拍手、击物或拍身体的部位等拍击活动,帮助幼儿尽快地掌握节奏。幼儿吟诵歌谣时,教师也要提醒幼儿节拍和节奏的运用和掌握。

（三）注重歌谣的示范

在把握节奏的基础上,教师可结合内容示范歌谣。示范时,教师要用抑扬顿挫、富有节奏的语调把歌词说唱出来,给幼儿清晰的、生动的英语语音语调的感知。这样,就能既充分反映出歌

谣韵律的特点，又提供给幼儿直接模仿的范例，便于幼儿在清晰感知的基础上进行纯正英语语音语调的模仿。

（四）运用多种方式促进幼儿歌谣的表达

歌谣的操练切忌单调重复，教师在歌谣教学中，要根据歌谣的内容，让幼儿通过涂涂画画、剪剪贴贴、摆摆放放等操作方法，以及看看说说、做做说说等活动，鼓励幼儿自主自发地把歌谣的内容表达出来，激发幼儿歌谣表达的兴趣。如歌谣"Rainbow"（Rainbow purple, rainbow blue. Rainbow green and yellow, too. Rainbow orange, rainbow red. Rainbow shining over head），教师可提供幼儿七种颜色的蜡笔或颜料，让幼儿一边涂出彩虹的颜色，一边进行歌谣的练习。

（五）循序渐进，不追求即时的反馈效果

英语歌谣与词汇、句型相比，其语言知识的容量大，对幼儿理解、记忆和输出的要求也相应就高，因此，歌谣教学可以视幼儿原有的英语水平和经验情况灵活确定教时，帮助幼儿由易到难、循序渐进地学习。此外，在一次英语歌谣的教学中，教师不能要求幼儿即时反馈，追求立竿见影的学习效果。幼儿英语教育的首要目标是激发幼儿英语学习的兴趣，因此，英语歌谣教学中，教师不要过分关注教学结果，初步教学后只要幼儿对歌谣能琅琅上口即可，不需十分精确无误地加以反馈，否则容易造成幼儿过多的负担和压力。初步教学后，通过多次的复习和巩固，幼儿会更好地习得和掌握歌谣，对歌谣的反馈也会更加熟练和准确。

案例6-5

【案例】幼儿园小班英语歌谣教学活动设计

Music of dog and cat[①]

Objectives：

1. 在游戏中感知歌谣"Music of dog and cat"，并愿意念歌谣。
2. 感受英语歌谣的节奏韵律，体验英语歌谣活动的快乐。

Teaching Aids：

小狗、小猫和小兔的长毛绒玩具，小猫、小狗的头饰若干，歌谣"Music of dog and cat"的CD。

Procedures：

Ⅰ. Warm-up

1. 律动表演：指指说说

教师出示小兔的长毛绒动物玩具，指着小兔的眼睛、耳朵和鼻子，边念边让幼儿指出自

[①] 该案例由上海市闸北区延长幼儿园朱利老师设计。

己的器官部位。

Look, a lovely rabbit. Rabbit has two eyes, two ears and one little nose.

Let's act as rabbits. Please point at your eyes, ears and nose and say them in English.

2. 游戏:说说自己喜爱的小动物

出示若干小猫、小狗和小兔的长毛绒玩具,教师引导幼儿抱抱自己喜欢的长毛绒动物,并鼓励幼儿使用所学的句型"I love..."以表达对动物的喜爱。

I love cats. Which animal do you like?

Come to the front, hug the animal you like and say "I love cats/dogs/rabbits."

Ⅱ. Presentation

1. 游戏:小狗小猫唱歌

教师分别戴上小狗、小猫的头饰,双手做小狗耳朵状扇动的动作及小猫捋胡子状的动作,念念歌谣句子,让幼儿初步感受歌谣韵律。

Look! What am I? Yes, I am a dog. Woof, woof, woof.

Dog, dog, woof, woof, woof. Let's say bye-bye to dog.

And what am I now? Yes, now I am a cat. Meow, meow, meow.

Cat, cat, meow, meow, meow. Let's say bye-bye to cat.

2. 看图片,感知英语歌谣 Music of Dog and Cat

教师出示图片念英语歌词,让幼儿进一步感知和理解英语歌谣"Music of Dog and Cat"。

In the picture, there is a dog and a cat on the green grass.

Dog, dog, woof, woof, woof.

Cat, cat, meow, meow, meow.

Please listen carefully.

3. 欣赏歌谣"Music of Dog and Cat"的CD

教师播放歌谣CD,引导幼儿一边听一边拍手打节拍,进一步感受歌谣,熟悉节奏。

This time please listen to the CD and clap your hands with the chant.

Ⅲ. Practice

1. 游戏:小狗小猫对歌

教师引导幼儿戴上小狗、小猫的动物头饰,边做动作边有节奏地念歌谣。

Look, there are headwears of dogs and cats.

If you love dogs, put it on your headwear and say "Dog, dog, woof, woof, woof".

If you love cats, put it on your headwear and say "Cat, cat, meow, meow, meow".

Dogs say first and then the cats. Are you ready? Here we go.

2. 游戏:表演秀

幼儿全部扮演小狗、小猫,以欢快的节奏表演歌谣,边做动作边念歌谣。

Now we are all cats and dogs. Please say the chant together.

When you chant it, you can do the actions.

附歌谣

Music of Dog and Cat

Dog, dog, woof, woof, woof.

Cat, cat, meow, meow, meow.

【评点】该案例制定的英语教学活动目标兼顾幼儿英语认知、技能和情感领域的目标,复习了幼儿已学的英语动物名称和动物叫声,同时,更注重幼儿对有鲜明节奏特点的歌谣的学习,以发展幼儿英语的韵律感和英语的语音语调;目标的表述具体清晰,具有一定的可操作性,能较好地引导本次英语歌谣教学活动的方向。就教学活动内容而言,教师选择的英语歌谣内容以幼儿所喜爱的小动物为主题,符合幼儿的兴趣,贴近幼儿的生活经验。该案例的教学活动结构设计层次清晰,主要分为准备阶段、呈现阶段和操练阶段三大环节。由于歌谣本身对小班幼儿而言,英语输入容量大,故没有安排创造巩固阶段。教学过程中注重幼儿对英语歌谣的感知理解和歌谣节奏的把握,为歌谣的表达打下了良好的基础。同时,教学中运用了全身反应法、角色表演法等多样化的方法,激发了幼儿英语歌谣学习的兴趣和动机。

第六节 幼儿园英语故事教学活动的设计和组织

故事是"文学体裁的一种,侧重于事件过程的描述,强调情节生动性和连贯性。较适于口头讲述,通俗易懂"。[①] 故事具有形象性、情节性、趣味性的特点,对幼儿具有普遍的吸引力。幼儿天生喜欢听故事,即使是同一个故事,也会百听不厌。英语故事能激发幼儿学习英语的兴趣和动机,引发幼儿的想象力和创造力,有利于形成轻松融洽的英语教学气氛。借助于故事,教师可以景动情、以情促知、情景交融、寓教于乐,促进幼儿英语学习动机的形成,并使之不断地得到巩固和维持。英语故事还能发挥英语的表意功能,提供幼儿理想的英语语言输入,训练幼儿的英语听力理解技能。在表演英语故事的活动中,还可促进幼儿的英语表达能力。由此,通过英语故事教学活动,不但能够激发幼儿对英语学习的直接兴趣,而且能够发展幼儿的英语听说能力。

一、英语故事的选择

英语的本质属性是一种语言,它具有自身独特的思维习惯和语言表达习惯,并较多地体现在语篇较长的故事中。因此,教师在为幼儿选择英语故事时,要进行精心挑选,以适合不同年龄段

---

① 《辞海》(三).上海辞书出版社1989年版,第3696页。

幼儿的英语语言水平和生理与心理特点。

（一）选择的英语故事语言要地道纯正

教师为幼儿选择的英语故事材料，其创作者应尽量是以英语为母语的外国人，即多选择英美等国家的专业儿童文学家创作的原汁原味的英语故事，在此基础上做适当地缩减和简化，这样能够保证故事中的语言符合英语的思维方式和表达习惯，有利于幼儿英语语感的培养。教师要避免选择那些从中文故事简单对等翻译而来的英语语言材料，这种性质的英语语言材料难免带有中文的思维定势，不利于幼儿英语语感的培养。如果实在需要中文题材故事的话，应选择儿童感兴趣的、符合幼儿年龄特点的中文经典故事的翻译材料，同时保证翻译者是以英语为母语的外国人士或国内有一定资历的英语语言专家。

（二）选择的英语故事要有可读（听）性

为了使故事对幼儿来说具有可读（听）性，教师选择的英语故事，其语言的语法结构宜简单易懂，故事情节宜生动有趣，故事篇幅宜短小精悍。此外，所选择的英语故事宜有一个引人入胜的开头，能在开始部分就抓住幼儿的注意力，让幼儿保持继续往下读或听的欲望；宜有一个令人惊奇的、富有高潮的结尾，让幼儿继续保持阅读或倾听故事的乐趣。只有具有以上这些性质特征的故事，对幼儿才具有可读（听）性，否则，幼儿对故事内容不感兴趣，同时又难以理解故事，长此以往就会失去听英语故事的兴趣。

（三）选择的英语故事要与幼儿的生活或汉语主题教学内容密切相关

为了帮助幼儿更好地理解英语故事的内容，学习和复习巩固所学的英语词汇和句型，教师选择的故事主题应是幼儿所熟悉的，围绕幼儿的生活经验，既来源于幼儿的生活，又回归幼儿的生活；或者故事主题也可与幼儿近期所学的汉语主题学习内容相关联。这样，有了前期相关生活经验和知识经验的铺垫，英语故事内容才会成为一种可理解的输入，更容易为幼儿所接受和内化。

图 6-5 幼儿英语故事内容的生活性

二、幼儿园英语故事教学的方法

故事是关于事件过程的描述，一般有一定的篇幅，相对于其他英语素材而言，幼儿园英语故事教学有自身常用的和独特的方法。

（一）直观法

为帮助幼儿对故事内容进行理解，形成一种可理解的输入，教师在故事教学活动中，要善于考虑综合利用各种直观手段,如图片、实物、动作、简笔画、录像、幻灯等。直观法的运用可帮助幼儿具体形象地了解故事的主要内容和故事情节的发展,使抽象的英语语言具体化。如故事"A Vase"(A vase is on the table. Kitty is on the sofa. Kitty jumps. The vase is on the floor),教师可通过呈现四幅图片并结合身体动作演示等直观手段,具体形象地讲述故事,帮助幼儿理解故事的内容。

(二) 表演法

故事的角色鲜明、情节生动,一般都可以表演。教师可在英语故事教学活动的新内容呈现阶段,通过角色扮演的方法,把故事的主要情节、对话和内容表演出来,让幼儿感受和理解,锻炼幼儿的英语听力。同时,教师更可在故事教学活动的操练阶段,让幼儿扮演故事中的一个角色,尝试进行故事的表演,促进幼儿英语语言表达的能力。由此,故事的表演为幼儿理解和使用英语提供了包含丰富意义的情景,赋予了语言以生命力。如故事"I Am Big"("I am big", said the giant. "I am big", said the elephant. "I am big", said the ship. "I am big", said the mountain. "I am big", said the whale),在幼儿理解故事内容之后,教师可组织幼儿扮演其中的任一角色,边做动作边进行英语表达。表演法的运用,使幼儿会更有兴趣投入到英语学习活动中,并在角色扮演中,通过不同的形象、语言和动作,将故事内容表现得惟妙惟肖,从而有效促进幼儿英语口语表达能力的发展。

(三) 操作法

教师在幼儿感受或表达故事内容时,可辅助运用画画、粘贴图片、排列图片、摆放图片等操作方式,进行故事的理解和故事的讲述,使故事的学习与幼儿各种感官的参与相结合,提高幼儿故事学习的兴趣和效果。如故事"My House"的内容"There is a fan in my house. There is a radio. There is a telephone, too. Come and see my lamp",教师可提供幼儿房间的背景图,让幼儿用粘贴或画画的方法,一边操作摆放家具和用品,一边进行故事内容的表达。

(四) 对话法

一般而言,故事为情节叙述的需要,会大量伴随人物之间的对话,而且,幼儿故事对话中使用的句型有较多重复。教师可将故事中的对话抽取出来,让幼儿扮演故事中的角色,进行角色间的对话,以此来提高幼儿英语语言的使用能力。如故事"Three Little Pigs"的教学活动操练环节,教师扮演大灰狼,幼儿扮演小猪,进行"What's this house? It's a straw/wood/brick house"的对话练习,通过不断重复的句型问答,促进幼儿对故事中英语单词、句型和对话的掌握,也发展了幼儿英语语言的交际能力。

三、幼儿园英语故事教学活动组织的注意事项

在组织幼儿园英语故事教学活动时,教师要注意以下的一些事项。

（一）将英语故事内容与具体形象相结合

故事相对其他英语教学活动内容而言，一般篇幅较长。为了帮助幼儿理解故事、提供幼儿可理解的输入，同时，减轻幼儿学习的难度，教师最好把英语故事的呈现与图片、多媒体演示、实物、模拟物等直观手段同步结合起来。教师在讲述英语故事时，要同时借助上述直观材料帮助幼儿感受和理解故事内容；教师也可借助于小图片，让幼儿一边听英语故事一边摆放图片来理解故事情节的发展。在幼儿讲述英语故事、进行英语语言输出操练时，教师也要注意与直观手段相结合，避免故事讲述的单一性，使抽象的英语语言讲述与具体的形象相结合，从而符合幼儿具体形象思维的特点。

（二）让幼儿充分感受英语故事

为了让幼儿充分感受输入的英语故事语言材料，教师讲述故事时最好不少于三遍。第一遍可完整讲述故事，教师要注意语速放缓、表达清晰，并可借助直观教具如图片、实物、动作、声音和表情，或插入一些母语等手段，让幼儿初步接触和理解故事。第二遍可分段讲述故事，教师讲述时可阶段性地停顿，对每幅图片的内容，借助体态语言，如动作、表情等进行讲述，以更好地帮助幼儿理解故事内容；其间教师也可对幼儿进行适当的提问，提出一些与故事情节发展密切相关的简单问题，让幼儿思考和回答，在此过程中，帮助幼儿进一步理解故事的情节和内容。第三遍再完整讲述故事，此时教师可将语速加快，以更接近自然的语速和语调进行讲述，让幼儿在分段理解的基础上进行整体的感知，以达到对故事的深入理解。

当然，在教学实践活动中，具体讲几遍故事，以及先整体讲述还是分段讲述，还应视故事的长短难易、教师的教学需要以及幼儿的英语实际情况和水平来灵活决定。

（三）注重幼儿对英语故事的理解

由于故事的复述多以完整的句子为主，对幼儿语言输出的要求较高，为了取得较好的英语学习效果、促进幼儿英语的表达，教师尤其要注重和强调幼儿对故事的理解。在正式复述和表演故事前，教师可让幼儿进行图画排序（sequence the pictures）的活动，借助多幅图片，让幼儿根据所听到的故事情节的发展，给图片排出顺序，以检查幼儿的理解程度。在确保幼儿完全理解的基础上，再尝试进行故事的输出。除了图画排序活动外，教师还可运用其他游戏活动来增进和检验幼儿对故事的理解。

（四）凸显英语故事中的对话

语言是个体在和他人的交流中发展起来的，而故事中的对话作为交往性的语言，能真正体现出语言的交际性。为此，教师可创设一个与故事内容相接近的适当场景，借助木偶表演、录像演示等形式，将故事中的对话表现出来，引起幼儿听故事的兴趣，提高幼儿听故事的效率。在操练环节复述故事时，也可让幼儿扮演故事中的角色，重点进行故事对话的表演。如在"Three Butterflies"的故事教学活动中，教师应让幼儿重点表演蝴蝶与花之间的对话。

(五)掌握讲英语故事的技巧

为了更好地创设纯正的英语语言环境,发展幼儿的英语听说能力,教师要有较好的英语语言表达技能,熟练掌握讲故事的技巧。在讲故事时,教师要注意使用变化的语音语调,用生动的、自然的、抑扬顿挫的语言进行故事的讲述,努力创设戏剧化的效果;音量适中,语速以幼儿能听清楚为准,这样才能使幼儿始终能够集中注意力。讲述故事时,教师也要充分运用面部的表情和肢体语言,并随时注意和幼儿眼神的交流。教师在讲故事时,最好与幼儿之间留有一定的空间,保持一定的距离,这样才能在活动中照顾到所有的幼儿,同时使幼儿感到放松自如。

(六)把握英语故事教学的难易度

故事的篇幅有长有短,教师应根据故事本身的篇幅和本班幼儿的英语水平,决定故事的教时和每一教时故事输出的要求。

一般而言,故事教学宜放在有一定英语词汇量和句型积累的中大班阶段进行。就中大班幼儿而言,四句左右的简短故事,如故事"On the Beach"(Sam and May go to the beach. They play with a ball. Oh, the ball! They find the ball and a big shell),教师可安排一教时,活动中可让幼儿尝试进行故事的复述,但教师在故事教学活动前,应将相关的词汇进行铺垫,如"beach"、"ball"、"find"、"big"、"shell"等。对四句以上的英语故事,如故事"The Little Caterpillar"(The little caterpillar is asleep. It's cold. There's a lot of snow. It's raining. The sun comes out. Ah, it's warm. The caterpillar is happy. Oh, look at the wonderful butterfly. It's blue, red and white),因为篇幅较长,教师不仅事先要将一些生词进行铺垫,而且宜安排两个课时。第一课时注重在理解感受的基础上,让幼儿尝试复述故事中自己感兴趣的和印象深刻的句子,不强求幼儿对所有句子进行反馈。第二课时教师在复习故事的基础上,可运用各种方法引导幼儿尝试对故事进行完整的表述。对于篇幅较长的故事(如故事"Three Butterflies"),教师事先不仅要进行相关生词、句型的铺垫,而且至少要安排三课时,先从故事的感受理解入手,再过渡到故事的表达复述,复述时教师也不能面面俱到,要侧重于故事的重要情节表现和凸显故事中的对话。

案例 6-6

【案例】幼儿园中班英语故事教学活动设计

One, Two, Three, Four, Five

Objectives:

1. 幼儿愿意跟着教师一起看看,猜猜英语故事,初步了解故事"Numbers"的内容。

2. 幼儿对英语故事感兴趣,学习用单词"one","two","three","four","five"表达物体的数量。

Teaching Aids:

点读笔、数字卡、小鸟玩偶、游戏用软球、不同数量(1—5 个)物体卡片。

Procedures:

Ⅰ. Warm-up

1. 打招呼

教师热情问好。

Good morning, boys and girls.

Let's greet each other. Hello, how are you?

2. 看封面

教师出示故事图书,请幼儿看封面,引起兴趣。

Look at the picture! What's this? A bird.

How many birds? One, two, three, four, five.

Ⅱ. Presentation

1. 初步感知故事

教师出示故事图书,完整讲述英语故事。幼儿初步感知故事内容。

Today we will have a new story. The name of the story is "Numbers".

Look, there is a lovely bird. One. We see one bird.

Then there comes another bird. One, two. We see two birds.

Three birds! One, two, three. We see three birds.

Four birds! One, two, three, four. We see four birds.

Five birds! One two, three, four, five. We see five birds.

Oh, where are the birds now? They all fly away!

2. 看数字卡理解单词

教师出示"one"、"two"、"three"、"four"、"five"的大单词卡,运用点读笔点读单词,幼儿初步感知单词。

Look at my card. It's one. One.

Look at this card. It's two. Two.

……

3. 看小鸟玩偶理解单词

教师一次出示五只小鸟玩偶,示范数小鸟。

Look! The lovely birds! How many?

Let me count. One, two, three, four, and five.

Ⅲ. Practice

1. 游戏:数小鸟

教师出示任意数目的小鸟玩偶,并说句子"Let's count",幼儿数出小鸟的数目并大声说出相应的数字单词。

Wow, the birds are coming! How many birds? Let's count.

Please say...

2. 游戏:抛软球

教师请幼儿围成一个圆圈,教师将软球抛给任意一名幼儿并说1—4中的任一数字,接住球的幼儿说出教师所说数字的下一个数字。

Boys and girls, please stand in a circle. I'll throw the ball to one of you.

If I say "one", the one who gets the ball please say "two".

If I say "three", please say "four".

Got it? Let's have a try!

3. 操作活动:圈数字宝宝

教师提供幼儿不同数量(1—5个)物体的卡片,幼儿数数物体并说出总数、并圈出该"数字宝宝"。

Wow, look at the cards! How many things are there in the card? Let's count them.

Please say the numbers in English. Then circle the number baby.

附故事

One, Two, Three, Four, Five

Let's count. One.

Let's count. Two.

Let's count. Three.

Let's count. Four.

Let's count. five.

One, Two, Three, Four, and Five.

【评点】该案例制定的英语教学活动目标具有全面性,兼顾幼儿英语认知、技能和情感领域的目标,既帮助幼儿理解和表达了数字1—5的英语单词,同时,也注重了幼儿对故事的初步理解,为后继的故事复述打下了基础;目标表述具体清晰,具有一定的可操作性,能较好地引导本次英语对话教学活动的方向。就教学活动内容而言,教师选择的故事教学主题与数字有关,主题贴近幼儿的生活经验,有利于幼儿在每日的生活情景中进行表达和运用。该案例的教学活动结构设计层次清晰,教学过程中大量运用了直观法、游戏法,帮助幼儿理解故事内容,并尝试表达故事中的数字1—5的英语单词,同时,也激发了幼儿英语故事学习的兴趣和动机。

第七节 幼儿园英语歌曲教学活动的设计和组织

爱好音乐是儿童的天性,歌曲一直为广大儿童所喜爱,是幼儿较喜欢的英语学习内容,因此,歌曲教学成为幼儿园英语教学活动的重要内容之一。由于歌曲富有节奏和韵律感，易激发幼儿的快乐情绪，所以，可以有效地维持幼儿的英语学习动机，有利于调节教学气氛。此外，歌曲还能提供有趣味的和地道的英语语言输入，有助于幼儿对地道英语语音语感的感知和获得。

一、英语歌曲的选择

原版、改编以及国内自创的幼儿英语歌曲不计其数，该选择怎样的英语歌曲为教师所用，以开展幼儿园英语歌曲教学活动呢？

（一）选择的英语歌曲最好为英美国家原创歌曲

歌曲在所有的教学活动内容中，其英语语音语感表现最为典型和突出。为了保持英语语言的原汁原味，让幼儿学到最纯正的英语语言，把握英语语言地道的语音语调，教师要尽量选择英美国家原版的英语歌曲，如"Mary Had a Little Lamb"、"Jingle Bells"等。这样能很好地发挥幼儿英语学习的语音优势，促进幼儿英语教育的认知领域目标——幼儿良好语音语调语感的有效达成。

（二）选择的英语歌曲要符合幼儿的年龄特点

教师为幼儿选择的英语歌曲，总体上歌词不宜太长，应简单、短小。歌曲的旋律要优美动听、节奏明快，词曲结合自然，易于上口，并有一定的艺术性。歌词内容也要考虑不同年龄阶段幼儿的兴趣爱好、理解能力和语言发展程度等。如以"打招呼"（Greetings）为主题的歌曲很多，教师应针对幼儿的原有英语水平进行选择，一般而言，含有较长歌词的问候歌曲不宜选择在小班进行教授。另外，教师还要注意创设幼儿的最近发展区，考虑如何在幼儿已有英语水平的基础上，能够通过歌曲教学促进幼儿英语听说能力的发展，如教师为幼儿选择的歌曲，其歌词中可适当有几个新词汇，以对幼儿英语的学习起促进作用。

（三）选择的英语歌曲要贴近幼儿的生活经验

教师为幼儿选择的歌曲内容应是幼儿熟悉和关心的，贴近幼儿的生活经验，能为幼儿所理解，否则幼儿只会进行鹦鹉学舌式的机械模仿而不知其含义。此外，教师选择的英语歌曲在做到内容贴近幼儿生活经验的前提下，还要避免内容的单一化，应尽量广泛挑选涉及幼儿生活的各种题材、性质的歌曲。如教师可选幼儿所熟悉的描述动植物、自然现象、日常问候、交通工具、身体部位、颜色数字、节日文化等主题的英语歌曲，这些都是幼儿日常能接触到的、能随时使用的、感兴趣的内容。

（四）选择的英语歌曲要富有动感

歌曲有一定的韵律和节奏，而幼儿活泼好动，较适合一边唱一边用动作表现出歌词含义的学习方法，因此，教师可多选择富有动感的、能伴随动作表现的英语歌曲，让幼儿边唱歌边动作表演，以达到歌曲学习的最佳效果。教师也可以提供一些小乐器，如铃鼓、铃铛、钹等，让幼儿边唱边打节奏。这种边唱边做动作的学习方法,有助于幼儿记忆歌词,促进幼儿动作的协调,增强幼儿的节奏感,培养幼儿表演和交际的能力。

(五)选择的英语歌曲要多为第一人称的歌词

幼儿阶段是自我意识逐步发展的时期,虽然幼儿已经开始尝试去理解他人,理解周围的环境,但总体而言,幼儿还是以自我中心思维为主,表现为喜欢用"我"开头来描述事件。而第一人称的歌曲其歌词以自己为主体来讲述某些主题内容,会使幼儿感到亲切,听上去好像在讲述自己所经历的或所做的事,感情表达上显得自然、真实,也更形象生动、容易理解。因此,教师可多选择第一人称的歌曲,以此激发幼儿学习的兴趣,提高幼儿英语学习的效果。

(六)选择的英语歌曲要有重复和发展的余地

幼儿喜欢逐字逐句地重复,一首歌曲中歌词的适当重复,会使幼儿感到熟悉,也便于幼儿的记忆和掌握,因此,教师在选择时,可考虑选择带有一定重复率的英语歌曲。重复主要指一首歌曲中歌词有几处相同的地方。如歌曲"Mary Had a Little Lamb"的歌词内容"Mary had a little lamb, little lamb, little lamb. Mary had a little lamb, its fleece was white as snow",这首歌曲中"little lamb"就重复了好几次。又如歌曲"Bingo"的歌词内容"There was a farmer. He had a dog. And Bingo was his name. O! B-I-N-G-O, B-I-N-G-O, B-I-N-G-O. O! And Bingo was his name",这首歌曲中"Bingo"重复了多次。

除了单纯的重复外,教师还要注意为幼儿选择一些有发展余地的英语歌曲,供幼儿发挥主动性和创造性,在学习后整合原有的英语知识和经验迁移运用,进行歌曲的续编和创编。如歌曲"Old McDonald Had a Farm"中,不仅歌词有一定的重复,便于幼儿的理解和记忆,而且教师还可以让幼儿根据自己的英语经验和生活常识添加动物的英语名称和叫声,不断增加歌曲的段数,这样的歌曲对幼儿来说具有拓展的余地。在教师启发幼儿想出新词添入歌曲唱出来的过程中,既激发了幼儿的积极性和创造性,又能促进幼儿对原有英语知识的巩固和迁移。

二、幼儿园英语歌曲教学的方法

幼儿英语歌曲的教学活动应体现歌曲活泼优美的特点,教师在设计活动时,可主要采用以下一些教学方法。

(一)直观法

歌曲内容一般由多个句子组成,提供了幼儿丰富的英语输入,为此,教师要通过多媒体课件、实物图片、动作表演等直观方法的设计,帮助幼儿直接感受和理解歌曲的内容,为歌曲的演唱做良好的铺垫。如歌曲"Apple"(Apple red, apple round, apple juicy, apple sweet. Apple, apple, I love you. Apple sweet I love to eat),教师可以在唱歌曲时,逐一出示四个苹果娃娃——红苹果、圆苹果、多汁的苹果、甜甜的苹果,直观生动地再现歌曲内容,让幼儿通过视听觉直接感知和理解歌曲内容。

（二）欣赏法

通过欣赏，幼儿能对歌曲的旋律、节奏、歌词、意境和语调等有整体的感受和体验。因此，幼儿园英语歌曲教学活动中，教师要尽量使用CD、Mp3等现代化的手段来再现原唱的歌曲，保持歌曲的优美韵律，让幼儿有充分欣赏歌曲的机会，对歌曲中的单词、短语和句子有一个初步的感性认识。

（三）歌舞表演法

歌曲可通常与舞蹈动作的表演相结合，在呈现阶段，教师可设计运用歌舞表演的方法来进行英语歌曲的教学。教师可一边唱歌曲，一边将歌曲的内容借助于身体的舞蹈动作表现出来，以更好地帮助幼儿理解歌曲的内容。如歌曲"Sit Down"（Sit down, stand up. Now turn round and round, and all fall down），教师边唱歌曲边表演相应的动作。

同时，在操练阶段，教师可让幼儿一边唱歌一边做动作，运用歌舞表演的方法，让幼儿将歌曲内容，特别是一些优美抒情、活泼生动的歌曲表现出来。这样左右脑相结合参与活动，能提高幼儿学习英语歌曲的积极性、趣味性和效果。

（四）情景法

歌曲内容有对应的情景，情景有助于幼儿对歌曲内容的理解。因此，教师在幼儿园英语教学活动中，要善于运用情景法。教师可以结合歌曲所表达的内容创设相应的情境，在模拟的、接近真实的情景中表现歌曲的内容，促进幼儿对歌曲的理解和表达。如歌曲"Do you know a fireman"（Oh! Do you know a fireman? A fireman, a fireman? Oh! Do you know a fireman who lives in the lane），教师可以通过火灾情景、救火情景等的创设再现消防员的工作情景，让幼儿理解歌曲所表达的内容。

三、幼儿园英语歌曲教学活动组织的注意事项

教师组织幼儿园英语歌曲教学活动时，应注意以下事项。

（一）注重幼儿对英语歌曲的欣赏

歌曲一般都有优美的意境和旋律，活动中教师在让幼儿听英语歌曲时，要注重幼儿对歌曲的欣赏，为此，教师要尽量用现代化的多媒体手段再现原汁原味的歌曲，让幼儿欣赏歌曲，体验优美意境和旋律。此外，在学习新的歌曲前，教师可提前在教室里播放一下让幼儿欣赏，初步调动幼儿学习的积极性，这样更便于幼儿在随后的教学活动中整体理解和学唱歌曲。

（二）注重幼儿对英语歌曲的理解

教师选择的经典英语歌曲，其歌词中总会有个别新词、难懂的句型和一些习惯用语等，因此，教师必要的解释是必不可少的。教师在进行教学时，可以把英语歌词的大意编成简易的、生动形象的舞蹈动作，把歌曲的内容用体态动作或表情表现出来，帮助幼儿理解歌曲；也可借助于中文、

图片、实物等进行解释。解释歌词这一环节要适合幼儿的年龄特点,应进行得生动灵活、富有艺术性,避免枯燥、呆板和机械。

(三) 注重教师对英语歌曲的范唱

幼儿喜欢模仿,善于模仿,除了使用多媒体手段播放歌曲外,教师的现场范唱会让幼儿听起来更加清晰、生动和亲切。为此,教师在范唱时,应有正确的发音,吐字清楚,语调、旋律和节奏准确,并伴有适当的表情、动作等。范唱原则上主要由教师承担,在用录音或录像让幼儿欣赏歌曲后,最好还要由教师再现场范唱多遍。教师现场范唱时,速度可以根据幼儿的理解程度灵活放缓,让幼儿更清晰、完整地了解歌词内容。教师的现场范唱,更有助于幼儿对英语语调、节奏的准确把握,有利于幼儿的学唱更抑扬顿挫。

(四) 要生动活泼、形式多样地教唱英语歌曲

为了调动幼儿英语歌曲学习的积极性,引起幼儿的兴趣,帮助幼儿对歌词内容进行理解,在教幼儿学唱英语歌曲时,教师可根据幼儿年龄的不同而适当使用一些能活动的教具、木偶或图片以及歌舞游戏的方法等,生动地、直观地讲述歌曲内容。

同时,在带领幼儿进行英语歌曲的学唱时,练习的形式可有跟唱、模仿唱、齐唱、领唱、部分轮唱、对唱、表演唱、接唱等,教师可根据幼儿学习与掌握的实际情况灵活选用。英语歌曲的练习环节应在愉快、有兴趣的情境下进行,避免单调的重复练习。教师要多动脑筋,采用各种吸引幼儿的方法达到实践练习的目的。

(五) 不追求英语歌曲的即时准确反馈

适合幼儿演唱的英语歌曲活泼快乐,往往节奏速度较明快,歌词内容较丰富,因此,一次教学活动中,教师不必要求幼儿逐词逐句地准确反馈出所有的英语歌曲内容,只要求幼儿能够琅琅上口,跟上节奏吟唱即可。经过教学活动后多次的感受、复习和巩固,幼儿会自然而然地进行吟唱并掌握整首歌曲。

案例 6-7

【案例】幼儿园大班英语歌曲教学活动设计[①]

Sunny day

Objectives:
1. 复习天气现象的英语词汇,愿意学唱和表演英语歌曲。
2. 感受合作表演英语歌曲活动的快乐。

---

① 本案例由上海市静安区吴江路幼儿园方蓓丽老师设计。

Teaching Aids：

天气大转盘、歌曲 CD。

Procedures：

Ⅰ. Warm-up

1. 歌谣表演"Cloud"

教师和幼儿一起表演歌谣。

Good morning, kids. Let's say the chant "Cloud". Please stand up and act it out.

Look into the sky, see the clouds go by. Some go fast, some go slowly.

Never make a sound, as the winds push them.

2. 游戏：天气大转盘

教师转动天气大转盘并提问天气情况，幼儿回答，复习各种天气现象的英语名称和句型。可请个别幼儿上来转动转盘并提问，其他幼儿回答。

I will turn the pointer. Look, what's the weather like? (It's rainy.)

Who wants to come here and turn the pointer? Please ask them about the weather, OK?

Ⅱ. Presentation

1. 说说天气

教师跟幼儿用英语说说自己喜欢的天气。

What's the weather like today? What weather do you like best?

I like sunny days best, because I can go out to play on sunny days.

2. 欣赏歌曲 CD

教师播放歌曲"Sunny Day"的 CD，幼儿欣赏，初步感受歌曲的旋律、节奏和内容。

Let's listen to the CD and enjoy the song *Sunny Day*.

3. 分析歌曲

教师根据歌曲内容，跟幼儿说说歌曲里的句子，并通过全身动作表演帮助幼儿理解歌曲内容。

What do you want to do on sunny days?

I want to dance. I want to sing.

I will perform the song. Please look at my actions.

Sunny day, oh, sunny day. （两只手一闪一闪呈太阳发光状）。

How I long for a sunny day. （两只手在头顶上挥舞）。

I want to dance. I want to sing. （跳舞和唱歌的动作）。

Hey, hey, hey oh, sunny day. （两只手一闪一闪呈太阳发光状）。

Ⅲ. Practice

1. 跟着教师唱唱跳跳

教师做动作，带领幼儿一起唱唱跳跳。

Now let's sing and dance. Please follow me and act.

2. 结伴表演歌曲

幼儿自由找同伴，跟着CD音乐合作进行歌曲表演。

Now please look for a partner. You can perform the song together.

I will play the CD for you. Are you ready?

附歌曲

Sunny Day

$1=G\ \dfrac{2}{4}$

3 5 5	5 3	2 4 4	4 -	1 3 3	3 1
Sun-ny day, oh,	Sun-ny day.	How I long for a

| 2 7 7 | 5 - | 3 5 5 | 5 3 | 2 4 4 | 4 - |
| sun-ny day | | I want to dan-ce. | I want to sing. |

| 1 3 3 | 3 1 | 2 7 7 | 1 - ‖
| Hey, hey, hey, hey | oh, | sun-ny day. |

【评点】 该案例制定的英语教学活动目标具有全面性，兼顾幼儿英语认知、技能和情感领域的目标，复习了幼儿已学的有关天气现象的英语词汇和句型，同时，更注重幼儿英语歌曲学习兴趣和演唱能力；目标表述具体清晰，具有一定的可操作性，能较好地引导本次英语歌曲教学活动的方向。就教学活动内容而言，教师选择的英语歌曲主题与每日的天气和活动有关，贴近幼儿的生活经验，同时，具有一定的实用性，有利于幼儿在每日的生活情景中进行表达和运用。该案例的教学活动结构设计层次清晰，教学过程中大量运用了直观法、游戏法、TPR法、歌舞表演法等，帮助幼儿理解和演唱英语歌曲，同时，也同步激发了幼儿英语歌曲学习的兴趣和动机。

以上介绍了六种内容的幼儿园英语教学活动的设计与组织。由于在幼儿园的英语儿歌教学中，教师基本上赋予儿歌一定的调子，呈现一定的节奏，多处理为歌谣，故本章节没有独立进行幼儿园英语儿歌教学活动设计与组织的阐述，该内容可整合在歌谣部分一起进行阐述。

思考与实践

1. 某教师在每节英语教学活动目标的设计中，都提到了一条：幼儿对英语学习活动感兴趣。

请分析以上英语教学活动目标制定中的问题。

2. 幼儿园英语教学活动内容的设计要注意哪些方面的问题？

3. 幼儿园英语歌曲教学活动的组织要注意哪些事项？

4. 幼儿园英语词汇教学活动的组织要注意哪些事项？

5. 幼儿园英语句型教学的方法主要有哪些？

6. 幼儿园英语对话的选择要满足哪些方面的要求？

7. 幼儿园英语歌谣教学活动的组织要注意哪些事项？

8. 幼儿园英语故事的选择要满足哪些方面的要求？

9. 案例分析

Jump High

Objectives：

1. 幼儿通过跳跃的活动，理解 jump/jump high 的意义。

2. 幼儿有参与英语学习活动的兴趣，愿意用 jump/jump high 大胆表达。

Teaching Aids：

橡皮筋、奶粉罐创设的"草地"，挂动物的礼物竿及玩具水果若干，"石头"（呼啦圈），"小河"（席子）以及小猴、狗和兔子的动物头饰，律动磁带。

Procedures：

Ⅰ. Warm-up

1. 律动"Put on"

Babies，let's do morning exercises！OK？

2. 游戏"我说，你们做"

Let's play a game "I Say，You Do"。

Walk，walk，walk. Walk slowly. Walk quickly.

Run，run，run. Run slowly. Run quickly.

……

Ⅱ. Presentation：运动游戏"Jump"

1. 感受单词"jump"

Look！There are three animals. Who are they？（Monkey，dog and rabbit）

Oh！Let's go to their homes and say "hello" to them. OK？

幼儿跟随教师进行两种不同的跳跃方式，并用不同的语句问候小动物。

Go to dog's home：jump，jump.

Go to monkey's home：one，two，jump.

2. 感受词组"jump high"

Look！This is the rabbit's home. We must jump over the grass.

Let me try！Look at my arms：jump，jump high.

幼儿跟着教师进行跳跃，并在跳跃过程中不断感受"jump/jump high"的意义。

Ⅲ. Practice

1. 运动活动"碰手"

Who can touch my hand? Jump high, you can touch it.

幼儿个别练习,跳起来碰教师的手,教师用"Jump/Jump high"来激励幼儿碰到自己的手,并鼓励幼儿边跳边说"Jump/Jump high"。

2. 游戏"礼物棒"

教师拿出竹竿上吊有小动物布偶的礼物棒,挥动竹竿,让幼儿碰竹竿上的动物。先请一名幼儿示范,再集体一起跳起来碰竹竿上的动物,教师用"Jump/Jump high"来激励幼儿,并鼓励幼儿边跳边说"Jump/Jump high"。

Please try to touch the animals. Jump high. You can touch it. Try to say "Jump/Jump high".

Ⅳ. Production: Send Fruit

在场地上创设障碍,让幼儿分散练习,跳过障碍物去给小动物们送水果。指导幼儿跳起来,大胆用英语说"Jump high!"

You can jump or jump high, send the fruit to the animal's homes and say "hello" to the monkey/dog/rabbit.

Let's jump, OK?

在送水果时,鼓励幼儿用学过的英语进行创造性的表述:"Hi, monkey."、"A banana for you."、"Good-bye."等。

问题:

(1) 上述案例中活动过程共分为几大阶段?

(2) 每一阶段的任务是什么?

(3) 就该案例设计的结构谈谈自己的看法。

第七章

幼儿园渗透性英语教育活动的设计与组织

■ 知识要点
- 渗透于幼儿生活活动的英语教育活动的设计与组织
- 渗透于幼儿户外活动的英语教育活动的设计与组织
- 渗透于幼儿游戏活动的英语教育活动的设计与组织

幼儿英语可以通过正规性英语教育获得,即通过幼儿园英语教学活动,同时,幼儿英语的获得也可以通过非正规性英语教育,即渗透于幼儿日常活动的英语教育,又称渗透性英语教育活动。正规性幼儿英语教育,是教师在某一固定的时间有目的、有计划地专门开展的英语教学活动,让幼儿进行正式的英语学习;非正规性幼儿英语教育,是教师在幼儿的一日活动中随机的、灵活的渗透性英语教育,让幼儿在日常活动中通过接触英语进行非正式的英语学习,是一种英语的习得。可见,幼儿英语教育总体要促进幼儿英语的学得和习得的相互补充和交融。因为除了幼儿园英语教学活动可提供幼儿高效率的英语学习机会和条件外,渗透于幼儿日常活动的英语教育,是非正规的、不具形式的教育,可让幼儿在丰富的英语环境中大量感知英语和输出英语,在日常活动中进行英语的一种自然的、无意识的习得过程。应该说,这种习得英语的过程从认知心理学的角度而言,更适合幼儿无意识注意和无意识学习为主的心理特点。本章将围绕渗透于幼儿日常活动的英语教育,即幼儿园渗透性英语教育活动的设计与组织进行阐述,包括渗透于幼儿生活活动、渗透于幼儿户外活动和渗透于幼儿游戏活动的英语教育活动的设计与组织。

第一节 渗透于幼儿生活活动的英语教育活动的设计与组织

幼儿教育的一大重要原则是保育和教育相结合,因为幼儿年龄小,身体机能的发育还不够完善,生活自理能力和水平还很低,因此,生活活动是幼儿园教育活动的重要组成部分,在幼儿一日活动中所占的时间往往最多。由此,生活活动成为教师开展幼儿园渗透性英语教育的重要途径。渗透于幼儿生活活动的英语教育活动,能在正式的幼儿园英语教学活动之外,为幼儿提供丰富的英语输入,同时,也为幼儿创设更多的英语输出机会,可有效促进幼儿英语表达和英语交流的能力。

一、渗透于幼儿生活活动的英语教育活动环节

就渗透于幼儿生活活动的英语教育活动环节而言,由于幼儿园生活活动内容十分丰富,包括来园、午餐、点心、如厕、饮水、盥洗、午睡和离园等活动。另外,作为着眼于幼儿良好生活自理能力和生活卫生习惯养成的生活活动,其实践性强,日常要求多呈现循环往复的特点。因此,应该说,幼儿生活活动中存在大量的进行渗透性英语教育的机会,幼儿生活活动的诸多内容,几乎都是可渗透英语教育活动的重要环节。

如幼儿的来园活动是渗透英语问候语和日常用语的重要环节,包括招呼问好,询问有关幼儿身体、情绪及生活经历等英语句型。在这一生活活动环节中,教师可以组织个别的、随机的英语教育活动,如用英语与幼儿互相问好,问问幼儿身体情况与情绪以及当天或昨天的生活经历,也可以鼓励幼儿之间互相问候及询问近期的生活经历。

又如,幼儿的餐点活动是渗透各种食物的英语词汇及有关良好进餐要求和习惯等英语句型的重要环节。教师可以结合幼儿的进食环节,自然开展随机的、渗透性的英语教育活动,如用英语给幼儿介绍或鼓励幼儿主动说说各种水果、蔬菜、米饭、点心及饮料等的英语名称,可使用安静进餐、保持桌面干净、进餐后收拾碗筷和擦嘴等的英语句型。

图 7-1 渗透于幼儿生活活动的英语教育活动环节

因此,幼儿在园生活活动的各种内容,都可以成为开展渗透性英语教育的活动环节。

二、渗透于幼儿生活活动的英语教育活动内容的选择

就幼儿生活活动可渗透的英语教育活动内容的选择而言,包括以下方面。

(一)英语词汇

幼儿生活活动可渗透的英语教育活动内容,首先是与幼儿生活活动环节开展密切相关的英语词汇。

英语词汇主要集中于幼儿生活活动所涉及的相关物品的英语名称,因此,渗透于幼儿生活

活动的英语教育活动内容,可包括各类生活用品、食品、服装鞋帽、生活活动设备设施等的英语名称。如 towel, soap, cup, spoon, milk, rice, cookie, vest, sweater, bag, bed, toilet 等。

教师可根据幼儿生活活动的具体环节进行渗透性英语教育活动内容的灵活选择。如午睡活动环节,教师可渗透的英语包括卧室、床、被子、衣服、鞋袜、水、厕所、肥皂、毛巾等午睡设备与用品、盥洗设备与用品等英语词汇。

(二) 英语句子

就幼儿生活活动可渗透的英语教育活动内容而言,还包括与幼儿生活活动内容密切相关的英语句子。

英语句子主要表现在教师组织幼儿生活活动时所使用的英语指令和指导用语,因此,渗透于幼儿生活活动的英语教育活动内容,还包括教师开展幼儿生活活动的英语组织语言,有助于幼儿良好的生活卫生习惯、自理能力养成和促进幼儿礼貌友好交往的英语指令等。如"It's time for bed","Please go to the toilet","Wash your hands","Please put on your coat","Wipe your mouth","Make your bed","Say 'Hello' to your partners","Say 'Goodbye' to your mummy"等。

(三) 英语对话

就幼儿生活活动可渗透的英语教育活动内容而言,还包括与幼儿生活活动内容密切相关的英语对话。

英语对话主要表现在教师与幼儿的日常生活会话,因此,渗透于幼儿生活活动的英语教育活动内容,包括教师在幼儿生活活动中为了解幼儿身体、情绪状态和经历等与幼儿互动,培养幼儿文明、卫生、礼貌、友好等品质而使用的英语招呼语、指导语和问候语等。如"Good morning, kids","Nice to meet you","How are you?","Can you help him make the bed?",既可包括陈述句,也可包括鼓励幼儿与教师互动而使用的疑问句。

(四) 英语歌谣和歌曲

就幼儿生活活动可渗透的英语教育活动内容而言,还包括与幼儿生活活动内容密切相关的英语歌谣和歌曲。

英语歌谣和歌曲主要是一些介绍幼儿生活自理要求和能力的、具有一定趣味性的、可琅琅上口的简短英语歌谣和歌曲。如教师可用幼儿已学的英语歌谣和歌曲提醒幼儿生活活动的要求;需要时也可自编英语歌谣和歌曲,如自编向幼儿介绍洗手、穿衣、叠被子等自理行为顺序的歌谣。

以上,介绍了渗透于幼儿生活活动的英语教育活动的主要内容,教师在生活活动中具体选择渗透性的英语教育活动内容时,要紧密结合幼儿生活活动的环节,事先预设适宜的英语指令和常用对话。

资料 7-1	各年龄段幼儿来园活动可渗透的英语教育活动内容及渗透要点提示①		

Morning Activities 来园活动		English for Permeation 可渗透的英语	Permeation Tips 渗透要点
Greeting 问候	Class of 3-4 小班	① Hello, Betty! ② Good Morning! ③ Give me a hug/kiss. ④ Wave bye-bye.	1. 来园活动的问候环节，教师可根据各年龄段幼儿英语的发展水平，围绕日常招呼问候与告别语、幼儿情绪及经历等内容预设可渗透的英语句子，鼓励幼儿与教师、家长进行互动。 2. 来园活动的整理环节，教师可根据各年龄段幼儿的生活自理能力要求预设相应的英语指令及幼儿的回应。 3. 教师可依据幼儿的实际英语能力，选择合适的一组语言与幼儿进行互动。 4. 建议在一段时间内，教师可运用同一组对话，经常反复使用，让幼儿在熟悉的基础上理解并养成听说习惯。 5. 在幼儿具备一定的理解能力的基础上，教师可鼓励幼儿之间互动和交流。
	Class of 4-5 中班	① Nice to see you! ② How are you? ③ Come in, please. Say bye to your daddy.	
	Class of 5-6 大班	① Glad to see you! ② You look pretty today! ③ Did you sleep well last night/have a good weekend/go any where yesterday?	
Help yourself 自理	Class of 3-4 小班	① Please put on your morning check-card. ② Take off your coat.	
	Class of 4-5 中班	① Take off your coat and schoolbag. Hang them up there, please.	
	Class of 5-6 大班	① Change your shoes, please. ② Take out your notebook, please.	

三、渗透于幼儿生活活动的英语教育活动设计和组织的要点

（一）以生活活动目标为基点，弱化英语知识和技能

在日常渗透性的幼儿英语教育活动中，英语主要是作为教师的一种活动组织媒介、教师与幼儿之间的一种交流工具，而不是简单的语言学习科目。因此，为幼儿生活活动选择要渗透的英语

---

① 该资料根据上海市浦东新区冰厂田幼儿园金晔老师提供的案例改编。

教育活动内容时,教师要紧密结合该生活活动环节的性质,突出生活活动环节本身的教育目标,提示幼儿使用日常礼貌用语,养成良好的个人生活卫生习惯和自理能力等。

教师从生活活动自身的目标和要求出发,在此基础上,进行渗透性的英语教育活动。教师要避免舍本求末,过于强调英语的渗透、语言知识和技能的掌握而忽视生活活动本身追求的目标,否则,容易将幼儿自然习得英语的途径变异为教师正式的英语教学,给幼儿造成过重的学习负担。

(二) 善于创设双语并进的语言环境

渗透性幼儿英语教育活动的开展离不开语言环境的支持。为渗透英语教育,教师要善于在生活活动中,创设汉语和英语并进的语言环境,有目的、有计划地根据幼儿英语学习的经验和生活活动环节的特点,用英语来介绍生活活动涉及的日常生活用品,用英语组织幼儿的生活活动,将英语作为教师组织活动及与幼儿交流的工具。这样,就能尽可能多地提供给幼儿潜移默化的接触英语的机会,促进幼儿自然习得英语,因为这种渗透性英语教育,从认知心理学的角度而言,更符合幼儿无意识学习的特点。

(三) 精心预设所渗透的英语互动语言及渗透要点提示

生活活动渗透英语词汇的教育活动开展较简单易行,而对于英语句子和对话等渗透的教育活动开展则相对较复杂。因此,教师可结合幼儿生活活动环节的内容和性质,依据幼儿的年龄特点及班级幼儿现有的英语语言经验和语言表达能力,精心预设可自然渗透于该生活活动环节的英语日常用语、英语组织及指令语言等。由于语言的本质特征是一种交流的工具,因此,渗透性幼儿英语教育应始终将英语作为一种工具,教师除了预设自身在幼儿生活活动中可渗透的英语外,还需要预设在渗透内容基础上与幼儿互动、幼儿与幼儿互动而形成的互动语言提示,以方便教师进行渗透性英语教育活动的实施。

因此,教师预设的英语互动语言内容,不仅要满足师幼互动进行英语交际的需要,也要满足特定生活活动场合中生生互动及亲子互动的需要。如来园活动环节,教师可根据不同年龄班幼儿的英语基础,用不同难易水平的英语生活用语和幼儿打招呼或进行问候。同时,还要鼓励幼儿用英语回应教师、向同伴问好以及和自己的父母告别。此外,对于大班幼儿,教师还可用英语询问幼儿的身体状况及情绪,还要鼓励幼儿与幼儿之间相互用英语聊聊今天来园的状态与情绪。为此,教师可结合生活活动环节的目标、内容和特点,结合幼儿的英语语言经验和能力水平,将在各生活活动环节中可渗透的互动英语进行有目的的精心预设,以互动语言提示的形式提醒和帮助教师在幼儿的生活活动中开展渗透性英语教育活动。教师预设的互动英语语言内容,其中既可包括幼儿已学的英语日常生活用语、英语指令语等语言知识和经验的巩固使用,也可包括幼儿先前未接触和学习的英语组织语言和指令语。教师要根据生活活动的实践性和养成性的特点,通过一些手段和方法,使英语指令语言具体直观可理解,从而促进教师与幼儿的英语语言互动。

精心预设的生活活动中可渗透的英语互动语言提示,可随时提醒教师在幼儿英语经验积累到一定程度的基础上,抓住时机自然渗透英语;可提示教师各类生活活动中可渗透的不同种类、不同性质的英语日常用语、英语组织语言及指令语言,从而帮助教师在生活活动环节中通过英语与不同年龄段幼儿有效而准确地进行英语互动;可便于教师随时鼓励幼儿用英语日常用语与教师、同伴及家长进行互动交流,促进幼儿英语语言的使用。

此外,渗透要点提示则针对幼儿生活活动的内容、活动流程和幼儿的英语水平等,提出了渗透英语互动语言时的建议和注意事项,以有助于教师的操作,也有助于幼儿对渗透英语的理解及表达与运用。

资料7-2 幼儿点心活动可渗透的英语互动语言及渗透要点提示[①]

Snack Activities 点心活动		Teacher 教师	Kids 幼儿	Tips 渗透要点提示
流程	点心前	① It's time for snack. Put your chair under the table and wash your hands first. ② Dry your hands. ③ Keep silence in the washroom, please.	① OK. ② OK. ③ OK.	点心活动前,教师用英语组织和指令语召集幼儿吃点心,提醒幼儿进行座位摆放、洗手等准备工作和常规要求,并鼓励幼儿用英语回应。
	自主点心	① —There are three kinds of biscuits you can choose from today. And help yourself. —Less than five pieces. ② Pour the milk slowly. ③ Don't waste your food.	① — OK. How many biscuits can I take? — C1:I like the animal biscuit, and the chocolate biscuit. — C2:Me, too. /I like them, too. ② OK. ③ OK.	自主点心活动中,教师用英语告知幼儿点心的品种和数量,方便幼儿自主选择;鼓励幼儿自主服务,提醒个别幼儿倒牛奶时要小心;巡视幼儿用点心的情况,提醒幼儿用点心时不浪费。同时,鼓励幼儿,特别是大班幼儿主动用英语与教师或同伴进行互动与交流。
	点心后整理	① Put your cup and plate into the rice bucket softly. ② Don't forget to clean your mouth with the towel.	① OK. ② OK.	点心结束时,教师可用英语指令提醒幼儿轻放杯子和餐盘,提醒幼儿用毛巾擦嘴,并鼓励幼儿互动回应。

注:以上表格中数字序号相同的对话为一组英语互动语言。

[①] 该资料由上海市浦东新区冰厂田幼儿园金晔老师提供。

（四）宜多采用小组及个别化的组织形式

幼儿园生活活动旨在幼儿生活自理能力、良好生活卫生习惯和交往行为的养成，生活活动具有自主性和实践性的特点，因此，渗透于幼儿生活活动的英语教育活动，其形式上应该区别于集体的、全体幼儿参与的英语教学，生活活动中渗透的英语教育活动更适合以小组及个别化的形式组织学生和幼儿进行交流和互动，既创设了幼儿感知和表达英语的机会，更达成了生活活动应承载的本体性目标，即帮助幼儿养成良好的生活习惯、自理能力和交往行为礼仪。

具体在使用个别和小组的组织形式时，教师要结合生活活动的性质和幼儿的需要，进行灵活选择和运用。如在来园活动晨间接待幼儿时，由于幼儿是个体陆续来园的，教师可采用个别形式，即用英语向个别幼儿问好；在盥洗时，由于幼儿是以小组为单位如厕和洗手的，教师可以采用小组的形式，即用英语向小组幼儿同时发出英语指令提出盥洗的要求。又如在幼儿进行自主的生活活动中，教师宜采用个别形式，注重对幼儿进行渗透英语的个别指导。为此，教师要注意倾听、仔细观察、适时询问幼儿的生活需要，并以简单易懂的英语指令和英语常用语，帮助幼儿解决生活活动中的各种困难和问题。如询问小班幼儿是否需要帮忙卷袖，是否需要帮忙系鞋带等。此外，根据幼儿英语知识和能力的发展，教师在生活活动中可邀请中、大班的幼儿，轮流担任值日生或小老师的角色，鼓励幼儿尝试用各种英语指令和同伴进行个别化的英语互动，促进幼儿英语的表达能力。

案例 7-1

【案例】 幼儿自主盥洗活动小组、个别化指导中的英语渗透[①]

Washing Activities 盥洗活动		Teacher 教师	Kids 幼儿	Tips 渗透要点提示
流程	洗手前	① Wash your hands, please. ② Don't forget to use the soap and clean your hand carefully.	① OK. ② OK.	教师对小组幼儿提出盥洗要求的英语指令，并鼓励幼儿回应。
	洗手中	① Can I help you to roll up the sleeves?	① OK, thank you.	教师根据观察，对个别有需要的幼儿用英语进行针对性的帮助。
	洗手后	Don't forget to turn off the tap. Get a towel to dry your hands, please.	OK.	教师面向小组提出注意事项。
			C1: Are your hands clean? C2: Yes. My hands are clean. Thank you.	教师可邀请个别幼儿或值日生作为监督员，用英语提醒或检查其他幼儿的盥洗效果。

[①] 该案例由上海市浦东新区冰厂田幼儿园金晔老师提供。

> **【评点】** 该案例的渗透性英语教育组织采用了小组和个别为主的形式，注重在生活活动小组、个别化的指导中渗透英语，并鼓励幼儿用英语与教师互动。这种以小组、个别指导的方式渗透英语的教育活动，既提供了幼儿感知理解和表达英语的条件，同时，更关注了生活活动本身的细致入微的指导要求。

（五）提供给幼儿具有适度挑战性的丰富英语语言刺激

根据第二语言学习理论，为促进幼儿英语的习得，对幼儿的英语输入不应是细调输入，而应是一种粗调输入，以 i+1 为标准，即提供一种略高于幼儿原有英语水平的、对幼儿形成适宜挑战性的丰富的英语语言刺激。

为此，教师生活活动中渗透的英语教育活动内容，既可以结合幼儿已有的英语知识和经验，也可以适当使用幼儿未正式学习的、但具有一定直观性特点的英语词汇和句型，以达成幼儿对英语词汇、句型等语言知识的巩固与学习。如盥洗环节教师用英语提醒小班幼儿正确洗手的方法时，可尝试发出新英语指令"Please use some liquid soap"。虽然幼儿未学过使用洗手液的相关英语指令，但这类英语句型和词汇具有较强的动作直观性和实物直观性，教师初次讲解只要辅以动作示范和实物示范，幼儿就可借助教师的体态动作及实物来理解该英语指令。久而久之，在经历多次洗手操作后，幼儿逐渐能够理解内化该英语指令并作出回应互动，直至不知不觉能够输出表达。此外，有些生活活动环节，教师可结合幼儿共同生活的交往要求，渗透英语日常生活对话，通过对话与幼儿进行交流和互动。

（六）注重幼儿对英语的理解

由克拉申的第二语言学习理论可知，丰富的输入及可理解的输入是一种有效输入，是第二语言输出的重要基础。教师在生活活动中渗透的英语既要做到丰富、对幼儿形成适宜的挑战，同时，更要保证是一种幼儿可以理解的输入。为此，教师在进行渗透性英语教育活动时，特别是第一次渗透新的英语内容时，要善于运用一些可助理解的策略，如以动作示范、图片和实物演示等直观手段，帮助幼儿理解英语语句的实际意义。教师还可连续几天在同一生活活动环节中反复运用该英语，提高新内容出现的频度，帮助幼儿反复理解与强化，加深记忆。此外，为帮助幼儿理解所渗透的英语，教师还要遵循循序渐进的原则，一类生活活动开展中一次渗透的英语输入不宜过多，等幼儿对新输入的英语理解后，再进行新内容的渗透。

（七）鼓励和促进幼儿英语的表达

教师在幼儿日常活动中渗透英语教育时，要始终将英语作为一种工具来对待，教师用丰富多样的英语来组织生活活动，不强硬要求幼儿进行英语的表达，将英语学习作为隐性的目标。但尽管如此，并不意味着教师一味消极被动地等待幼儿英语的习得，而是在幼儿多次感知英语的基础上，注意积极鼓励幼儿尝试进行英语的输出。为此，在渗透性英语教育活动中，教师要善于运用各种方式,鼓励幼儿在生活活动中主动模仿英语并用英语与教师和同伴进行互动和交往。

为促进幼儿英语的表达,教师可根据幼儿喜爱音乐的天性,将一些生活用语和英语指令儿歌化,让英语语句带有一定的韵律感,便于幼儿的模仿,激发幼儿的听说兴趣,促进幼儿英语的表达。如洗手要求"Wash your hands",对小班幼儿发出该英语指令时,教师可以说成"Wash, wash, wash my hands";整个洗手环节的英语要求,教师也可以将其儿歌化,以鼓励幼儿在洗手环节中迁移和运用,促进幼儿英语的表达。

此外,教师要在理解幼儿、尊重幼儿意愿的基础上,强化幼儿的模仿和输出意识,积极鼓励幼儿自发模仿教师、主动回应教师的英语指令、与幼儿用英语交流互动。如离园时教师可渗透英语指令来提示幼儿养成良好的生活自理能力和行为习惯:"Please put away the toys","Please put back your chairs"等,鼓励幼儿按英语指令理解并做到相应的要求,同时,伴随这些英语指令的每日重复运用,鼓励幼儿用英语做出积极的回应,并自发模仿句型提醒同伴做到相关的离园规则和要求,促进师幼或生生用英语进行互动。

第二节 渗透于幼儿户外活动的英语教育活动的设计与组织

幼儿活泼好动,户外活动是幼儿喜爱的一种幼儿园教育活动内容,是幼儿每天要进行的日常活动,一天不少于两个小时。由此,户外活动成为教师开展幼儿园渗透性英语教育的重要途径。渗透于幼儿户外活动的英语教育,同样能够在正式的英语教学活动之外,提供幼儿丰富的英语输入,同时,也为幼儿创设更多的英语输出机会,促进幼儿英语表达和英语交流的能力。

一、渗透于幼儿户外活动的英语教育活动环节

渗透于幼儿户外活动的英语教育活动环节可以依照幼儿园户外活动内容来进行分类,具体包括队列、律动、徒手操、器械操、集体体育游戏、分散器械活动、体育教学活动和户外散步等。幼儿户外活动的内容十分丰富,涉及的活动项目具有较强的动作直观性,以幼儿的自主锻炼、散步和自由的器械运动为主要形式,因此,以上这些内容都可以成为开展非正规性教育、渗透英语教育活动的重要环节。教师要根据自身及幼儿原有的英语语言经验和水平,结合户外活动,特别是体育活动的具体目标和内容,随机、灵活地开展渗透性英语教育活动,以最大限度地在户外活动中为幼儿创设丰富的、高浓度的非正式英语学习环境,促进幼儿英语的无意识习得。

如在体育游戏中,教师可结合游戏的开展,用英语讲解游戏的玩法和规则,渗透较多的英语句子,如"Make a circle","The

图7-2 渗透于幼儿户外活动的英语教育活动环节

first one to reach the finishing line is the winner";又如开展跑的游戏,让幼儿跑到树那边并摸摸树后跑回来,教师可以用英语渗透相关的游戏规则,如"Run to the tree. Touch the tree, and then run back"。

二、渗透于幼儿户外活动的英语教育活动内容

在户外活动中,运动项目或活动环节不同,教师的指导语和指导重点也各不相同。因此,为幼儿户外活动选择渗透性英语教育活动内容时,教师要根据该户外活动项目的目标、性质和特点,选择幼儿容易理解并且自然结合户外活动环节目标和要求的英语内容,在此基础上进行英语教育活动的自然渗透。具体而言,渗透于幼儿户外活动的英语教育活动内容主要包括以下方面。

(一)英语词汇

就幼儿户外活动可渗透的英语教育活动内容而言,首先是与幼儿户外活动环节开展密切相关的英语词汇。

英语词汇主要集中于幼儿户外活动所涉及的相关运动环境、运动器械和材料的英语名称,因此,渗透于幼儿户外活动的英语教育活动内容,首先可包括运动场地、各类大型和小型运动器械、常见运动材料的英语名称。如 playground, grassland, slide, seesaw, ball, skipping rope, swing, skating board 等。教师可根据幼儿户外活动的具体内容进行渗透性英语教育活动英语词汇的灵活选择。

(二)英语句子

就幼儿户外活动可渗透的英语教育活动内容而言,还包括与幼儿户外活动环节开展密切相关的英语句子。

英语句子主要表现在教师组织幼儿户外活动时所使用的英语指令语和组织指导用语,因此,渗透于幼儿户外活动的英语教育活动内容,还包括教师开展幼儿户外活动的英语组织语言和指令语,让幼儿在户外活动中进行英语指令语和英语组织语的理解和执行等。

具体而言,在队列等活动中,教师可侧重于队形变化、动作提示为主的英语指令的渗透,包括"Line up, please!"、"Turn left."、"Turn right."等。在律动、体操等活动中,可渗透以节奏、方向的提示和动作讲解与要求为主的英语指令,包括"One, two, three, four!"、"Arms up! Arms down!"、"Straighten up! Bend down!"、"Let's fly like a bird."等。在幼儿分散的器械活动中,教师则可以将一些常见的运动器械和材料玩法的英语组织指令语和相关的运动习惯及保育要求的英语指令进行渗透,包括"Please walk through the wood."、"Pass me the ball, please."、"Bounce the ball."、"Jump the rope."、"No pushing!"、"Be brave!"、"Be careful!"、"Take a break, please!"等。在幼儿户外散步时,教师可以渗透户外基本活动要求的英语,包括"Follow me! One by one."、"Look at the trees."、"Look at the sky."等。在集体体育游戏活动中,教师可以渗透游戏活动规则的英语,具体渗透内容可紧密结合体育游戏的内容。如以体育游戏"老狼老狼几点了?"("Wolf, wolf, what's the time?")为例,教师可在幼儿游戏前用英语进行游戏活动要求和活动规

则的解释,如"I'm the big bad wolf, you are the baby rabbits. When you ask the wolf 'What's the time?', if the wolf says 'It's getting dark.' You should run away."

(三) 英语对话

就幼儿户外活动可渗透的英语教育活动内容而言,还包括与幼儿户外活动内容密切相关的英语对话。

英语对话主要表现在教师在幼儿户外活动中,为促进幼儿的身体素质、运动能力的提高和运动习惯的养成,为了解幼儿的身体、情绪状况等而使用的英语疑问句,以及在此基础上与幼儿形成的英语互动语言。如"Can you put your hands high?","Can you run as fast as you can?","Are you tired?","What's wrong with you?"等问句,以及幼儿对教师所进行的英语回应,如"Yes, I can.","Yes, I am","I'm tired"等。

(四) 英语歌谣和歌曲

就幼儿户外活动可渗透的英语教育活动内容而言,还包括与幼儿户外活动内容密切相关的英语歌谣和歌曲,因此,渗透于幼儿户外活动的英语教育活动内容,还包括提高幼儿户外活动兴趣和运动能力所使用的一些富有韵律的、具有趣味性的英语歌谣和歌曲。

所渗透的英语歌谣和歌曲,既可包括英语教学活动中幼儿已学的英语歌谣和歌曲,也可包括教师根据户外活动内容需要自编的英语歌谣和歌曲。如为激励幼儿走、跑的兴趣,发展幼儿走、跑的基本动作,教师可自编歌谣:"Walk, walk, as slowly as you can. Walk, walk, as fast as you can. Run, run, as slowly as you can. Run, run, as fast as you can."

以上介绍了渗透于幼儿户外活动的英语教育活动的主要内容。教师在户外活动中具体选择渗透性的英语教育活动内容时,要紧密结合幼儿户外活动的内容,事先预设适宜的英语组织语、指令语和常用英语对话。

三、渗透于幼儿户外活动的英语教育活动设计与组织的要点

(一) 注重户外活动目标的达成

渗透于幼儿户外活动的英语教育活动的设计和组织中,英语是教师组织户外活动的一种媒介,是教师与幼儿、幼儿与幼儿之间进行交流的一种工具,幼儿在运动领域方面的具体发展要求是教师追求的直接目标,英语的接触和学习是隐性的目标。因此,教师在设计和组织渗透于户外活动的英语教育活动时,应将幼儿户外活动的发展目标显性化,教师要明确通过本活动幼儿应达到的身体运动发展结果,而将英语语言知识的本体性目标隐性化,将其自然渗透在整个户外活动过程中。

如在队列活动环节中,教师伴随动作的示范同时发出英语口令"Line up!"或"Arms up. Arms down."幼儿一般根据教师的动作便能自然理解这些英语指令的含义,不需要教师进行过多的解释;而且,在队列练习中,教师关注的重点在于幼儿理解口令并遵照口令做出相应的身体动作,达成身体锻炼的目标,而不是强调幼儿模仿和表达教师的英语指令。然而,通过教师多次的指令重

复和动作示范，幼儿在理解的基础上就能跟着教师发出指令。

幼儿户外活动中的英语教育渗透，总体而言，运动开展的自主性使教师英语使用的比重减少，英语认知目标淡化，教师会自然将关注的重点聚焦于户外活动的开展上，活动中不突出和强求幼儿英语的即刻输出和表达，只要幼儿理解英语并能够遵守和执行即可。由此，户外活动环节中的英语教育活动渗透，使幼儿对英语语言知识的学习和掌握更处于一种无意识的自然习得状态，成为正规性英语教育的有效补充。

因此，教师在用英语组织幼儿的户外活动时，特别要注意把握好语言本体目标和户外活动目标之间的关系，注重幼儿身体动作和运动能力的练习和提高，将户外活动目标显性化，英语学习目标隐性化。否则，既影响幼儿户外活动目标的达成，又会将户外活动异化为英语教学活动，将英语的自然习得演变为正式的学习，加重幼儿英语学习的负担。如在户外活动中渗透英语数字（one、two、three 等），教师可以在幼儿跳绳、拍球等活动的计数环节中进行自然渗透，不需要在活动前特地注意，更不需要在活动中暂停锻炼让幼儿学习和练习英语数字，从而挤占了幼儿原本的户外活动时间，影响了幼儿身体锻炼的效果。

（二）注重理解，铺垫必要的英语语言基础

在幼儿户外活动中渗透英语教育活动时，教师首先要分析幼儿原有的英语语言发展水平，包括幼儿已经学习和掌握了哪些与户外活动相关的英语词汇、短语和句型等；如果要进行与户外活动相关的英语教育活动渗透的话，还可能涉及哪些新的英语词汇、短语和句型等。在全面分析幼儿原有英语水平的基础上，教师根据户外活动的内容和性质需要，为幼儿做好一些必要的英语知识和能力的铺垫工作，从而保证活动中教师所使用的大部分英语表达是幼儿熟悉的或者借助于直观手段能够理解和把握的，总体是一种可理解的输入，否则，幼儿会发生理解上的困难，将难以达到渗透性英语教育活动的良好效果。

一般来说，体育游戏中渗透的英语教育活动内容由于涉及游戏活动的要求和规则，英语语句长、内容相对较复杂，故教师在设计和组织渗透于体育游戏中的英语教育活动时，尤其要做好相关英语知识的铺垫，使教师的英语指令符合 i＋1 的标准，同时，也符合可理解的标准，帮助幼儿进行英语的理解和习得。如教师用英语组织体育游戏"Touch"时，教师可在该游戏活动开展前，安排一次英语教学活动，或者之前多次在幼儿的户外活动中进行该体育游戏所涉及的英语词汇的铺垫，让幼儿先了解操场上常见物品的英语词汇，如"grass"、"slide"、"ball"、"seesaw"等，以帮助幼儿理解游戏的英语指令。

（三）多采用情景化、动作辅助的理解方式

进行户外活动中的英语教育活动渗透时，教师要注意紧密结合户外活动情景，力求在真实的情景中自然渗透英语，这样，幼儿可借助于此时此景进行英语的感受和理解，达到最佳的渗透教育效果。如在幼儿进行竞赛性体育游戏时，教师可以在幼儿比赛加油的时刻自然渗透英语"Hurry! Hurry up!"、"Go, go, go!"。在紧张激烈的竞争性情境感染下，教师无需解释中文含义，幼儿便会自然理解教师渗透的英语，并自然而然地会进行主动模仿。

同时，鉴于户外活动多以肢体运动为主，在幼儿户外活动中进行英语渗透时，教师要善于运用适当的动作辅助，帮助幼儿理解所渗透英语内容的含义，使教师的英语输入成为一种可理解的有效输入。如在以上幼儿比赛加油的情境中，教师一边自然渗透英语"Hurry! Hurry up!"、"Go, go, go!"，一边做出加油的手势和体态动作。又如"Bounce the ball."这一动作指令，教师可边拍球示范边渗透该英语句型，这样，幼儿就非常容易理解。多次重复后，当轮到幼儿自己拍球时，教师只要进行适当的示范、鼓励和引导，幼儿就会自然地边拍球边用英语表达。又如教师边做举起手和放下手的动作边说英语指令"Hands up."、"Hands down."，幼儿便能立即理解其含义。当教师纠正幼儿举手动作时，除了用手帮助外，同时也辅以该英语指令，使幼儿能进一步巩固对该英语句型的理解。

情景化、动作辅助方式的运用，使教师提供给幼儿的英语输入可理解化，提高了幼儿习得英语的效益，也避免了过多英语知识的解释和讲解，保证了幼儿充足的户外锻炼时间。

（四）注重英语渗透内容的循序渐进

在幼儿的户外活动环节中开展渗透性英语教育活动时，教师要能够联系幼儿经常进行的活动内容和反复开展的游戏将英语渗透其中。但是，具体设计和组织渗透性的英语教育活动时，教师要注重所使用英语的循序渐进，既提供给幼儿丰富的语言输入，又不对幼儿形成过多的挑战和过大的难度，总体保持一致可理解的输入。为此，建议教师渗透英语时，一次户外活动所使用的英语内容不宜过多，并善于运用多次重复的方法，使幼儿反复感知理解并自然习得英语。同时，在渗透后的一段时间内，教师还要经常反复使用同一内容的英语，特别是涉及较长句子的英语指令、英语组织用语和游戏规则用语，要让幼儿多次感受熟悉，避免幼儿的遗忘，同时帮助幼儿理解并养成听说习惯。在确保大部分幼儿理解和能够初步回应及表达教师所渗透英语的基础上，教师再进行新英语内容的渗透。

（五）创设宽松的氛围，提供丰富的英语输入

户外活动是幼儿喜爱的一种活动，因此在户外活动中开展渗透性英语教育活动时，为不干扰和妨碍幼儿户外活动的兴趣和积极性，教师一定要创设和保证随意、自然、宽松的活动氛围，不给幼儿过多的学习压力，不强调渗透英语内容的即时准确的输出，即教师在户外活动中对幼儿所进行的英语教育活动，不应像正规的英语教学活动那样严谨和刻板，而应更自由、随意，以幼儿理解和执行英语为主。此外，教师要多结合幼儿原有的英语语言知识和经验，将英语渗透在幼儿的户外活动中，为幼儿提供丰富的英语输入，尽量覆盖幼儿已学的英语知识点。

如在户外散步活动中，教师用英语组织幼儿来到操场，一边散步一边随意地用英语引导幼儿观察操场上的景物："Let's go out and take a walk. Look, what a beautiful garden. What's this? What's that? What color is it? Is it tall or short? How many flowers are there? ..."在这一宽松的以英语为工具组织的散步活动中，教师通过多样化的英语句型渗透，为幼儿提供了丰富的英语输入，帮助幼儿复习和运用了所学过的英语语言知识，但组织过程自由宽松，教师并不刻意突出和强调某一句型知识点的把握。同时，幼儿也同步进行了日光浴、空气浴的锻炼，沐浴了阳光，呼吸

了室外新鲜空气。由此,通过户外散步,幼儿接触了丰富的英语输入,广泛运用和练习已学过的英语知识和技能,发展了英语运用的能力。

(六)精心预设英语互动语言提示和渗透要点提示

为了更好地帮助教师抓住幼儿户外活动的时机,灵活自然地渗透英语教育,教师首先要结合各种户外活动内容的性质,依据幼儿的年龄特点及班级幼儿现有的英语语言经验和英语表达能力,精心预设适宜的英语互动语言提示及操作要点提示,因为自由自主的体育活动,也是师幼之间及幼儿之间交流和运用英语的良好时机。

英语互动语言提示的设计,首先包括大量的与户外活动有关的英语指令语言的提示,包括提示幼儿动作要领、活动规则和要求、良好运动习惯和保育要求等方面的英语指令语言,因为户外活动中可渗透的英语内容大部分表现为一种指令语言。户外活动可渗透的英语指令语言提示的预设,有利于教师提高英语教育渗透的意识,便于教师有计划、有目的地将英语教育自然渗透于幼儿日常的户外活动中,并鼓励幼儿进行积极的回应。此外,教师预设的英语互动语言的提示还可包括教师的活动组织语言和日常交往语言,提示教师运用这些语言促进教师与幼儿互动、幼儿与幼儿互动的主要内容,以促进幼儿的英语交流能力。

教师预设的英语互动语言内容,其中既可包括幼儿已学的语言知识和经验的巩固使用,也可包括幼儿先前未接触和学习的英语组织语言和指令语等。教师要利用户外活动的即时情景和体态动作的辅助,使英语指令语言具体直观可理解,从而促进教师与幼儿的英语语言互动。

渗透要点提示则针对户外活动内容、活动流程和幼儿的英语水平等因素,提出教师渗透英语及用英语与幼儿互动交流时的建议和注意事项,从而有助于教师渗透性英语教学活动的操作与实施,有助于幼儿对所渗透英语的理解及表达与运用。

资料7-3 各年龄段幼儿早操活动可渗透的英语互动语言提示[①]

Outdoor Activities 户外活动		Teacher 教师	Kids 幼儿	Tips 操作要点提示
Morning Exercises	Class of 3-4 小班	① Line up, please! ② Come here and stand around me, please! ③ Who is the first? Who is the next? ④ Whose turn?	① OK! ② OK! ③ C1:Me. C2:Me. ④ My turn. /It's my turn.	1. 教师根据早操内容用英语提示幼儿队形和动作。 2. 教师通过示范等形式,让幼儿熟悉、理解表示队列的指令提示,并鼓

[①] 本资料根据冰厂田幼儿园黄鹰老师提供的资料改编。

续 表

Outdoor Activities 户外活动		Teacher 教师	Kids 幼儿	Tips 操作要点提示
	Class of 4-5 中班	① Stand in a line! ② Attention! Arms up! Arms down! ③ Two by two, hand in hand! ④ Make two lines.	① OK! ② One, two! Arms up! Arms down! ③ OK! / Two by two, hand in hand! ④ OK!	励幼儿用英语回应。 3. 具体渗透教育中,要求小班幼儿能够听懂简单的队形和动作的指令,并能够有所反应。中班幼儿在了解动作指令后,可以尝试进行相应的指令回应。大班幼儿完全熟悉这些指令后,教师可以让部分能力强的幼儿来当小老师,发布相关的英语指令。
	Class of 5-6 大班	① It's time for morning exercises. ② Turn left! Turn right! ③ Make 4 lines, please!	① 略 ② Turn left! Turn right! ③ OK!	

资料7-4 各年龄段幼儿走和跑户外活动可渗透的英语互动语言提示①

Outdoor Activities 户外活动		Teacher 教师	Kids 幼儿	Tips 操作要点提示
走和跑 Walking and Running	Class of 3-4 小班	① Duck, duck, walk, walk. Walk and walk. ② Rabbit, rabbit, run, run. Run and run. ③ Follow me! One by one. ④ Watch your steps!	① Duck, duck, walk, walk. ② Rabbit, rabbit, run and run. ③ OK. ④ OK.	1. 教师根据"走和跑"的运动项目来用英语提示幼儿做不同的动作,走不同的队形。 2. 教师发出英语指令时,要注重幼儿对指令的理解,可一边说一边做动作。

---

① 本资料根据冰厂田幼儿园黄鹰老师提供的资料改编。

续表

Outdoor Activities 户外活动		Teacher 教师	Kids 幼儿	Tips 操作要点提示
	Class of 4-5 中班	① Go this way, please! ② March forward! ③ Bend your knees. ④ Walk, walk. One, two, one.	① OK. ② OK! One, two, three, four. ③ Bend, bend. One, two. ④ Walk, walk. One, two, one.	3. 具体渗透时，建议教师要关注年龄差异。对小班幼儿，可以用英语简单句和短语发出走跑的指令，并带领幼儿一起学动物做比较简单且夸张的动作。 对中班幼儿，随着其表达能力和模仿能力的加强，教师可以适当增加一些热身动作的英语指令语。 对大班幼儿，除了听教师英语指令做动作外，还可鼓励其自主地选择走跑的方式，并用英语句型尝试提出和表达不同的走跑内容。
	Class of 5-6 大班	① The train is leaving now. Let's ride the train to the playground. ② Let's fly like a bird. ③ Let's run like a horse. How to run? ④ Who can fly?	① Train, train, go, go, go! ② Bird, bird, fly, fly, fly. /Fly, fly, like a bird. ③ Horse, horse, run, run, run. ④ I can fly. I am a butterfly, fly, fly, fly. /Let's fly like a butterfly.	

资料7-5 各年龄段幼儿体育游戏和分散活动可渗透的英语互动语言提示①

Outdoor Activities 户外活动		Teacher 教师	Kids 幼儿	Tips 操作要点提示
游戏和分散活动 Games and Individual Activities	Class of 3-4 小班	① Ready! One, two, go! ② No pushing! ③ Be brave! ④ Bounce the balls! ⑤ Be careful! ⑥ Run back to me.	① 略 ② OK! ③④⑤⑥ 略	1. 教师要根据体育游戏和分散活动的具体内容，自然渗透有关动作指令和活动规则与要求的英语，并根据幼儿的活动情况，渗透活动

---

① 本资料根据上海市浦东新区冰厂田幼儿园黄鹰老师提供的资料改编。

续 表

Outdoor Activities 户外活动		Teacher 教师	Kids 幼儿	Tips 操作要点提示
	Class of 4-5 中班	① Make a circle! ② Who is sweating? ③ Do you want to play again? ④ Run to the finishing line.	① OK! ② I am sweating. ③ Yes, I do. ④ OK!	指导和安全保育指导的英语内容。 2. 教师要多通过肢体动作和物品的提示,让幼儿理解英语指令,并做出相应的动作。 3. 针对小、中、大班幼儿不同的英语水平,教师要帮助幼儿在理解英语内容的基础上,尝试与教师进行英语的互动。 4. 在体育集体游戏中,有关活动规则的英语可先让幼儿熟悉基本句型。对小、中班幼儿,教师可运用动作示范和实物提示来帮助理解。对大班幼儿,可鼓励其用英语来共同参与制定规则和表达规则。
	Class of 5-6 大班	① What do you want to play? ② Are you tired? Take a break, please! ③ Listen carefully to the rules. ④ Teams A is the winner! ⑤ We are going to have a competition. ⑥ The first one to reach the finishing line is the winner. Do you understand?	① I want to play the ball. ② Yes, I am tired. ③ OK! ④ Oh, yeah! We are the winners. ⑤ Great! /OK! ⑥ Yes, we do.	

注：以上表格中数字序号相同的对话为一组英语互动语言。

第三节 渗透于幼儿游戏活动的英语教育活动的设计与组织

游戏是幼儿园的基本活动,是教师开展幼儿园渗透性英语教育的又一大重要途径。游戏所具有的愉悦性,能激发幼儿想说、敢说、爱说英语的欲望,形成用英语交际的良好氛围。渗透于幼儿游戏活动环节的英语教育活动,可提高教师自身英语的输出量,拓展幼儿英语教育的途径,在正式的幼儿园英语教学活动之外,为幼儿提供丰富的英语语言环境和大量的英语语言输入,为幼儿英语语言的输出和习得奠定坚实的基础。同时,渗透于幼儿游戏活动的英语教育活动,也在宽松愉快的氛围中为幼儿创设了更多的英语输出的机会,使幼儿英语学习的机会更加多元化,可促进幼儿英语表达和英语交流的能力。

一、渗透于幼儿游戏活动的英语教育活动环节

幼儿天生爱游戏,游戏自身所具有的自主性和愉悦性,让幼儿的情绪始终处于积极的状态。在游戏中渗透英语教育,不仅能让幼儿英语学得轻松、自然,更能激发他们的学习兴趣,事半功倍地提高幼儿的英语表达和交流能力。因此,幼儿园的各类游戏活动都是渗透英语教育活动的重要环节,教师可结合幼儿园各种类型游戏活动的开展,自然、随机、灵活地开展渗透性英语教育活动,以最大限度地在游戏活动中为幼儿创设丰富的、高浓度的非正式英语学习环境,促进幼儿英语的无意识习得。

就游戏中英语教育活动渗透的具体环节而言,幼儿园所开展的各类游戏活动都是可渗透英语教育活动的环节。一般幼儿在班级开展的各类游戏,如角色游戏、表演游戏,以及幼儿在专用活动室开展的各类游戏,如建构室游戏、棋类室游戏等,都是教师可进行英语渗透的重要环节。

具体而言,角色游戏是幼儿园中常见的一种游戏活动内容,无论哪个年龄段的幼儿,对娃娃家、小医院、理发店等角色扮演游戏都有着无比的热爱,教师可结合角色游戏的开展,自然渗透英语教育。其次,表演游戏是幼儿园中又一种常见的游戏活动内容。幼儿喜欢观看戏剧和歌舞表演,表演中夸张的表情、动作,欢快的乐曲,引人入胜的情节,无一不吸引着幼儿的注意力。同时,幼儿也喜欢模仿成人的表演,乐于扮演某一角色进行戏剧及歌舞表演活动。由此,教师可结合幼儿表演游戏的兴趣和开展情况,自然渗透英语教育。此外,幼儿喜欢动手操作,想象力丰富,建构游戏可满足幼儿的天性,让幼儿运用各种结构玩具和相关辅助材料,搭建各种物体、塑造物体形象、反映周围现实生活、发挥创造想象,因此,深受幼儿的欢迎。教师在幼儿结构游戏活动中,可自然渗透英语教育。棋类游戏是一种规则性游戏,有益于幼儿智力的开发,对有一定思维能力和竞争意识的中大班幼儿来说,是十分适宜的智力游戏。在幼儿智力游戏活动中,教师也可有意识地进行英语教育的渗透。由此,渗透于幼儿各类游戏活动的英语教育活动途径主要可包括角色游戏、表演游戏、建构游戏和棋类游戏等。

图7-3 渗透于幼儿游戏活动的幼儿英语教育活动环节

二、渗透于幼儿游戏活动的英语教育活动内容

游戏活动是幼儿自主、自发、自由的活动,游戏活动中可渗透的英语教育活动内容除了指向教师的指令语和组织指导语、教师与幼儿之间的互动语言外,更多地应是幼儿与幼儿之间在游戏活动中的自主交往语言。而且,游戏活动的类型和内容不同,教师的指导语、指令语、师幼的互动语言及幼儿与幼儿之间的互动语言也各不相同。具体而言,渗透于幼儿游戏活动的英语教育活动内容主要包括以下几方面。

（一）英语词汇

就游戏中英语教育活动渗透的内容而言，首先是根据各类游戏活动的性质和特点可自然结合的英语词汇。

英语词汇主要集中于幼儿各类游戏活动所涉及的相关游戏活动环境、游戏内容、游戏材料等的英语名称。因此，渗透于幼儿游戏活动的英语教育活动内容，首先可包括游戏环境、游戏主题内容和游戏材料及特征的英语名称。如与角色游戏相关的英语词汇有：role play, house, bed, bedroom, TV, kitchen, bowl, chopsticks, doll, milk bottle 等。教师可根据幼儿游戏活动的具体内容，灵活选择可渗透的英语词汇，可让幼儿感知理解涉及的英语词汇，也要鼓励幼儿表达运用涉及的英语词汇。

（二）英语句子

就幼儿游戏活动可渗透的英语教育活动内容而言，还包括与幼儿游戏活动环节开展过程密切相关的英语句子。

英语句子主要表现在教师组织幼儿各类活动、提示幼儿游戏活动规则与要求、表扬鼓励幼儿游戏表现时所使用的英语指令语和组织指导用语，因此，渗透于幼儿游戏活动的英语教育活动内容，还包括教师开展幼儿游戏活动的英语组织语言和指令语，让幼儿在游戏活动中进行英语指令语和英语组织语的理解和执行等。如，表演游戏可以丰富幼儿一些组织语言，如"It's time for dramatic play. Let's perform the song"；渗透有关表演游戏规则和要求的活动指令语，如"Please sing aloud"，"Let's sing the song together"，"Please sing the song one by one"；渗透有关鼓励和表扬的指导语，如"Let's clap hands for her/him. Well done. You sing it very well"等等。

（三）英语对话

就幼儿游戏活动可渗透的英语教育活动内容而言，还包括与幼儿游戏活动内容密切相关的英语对话。

英语对话主要表现为师幼之间或幼儿之间所形成的英语互动语言。首先是教师在组织幼儿游戏活动中，为促进幼儿游戏水平的提高和游戏规则的遵守使用的英语疑问句，以及幼儿的回应所形成的师幼互动语言。其次，英语对话也表现在游戏活动中教师与幼儿之间交往或者幼儿与幼儿之间交往的英语日常对话。由于角色游戏是发展幼儿社会性的游戏活动，幼儿社会性交往能力是角色游戏活动的重要目标，故角色游戏中会渗透更多的幼儿与幼儿之间的英语对话，英语渗透的内容可紧扣角色主题社会交往的重要内容，突出幼儿之间问候、招呼、询问等日常交往对话。如"水果店"的角色游戏主题中，幼儿之间可以互相表达："Can I help you? What do you want? Here you are. Thank you! Bye!"……在"小医院"的角色游戏环境中，幼儿之间可以说说："What's wrong with you? Are you OK? You'll get well soon. See you!"……又如建构游戏可结合建构游戏主题内容及建构活动的要求任务进行师幼或生生间英语对话的渗透：如"— How many building blocks do you want? — I want four"；"— What do you want? — I want to make a house"等等。

(四)英语歌谣、歌曲和故事

就幼儿游戏活动可渗透的英语教育活动内容而言,还包括与幼儿游戏活动内容密切相关的英语歌谣、歌曲和故事。

所渗透的英语歌谣、歌曲和故事,主要集中体现在表演游戏活动中。表演游戏是发展幼儿艺术表达表现能力的重要活动,教师英语渗透的内容可围绕幼儿已有的歌谣、歌曲和故事等英语语言经验,准备相关的道具、服装和材料,鼓励幼儿进行所学歌谣、歌曲和故事的表演。

三、渗透于幼儿游戏活动的英语教育活动的设计和组织要点

(一)渗透于幼儿各类游戏活动的英语教育活动的设计和组织要点

游戏活动的种类不同,渗透性的英语教育活动设计和组织的要点也有所差异。

1. 渗透于幼儿角色游戏的英语教育活动的设计和组织要点

(1) 以社会角色交往的常用英语为核心。角色游戏是幼儿最喜爱的一种游戏活动内容,在游戏情境中,幼儿扮演着各种自己心爱的和向往的社会角色,通过各类角色游戏主题反映和再现自己的生活经验,角色之间进行积极主动的合作与交往。教师可充分利用幼儿对角色游戏的自发兴趣,在角色游戏活动中渗透以角色间社会交往为核心的英语教育内容,特别是相关主题角色间的英语对话。通过这类社会交往对话内容的渗透开展非正规性的英语教育活动,既促进了幼儿角色游戏活动中的交往行为,同时,也提供了幼儿接触和运用英语的能力。如,娃娃家主题英语对话:"—— May I come in? —Yes, come in please."

(2) 以发展幼儿运用英语与他人交往的能力为目的。由于角色游戏是幼儿自主、自发、自由的社会性交往活动,故在开展渗透性英语教育活动时,教师应以鼓励和激发幼儿运用英语的主动性和积极性为出发点,以练习和使用已有英语经验、发展用英语与他人交流的能力为目的。但角色游戏的自主性又要求教师在幼儿游戏活动中不宜进行过多的干预和指导,为此,教师在游戏活动前,可有意识地提醒幼儿用所学的英语与同伴进行交往;在游戏活动中,教师可通过自身的示范榜样作用鼓励幼儿根据自己所扮演的角色,自主地用英语与其他角色进行交流。如在娃娃家游戏主题中,教师可以客人的身份和幼儿扮演的主人进行交流:"May I come in?","How are you doing?",以启发其他客人与主人进行交流;同时,教师也可以主人的身份和客人用英语进行交流:"Sit down please!","Help yourself, please!"等等,以鼓励幼儿扮演的娃娃家"主人"主动与"客人"进行交往。

2. 渗透于幼儿表演游戏的英语教育活动的设计和组织要点

表演游戏是幼儿园中又一种常见的游戏活动内容,教师可结合幼儿表演游戏的兴趣和开展情况,设计和组织渗透性英语教育活动。

(1) 创设轻松、自由的心理环境和丰富的物质环境。在设计和组织渗透于表演游戏的幼儿英语教育活动时,教师首先要为幼儿创设一个轻松、自由的心理环境,激发和接纳幼儿自主表演的欲望。同时,教师要创设丰富的物质环境,提供表演游戏所必需的背景、道具、服装、材料等,积极鼓励幼儿装扮自己,大胆地表演已学过的英语儿歌、歌曲和故事等。

教师在幼儿表演游戏活动过程中,可启发和指导幼儿进行多样化的表演,满足每个幼儿表演的需要,提供每个幼儿运用英语的机会。为此,表演的形式可包括单人表演、小组表演、集体表演

和合作表演等。在表演的过程中,人人是演员,个个是观众,既加深了幼儿对英语语言素材的理解和记忆,帮助幼儿巩固和运用已有英语语言经验,又提高了英语口语表达和表演的能力。

如歌曲"Butterfly"的表演,教师可以在教室里创设小花园的情境,提供一些蝴蝶翅膀的道具和小花小草的头饰,让幼儿装扮自己,进行歌曲表演。在小花园的逼真情境中,在道具和头饰等的装扮下表演活动,促使幼儿英语学习的兴趣高涨,充分调动幼儿参与的积极性,同时,也可以促进幼儿英语语言经验的迁移运用以及英语理解能力和表达能力的提高。

3. 渗透于幼儿活动室游戏的英语教育活动的设计和组织要点

除了在教室开展的游戏活动外,每所幼儿园会结合各自的物质条件、办园特色等情况开设不同的专用游戏活动室,让幼儿在更宽敞的空间内、在更丰富的材料下,进行充分而自主的游戏。一般来说,活动室游戏需要很大的空间,它也是班级游戏的补充和拓展,主要包括建构室游戏、棋类室游戏、音乐室游戏等。如在棋类室中提供各种各样的棋子,让幼儿自由地选择材料和玩伴,按照一定的规则进行棋类游戏;在建构室中提供种类丰富的积木和插塑材料等,让幼儿围绕某一主题进行建构游戏;在音乐室中提供不同种类的乐器,让幼儿跟着音乐自主地进行乐器演奏。由此,活动室被赋予专用游戏的属性,有其领域的专业性,活动室游戏作为幼儿园的一大游戏活动形式,承担着开展某一类游戏活动内容的重要功能。

结合活动室所涉及的领域专业性,教师在活动室游戏中渗透英语教育时,最便于和适于渗透的就是与其游戏活动内容相关的、有一定专业性的英语词汇和句型。因此,在设计和组织渗透于活动室游戏的幼儿英语教育活动时,教师要紧密结合活动室游戏的特性,创设相关的英语环境,输入相关游戏的英语词汇、句型等,帮助幼儿感知、理解和巩固英语;要鼓励幼儿在游戏活动中说说相关的英语词汇和句型,促进幼儿的英语表达的意识和能力。如在建构室里,教师可以启发幼儿在活动过程中,说说一些与建构材料的形状、颜色、质地、数量等有关的单词,用"high"、"long"、"beautiful"等形容词去描述自己及他人所建构作品的特征。又如在音乐室游戏活动中,教师可以在乐器的旁边标注它们的英语名称,如"piano"、"bell"等,并在幼儿演奏前用英语进行介绍,让幼儿在音乐游戏活动中感知和学习乐器的相关英语词汇。

(二) 渗透于幼儿游戏活动的英语教育活动设计和组织的注意事项

游戏是幼儿园的基本活动,是符合幼儿年龄特点的自主自发的活动。教师在设计和组织渗透于幼儿游戏活动的英语教育活动时,要注意以下的一些事项。

1. 注重幼儿的快乐情绪

游戏给幼儿带来愉快的情绪体验,愉悦性是游戏活动的本质特点。所以,在游戏中渗透英语教育时,首先要遵循和符合幼儿游戏活动的基本特性,即使幼儿没有主动用英语来表达和交流,教师也不要过分强调和逼迫,否则,反而会打击幼儿游戏的积极性,违背游戏活动愉悦性的特性。

因此,游戏活动中的渗透性英语教育,教师首先要确保幼儿活动中的快乐情绪,不能因为英语教育的渗透而过多干涉幼儿的游戏,影响幼儿游戏的兴趣和情绪。从这一前提出发,教师可以自己的英语示范去影响幼儿,促进幼儿开口说英语的自发兴趣和动机。如教师可以在游戏中扮演其中的一个角色,主动用英语与幼儿进行交流,及时表扬那些用英语回应、与教师进行互动的幼儿。长此以往，形成一定的英语听说习惯后，越来越多的幼儿就会在游戏中主动使用英语与教师或同伴进行交往。

2. 创设良好的英语情境

情境是一位"不说话"的教师，对幼儿具有潜移默化的影响，支持和促进着幼儿的发展。

因此，教师在游戏活动中开展渗透性英语教育活动时，要注重创设良好的英语情境，让幼儿在其中可以看看、听听、说说，多感官、多途径地接触和运用英语，为幼儿的无意识英语学习提供基础和条件。如在阅读室里，教师在提示保持安静的画面旁张贴相应的的英语标志，并坚持用该语句提示幼儿保持安静，幼儿就能理解相应的含义并遵守和提醒同伴。又如在角色游戏环境创设中，用英语标示出主题的名称，并

图7-4 幼儿游戏活动中的主题

介绍给幼儿，让幼儿在多次的潜移默化中掌握游戏主题的英语名称。

总之，教师要充分地利用幼儿游戏活动所涉及的每一个角落，将英语自然渗透其中，尽量让幼儿多感受和接触英语，久而久之，在英语情境的影响下，幼儿会逐渐养成用英语表达和思维的习惯。

3. 提供丰富的英语输入

游戏是幼儿的自主活动，教师在幼儿游戏活动过程中，不宜进行过多的英语教育，以免干扰幼儿的游戏。但教师在游戏开始及收拾整理阶段要多渗透英语，并多鼓励幼儿进行回应和互动。在游戏过程中，教师要善于运用间接指导的方式，通过角色示范的方法用英语与幼儿互动，以此启发和引导幼儿主动在游戏中用英语与同伴进行交往。总之，教师要充分利用幼儿游戏活动的时机，为幼儿最大限度地提供丰富的英语输入，以促进幼儿英语的理解和表达，帮助幼儿无意识地习得英语。

4. 精心预设互动语言提示及渗透要点提示

教师在游戏活动中渗透英语教育时，还需要依据幼儿的年龄特点及班级幼儿现有的英语语言经验和英语表达能力，预设适宜的英语日常用语、英语组织语言及指令语言为内容的互动语言提示，以更好地在活动中与幼儿进行英语的互动，并鼓励幼儿用所学的英语与同伴之间进行英语语言的互动。这样的互动语言提示，提高了教师游戏活动中英语渗透的意识，帮助教师有目的、有计划地将英语自然渗透在幼儿的游戏活动中，并鼓励师幼与生生间的英语互动，从而为幼儿提供了丰富的英语语言输入，促进了幼儿英语的表达，帮助幼儿自然习得英语。

师幼互动英语语言内容的设计，其中既可包括幼儿已学的英语日常生活用语、英语组织和指令语等语言知识和经验的巩固使用，也可包括幼儿先前未接触和学习的英语组织语言和指令语。教师可结合幼儿每日的游戏活动环节进行有意识的英语渗透，使幼儿在多次的耳濡目染中理解教师的英语。同时，游戏活动中互动英语语言内容的预设，不仅要满足师幼互动的需要，也要满足特定游戏活动场合中生生互动的需要，既鼓励幼儿与教师进行英语互动，也鼓励幼儿与同伴进

行互动,以提高幼儿英语交流和使用的能力,提高渗透性英语教育活动的效益。

渗透要点提示则针对游戏活动内容、活动流程和幼儿的英语水平等因素,提出了教师渗透英语及幼儿回应互动中的建议和注意事项,以有助于教师的操作,也有助于幼儿对渗透英语的理解及表达与运用。

资料7-6　各年龄段幼儿游戏活动可渗透的英语互动语言提示[①]

Age 年龄	Teacher 教师	Kids 幼儿	Tips 渗透要点提示
Class of 3-4 小班	① Please go and play. ② Let's play together. ③ Please put the toys back. ④ Do you need my help?	① OK. ② OK. ③ OK. ④ Yes, help me please.	1. 游戏活动前,教师可以就今天的活动内容与要求,用英语来组织活动,并通过指令语提出活动的常规要求。 2. 游戏中,教师根据幼儿的活动表现渗透相关的英语指令,帮助幼儿养成良好的行为习惯。同时,在观察与指导幼儿的过程中渗透英语日常交际用语。 3. 游戏活动结束后,教师可用英语指令提出收拾整理玩具和教室的要求。 4. 对于小班幼儿来说,教师要尽量用简单的英语组织指令句进行表达,鼓励幼儿用简单的语言回应。中、大班幼儿的英语理解和表达能力有所增强,故教师输入的英语句子可以适当加长,同时还可要求他们主动用英语回应教师。另外,教师还可鼓励中、大班幼儿在游戏中相互用英语进行互动交流。
Class of 4-5 中班	① You may choose any toys you like. ② Please be kind to each other/Don't grab the toys. ③ Please put away your tables now. ④ Please put the chairs on the line. ⑤ It's time to tidy the room up.	① OK/Sure. ② OK/Sure. ③ OK/Sure. ④ OK/Sure. ⑤ OK/Sure. ⑥ C1:Can you play with me? 　C2:Yes, of course. ⑦ C1:Can you help me? 　C2:Yes, I can.	
Class of 5-6 大班	① Find your friends and choose any area you like. ② You may choose any toys you like. ③ Please take care of the books. ④ May I play with you? ⑤ What do you want to play?	① All right. ② All right. ③ All right. ④ Yes, let's play together. ⑤ I want to play the blocks. ⑥ C1:Who can help me? 　C2:Me.	

注:以上表格中数字序号相同的对话为一组互动语言。

[①] 该资料由上海市浦东新区冰厂田幼儿园谢菁老师提供。

资料 7-7 幼儿表演游戏可渗透的英语互动语言提示（以小司机表演为例）[①]

Role Play 表演游戏	Teacher 教师	Kids 幼儿	Tips 渗透要点提示
Driver 小司机	① What are you driving? ② OK, let's perform the song. Please listen to the music. ③ Good job! / Well done! / I love you so much!	① C1: I'm driving a bus. C2: I'm driving a jeep. ② C1 & C2: OK. C1 (sing): Bus is coming ... C2 (sing): Jeep is coming ... ③ Thank you.	1. 小班幼儿表演时，教师可以在旁播放CD、录音带等，鼓励幼儿大胆、自信地进行表演。中、大班幼儿除了表演现成的节目之外，还可以创编内容，并配合服饰、道具等进行表演。 2. 幼儿表演结束，教师要和其他小观众及时地用英语给予鼓励和赞扬。 3. 教师可建立表演游戏的英语资料库，以帮助英语的渗透，促进幼儿游戏中英语的表达。如三角铁（triangle），沙球（maraca），响板（castanets），铃鼓（tambourine），木鱼（temple block），小指挥（conductor），小歌手（singer），舞者（dancer），小明星（star），表演得真好！（Well done!），你真棒！（Good job!）。你唱得真好听！（You sing it very well!），这个故事真有趣！（The story is so interesting!）

注：以上表格中数字序号相同的对话为一组互动语言。

资料 7-8 幼儿角色游戏可渗透的英语互动语言提示（以小超市主题为例）[②]

Role Play 角色游戏	Kids 幼儿	Kids 幼儿	Tips 渗透要点提示
Super-market 小超市	① C1: How much is the orange juice? ② C1: I want a cup of orange juice.	① C2: It's 5 yuan. ② C2: OK, wait a moment, please. Here you are.	1. 角色游戏过程中，教师可引导服务员与顾客之间用英语对话，如幼儿还不太熟练，可以在游戏结束后请掌握较好的幼儿在集体中示范英语对话。

[①] 该资料由上海市浦东新区冰厂田幼儿园谢菁老师提供。
[②] 同上。

续 表

Role Play 角色游戏	Kids 幼儿	Kids 幼儿	Tips 渗透要点提示
	③ C1：Thank you.	③ C2：You are welcome.	2. 小班幼儿在游戏初期只需说出饮料的名称，如"Orange juice, please!"，后期可进行名称的替换。对于中班幼儿，教师可鼓励幼儿根据游戏的情境加入新的句型、尝试新的对话。对于大班幼儿，教师要鼓励其主动尝试发问与同伴交往。 3. 为促进幼儿对话内容的拓展，教师可建立超市游戏主题英语渗透词汇的资料库。如：饮料（drinks），点心（dessert），水果（fruit），草莓（strawberry），蓝莓（blueberry），酸奶（yogurt），奶昔（milk shake），热饮（hot drink），冷饮（cold drink）。

注：以上表格中数字序号相同的对话为一组互动语言。这里主要是幼儿与幼儿之间的互动语言。

思考题

1. 思考在组织小班幼儿盥洗活动时，可怎样设计和组织渗透性的英语教育活动？
2. 思考在组织中班幼儿操节活动时，可怎样设计和组织渗透性的英语教育活动？
3. 渗透于幼儿体育活动的英语教育环节主要有哪些？
4. 渗透于幼儿游戏活动的英语教育内容主要有哪些？
5. 思考在组织大班幼儿角色游戏活动时，以餐厅主题为例，可怎样设计和组织渗透性的英语教育活动？
6. 渗透于幼儿表演游戏活动的英语教育活动设计与组织的要点是什么？
7. 渗透于幼儿游戏活动的英语教育活动设计和组织的注意事项有哪些？

第八章

幼儿英语教育的评价

■ 知识要点
- 幼儿英语教育评价的含义与组成部分
- 幼儿英语教育评价的作用
- 幼儿英语教育评价的原则
- 幼儿英语教育评价的指标
- 幼儿英语教育评价的程序
- 幼儿英语教育评价的方法
- 幼儿英语教育评价的注意事项

我国幼儿园的英语教育开展情况如何？英语教育有没有得到家长和社会的认可？幼儿的英语水平有没有在教育过程中得到提高？这些问题都涉及幼儿英语教育的评价工作。幼儿英语教育评价是整个幼儿英语教育系统中一个重要的、不可缺少的环节。通过幼儿英语教育评价，能发现和诊断幼儿园英语教育开展中存在的问题和不足，并及时进行调整和完善；还能了解和鉴定幼儿园英语教育开展的最终效果。因此，幼儿英语教育评价是幼儿英语教育的重要组成部分，它是幼儿园实现英语教育目标的重要保障。本章节将围绕幼儿英语教育评价的含义与组成部分、作用、原则、指标、程序、方法与注意事项等方面来展开论述，同时，配合幼儿英语教育评价的相关资料来深入解析幼儿英语教育评价的理论与实践。

第一节 幼儿英语教育评价的含义、作用与原则

幼儿英语教育评价，这里主要指幼儿园教育机构对所开展的英语教育进行的评价工作。开展幼儿英语教育评价，首先要了解幼儿英语教育评价的含义，明确幼儿英语教育评价的作用，掌握幼儿英语教育评价的原则。

一、幼儿英语教育评价的含义和组成部分

（一）幼儿英语教育评价的含义

评价是一个价值判断的过程。所谓幼儿英语教育评价是指依据一定的标准和指标，通过收

集比较系统全面的有关幼儿英语教育的信息,对幼儿英语教育的目标、内容、组织实施过程与方法、效果等作出客观的衡量,从而科学判断幼儿英语教育的价值和效益的过程。

(二)幼儿英语教育评价的组成部分

由于幼儿英语教育的途径可分为正规性英语教育(幼儿园英语教学活动)和非正规性英语教育(渗透于幼儿日常活动的英语教育),因此,幼儿英语教育评价一般包括幼儿园英语教学活动评价和渗透于幼儿日常活动的英语教育活动评价两个部分。

所谓幼儿英语教学活动评价是指根据制定的教学目标,采用各种方法收集教师英语教学活动的信息,对英语教学活动进行价值判断,以完善教师英语教学活动的设计和实施,提高教师英语教学水平及教学能力的过程。

所谓渗透于幼儿日常活动的英语教育评价是指结合日常活动,采用各种方法收集教师渗透性英语教育活动的信息并作出价值判断,同时,反馈和完善教师渗透性英语教育活动的设计和实施能力的过程。

二、幼儿英语教育评价的作用

教育评价的重要功能在于发现问题、了解现状、促进发展,幼儿英语教育评价的作用主要体现在以下三个方面。

(一)了解并促进幼儿英语学习兴趣及英语知识与能力的发展

幼儿英语教育评价的首要作用在于通过评价,可了解各年龄段幼儿对英语学习的情感态度和英语知识与能力的发展情况。如,通过评价可了解小班幼儿是否喜欢倾听英语词汇、歌谣、歌曲、故事等,并愿意用声音、动作等方式进行模仿;是否愿意倾听教师所输出的简单英语,能理解和听懂简单的英语指令和日常英语并做出反应。可以了解中班幼儿是否能注意倾听和正确模仿教师的英语发音,清晰、自然地用英语进行表达;是否能听懂教师经常使用的英语日常用语和组织用语,并愿意积极地回应。可以了解大班幼儿是否能够比较流畅地模仿英语日常生活用语;能否较熟练地运用所学的英语进行对话与表达等等。

在通过评价了解幼儿对英语学习的情感态度和英语知识与能力发展情况的基础上,教师可发现幼儿在以上各领域发展中的问题与不足,并通过调整教学方法更好地促进幼儿英语学习兴趣的提高及英语知识和能力的发展。

可见,通过运用适宜的评价方法和适当的评价途径,教师可观察和分析各年龄阶段幼儿英语学习的情感态度与英语知识和能力,更全面和客观地了解幼儿英语学习的现状和英语发展水平,分析发展中的问题与不足,从而有针对性地实施教育,以促进幼儿英语学习的情感及英语知识与能力的发展。

(二)促进教师英语教育能力的不断提升

通过幼儿英语教育的评价,包括教师自我评价及教师间的互评,可以促进教师对自身英语教育活动设计和组织的反思和调整的能力,从而在此基础上促进教师幼儿英语教育能力的不断提升。

通过教师互评这一外部评价方式,可了解教师英语语言的表达能力、组织活动的能力、方法手段的运用能力、活动过程的安排能力等各种信息,根据教师的教育行为和教育效果,及时诊断和发现教师在活动设计、组织实施、英语素养等方面的问题并及时反馈给被评教师。被评教师可对照评价反馈意见,针对他人指出的问题与不足进行反思与总结,提出进一步改进英语教育活动设计和组织的建议和措施,调整英语教育教学方法与手段,从而不断提升教师的英语教育能力。

此外,通过教师自我评价,可促进教师不断对照评价内容与指标,分析自身的英语教育行为,在不断反思的基础上调整和改进自身的英语教育实践,促进英语教育活动设计与组织能力的提升。

(三) 了解并促进幼儿园英语教育质量的不断提高

通过幼儿英语教育评价,包括教育过程中的形成性评价和阶段性的终结性评价,能了解幼儿园英语教育的价值和效果,发现幼儿园英语教育在目标、课程与教材内容、组织实施等各要素存在的不足,并在进一步分析问题产生的原因和影响因素的基础上,反思幼儿园英语教育各要素制定的适宜性,通过不断的调整与完善,使幼儿园英语教育质量得以不断提高。

三、幼儿英语教育评价的原则

开展幼儿英语教育评价时,应注意遵循发展性、主体性、多样性和全面性等原则。

(一) 发展性原则

发展性原则是指幼儿英语教育评价要以促进发展为最终目的,发挥评价所具有的发展性功能。

近年来,社会对于教育评价的目的、教育评价的价值追求提出了新的要求,即评价不应只是发挥鉴定与选拔的功能,更应实现诊断与改进的功能,实现评价促进幼儿发展、教师发展和幼儿园发展的功能。教育评价的目的是为了"诊断与改进",即指在搜集、整理和分析信息资料的基础上,对评价对象的客观情况,特别是所存在的问题进行诊断,为其进一步的改进提供支持,帮助其寻求"增值"的途径和方法。"评价的目的不在于证明,而在于改进。"评价具有促进评价对象为实现理想目标不断改进和完善行动的功效和能力。这就意味着幼儿英语教育评价的目的不仅仅是了解幼儿英语发展情况、教师英语教育的专业水平和幼儿园英语教育的价值,更重要的是通过评价这一手段,促进幼儿英语知识与能力、幼儿园英语教师教育水平与能力,以及幼儿园英语教育和课程质量的不断提高。

为此,幼儿园要在英语教育评价中遵循发展性原则,重视英语教育评价的发展性功能,充分发挥英语教育评价的反馈调节功能,建立起幼儿英语教育方面的自我发展机制,即幼儿园要树立评价的过程是幼儿园"自我成长的重要途径"的理念,要强调通过英语教育评价,有效地揭示幼儿园英语教育的价值和效果,更好地发现幼儿园在英语课程管理、课程目标和英语课程内容方面的现状和问题，及时了解幼儿园英语课程方案的执行情况，更好地反思和完善幼儿园英语课程方案的制定，促进幼儿园英语教育质量的不断提高。同时，幼儿园要注重通过英语教育评价促进幼儿园英语教师的专业发展，特别是在教师自身的英语素质和能力方面的提高，而不是进行教师英语水平的考核和分等级。另外，幼儿园要通过英语教育评价促进幼儿英语知识和能力的发展和提高，激发幼儿英语学习的兴趣，树立幼儿英语学习的自信心，而不是给幼儿的英语水平评定等级。

（二）主体性原则

主体性原则是指幼儿英语教育评价应充分发挥幼儿园教师作为评价者的主体作用，调动幼儿园、幼儿园教师和幼儿在评价中的积极性和主动性。

传统的教育评价是一种自上而下的"单向性"评价，多运用他人评价（即评价对象之外的他人作为主体实施的评价）。这种评价一般较为严格、客观，但会使作为教育评价对象的幼儿园、教师和幼儿完全处于被动的地位，无法激发被评价者的内在动机，因此，本评价很少有激励功能。

为做到幼儿英语教育评价的主体性原则，在评价的过程中，要重视被评价机构在评价活动中的主动参与程度，强调被评价者的自我评价，即自评。自评是一种对教育活动过程进行自我分析和反思的重要表现，是教育评价中评价者主体性的集中反映。

为此，幼儿英语教育评价，首先要重视幼儿园内部的自我评价，要求幼儿园作为主体，多运用评价手段来诊断、发现幼儿园英语教育的现状与不足，不断根据评价结果进行改进与调整。其次，幼儿英语教育评价，还应该强调以教师自评为主，每次英语教育实践活动后，鼓励教师根据幼儿英语教育目标，按照幼儿英语教育评价指标，运用科学的评价方法，积极主动地进行自我反思和分析，审视自身的英语教育实践，在此基础上自觉改善自己的英语教育行为和理念。此外，在教师自评的基础上，园长、有关管理人员以及其他教师和家长等可共同参与英语教育评价。幼儿英语教育评价的主体性原则，要求即便是园长或他人组织的英语教育外部评价活动，也要以尊重教师作为被评价者的主体地位为出发点，因为任何外部评价所得出的结论、意见及改进措施都要经过教师的理解、消化和接受，才能加以落实。所以，在幼儿英语教育评价中，要努力建立以教师自评为主，多方参与并互动的主体取向的评价制度。

（三）多样性原则

幼儿英语教育评价的多样性原则是指在幼儿英语教育评价中，评价者要善于运用多种评价方法和手段，多类型、多途径地收集有关幼儿英语学习兴趣和英语语言发展状况、教师英语能力与教育行为以及幼儿园英语教育现状和质量等方面的信息。

以对幼儿英语学习兴趣和发展水平的评价为例，就评价方法而言，教师可运用日常生活中的自然观察、英语教育活动中的特定观察、特定项目任务的表现测试以及档案袋评价等多种方法。评价途径则既可包括以教师为主体对幼儿在园的评价，也可包括家长为主体对幼儿在家庭的评价。从评价的类型来看，可采用形成性评价和终结性评价相结合的方式，并以形成性评价为主。在开展英语教育评价的过程中，教师要将形成性评价贯穿于幼儿园英语教育实践的整个历程，以及时了解幼儿英语学习的兴趣与英语知识和能力，将评价信息和结果用于分析英语教育活动的开展情况及英语教育的目标、内容与组织等方面存在的问题和经验,以不断进行自身英语教育行为和班级英语课程内容的不断调整与完善。

(四) 全面性原则

幼儿英语教育评价的全面性原则是指幼儿英语教育评价的内容要涵盖幼儿英语教育方方面面的工作,评价指标不能有所缺失和遗漏。

一般而言,教育评价内容可包括教育计划与方案评价、教育过程评价及教育效果评价等,因此,幼儿英语教育评价的内容十分广泛,既涉及幼儿对英语学习的情感态度、英语听说能力等发展水平的评价,又涉及教师教育活动中的英语能力素质和教育行为与策略的评价,还涉及幼儿园英语教育计划,包括英语教育目标、课程教材内容等方面的评价。幼儿园应根据幼儿英语教育的总体目标,重视评价内容的全面性,建构起系统的评价指标,并在评价过程中,不断反思、改进和完善原有的英语教育评价体系和指标。

第二节 幼儿英语教育评价的指标

评价指标的确立是决定评价结果是否具有科学性和客观性的重要因素。幼儿英语教育评价指标是指衡量幼儿英语教育设计、实施状况和实施效果的具体的、可测量的准则和标尺,是对幼儿英语教育评价内容的规定。如前所述,幼儿英语教育评价的内容十分广泛,包括教师所组织的幼儿英语教育活动的评价,对幼儿英语学习与发展的评价和对英语教育中课程方案的评价等。由此,幼儿英语教育要根据相应的评价内容全面建构评价指标,以形成科学合理的由各单项指标构成的评价指标体系。具体幼儿英语评价指标体系包括以下各单项指标。

一、幼儿园英语课程方案的评价指标

幼儿英语教育评价指标之一是对幼儿园英语教育方案的评价。课程是教育的核心,教育目标的实现和落实主要是以课程为载体来加以完成的,幼儿英语教育评价的核心内容是英语课程评价。幼儿园开展和落实幼儿英语教育,一般都会制定相应的英语课程方案,包括对英语课程目标、英语课程与教材内容、课程管理等方面的规定。因此,幼儿园英语教育方案的评价集中表现在对幼儿园英语课程方案的评价,以了解英语课程方案的适宜性和科学性。

幼儿园英语课程方案的评价指标,具体而言,可包括课程方案中的英语课程目标是否适合幼儿的年龄特点,是否包括幼儿情感、认知、能力和文化各领域的内容,是否可促进幼儿英语知识和能力在原有基础上的发展;英语课程内容的选择和组织是否贴近幼儿的生活经验,是否符合幼儿的生理、心理发展特点和英语发展水平,是否有助于目标的实现;课程实施的要求是否有益于幼儿英语学习兴趣的激发和主体性的发挥,是否遵循幼儿的年龄特点;英语课程评价内容是否全面并与目标相呼应;评价手段与途径是否多样化,是否有助于发现和诊断英语课程中的问题并促进

课程的不断完善。

幼儿园英语课程方案的主要评价指标可见表8-1。

表8-1 幼儿园英语课程方案的评价指标

评价内容	评 价 指 标
课程目标	课程目标适宜,适合幼儿的年龄特点
	课程目标全面,涵盖幼儿情感、认知、能力和文化各领域的发展
	课程目标有挑战性,可促进幼儿英语知识和能力在原有基础上的发展
课程内容	课程内容的选择和组织贴近幼儿的生活经验
	课程内容的选择和组织符合幼儿的生理、心理发展特点和英语发展水平
	课程内容的选择和组织有助于目标的实现
课程实施	课程实施的要求有益于幼儿英语学习兴趣的激发和主体性的发挥
	课程实施的要求能遵循幼儿的年龄特点和幼儿语言发展规律
课程评价	课程评价内容全面,并与目标相呼应
	课程评价手段与途径多样,是否有助于发现和诊断英语课程中的问题并促进课程的不断完善
	课程评价有助于发现和诊断英语课程中的问题并促进课程的不断完善

二、幼儿园英语教育活动实施的评价指标

幼儿园英语教育活动实施的主体是教师,故幼儿园英语教育活动实施的评价主要是针对教师的英语教育活动,故又可以称为幼儿园英语教师评价。

由于幼儿英语教育的途径以教师的正规性英语教育(幼儿园英语教学活动)和非正规性英语教育(渗透于幼儿日常活动的英语教育)为主,因此,幼儿英语教育实施的评价指标可以分为幼儿园英语教学活动评价指标和渗透于幼儿日常活动的英语教育活动评价指标两个部分。每一部分的评价指标都指向两个维度,即教师和幼儿。

(一) 幼儿园英语教学活动的评价指标

幼儿园英语教学活动是目前在社会英语环境缺乏的背景下,进行幼儿英语教育的最主要途径。幼儿园英语教学活动是教师在幼儿园对幼儿进行的有目的、有计划、正式的英语教育。幼儿园英语教学活动的评价指标体系,主要包括两个维度,即教师和幼儿。教师的评价指标主要包括英语教学活动设计与教学行为,幼儿的评价指标主要包括幼儿英语教学活动中的学习情况和学习效果。

1. 教师的教学活动设计与教学行为

评价教师的教学活动设计与教学行为包括教学活动的目标、准备、内容、过程、教学能力和教学反思六个方面的内容。

（1）活动目标。教学活动目标是教学的出发点和归宿，是衡量教学活动质量的主要尺度。所以，幼儿园英语教学活动评价首先要分析教师英语教学活动目标的制定。

从教学活动目标的制定来看，主要评价目标是否明确、全面和适宜。目标明确是指英语教学活动目标的描述清晰，能指导教学活动的方向，具有可操作性。目标全面是指英语教学活动目标包括幼儿英语语言学习的情感、认知和技能等领域的发展目标。目标适宜是指制定的教学活动目标，符合该年龄段幼儿的生理、心理发展特点和英语语言学习的规律和英语发展水平。

（2）活动准备。幼儿园英语教学活动评价还要看教师的教学活动准备情况。幼儿园英语教学活动评价指标还包括评价教师对活动内容的分析和处理，对幼儿英语水平和经验的分析与把握，对活动环境和教具学具的准备，包括教师是否能对活动内容进行合理的分析；是否能把握活动的重点和难点；是否能对活动内容所涉及的语言知识和能力做好充分的准备；是否能对幼儿的英语水平和经验做准确的分析；环境创设是否适宜，材料准备是否充分等。

（3）活动内容。幼儿园英语教学活动的评价还要看教师教学活动内容的选择和组织情况，具体包括活动内容的选择和组织是否是以英语教学活动目标为依据，是否能为英语教学目标的实现服务；活动内容能否联系幼儿的生活经验，满足幼儿日常表达的需要；是否能根据不同年龄段幼儿的特点和英语语言经验选择和组织相适宜的教学活动内容等。

（4）活动过程。幼儿园英语教学活动的评价还要看教师教学活动过程的安排，评价教师设计的组织实施过程是否以目标为导向，活动环节之间是否层次清晰紧密联系，教学手段与策略是否能为目标服务。

具体的评价指标包括活动过程的设计是否能和制定的教学活动目标相统一；教学活动过程的环节设计是否自然衔接、层层递进，注重复习→感知→理解→运用→发展的语言学习过程等。

（5）活动组织。幼儿园英语教学活动的评价还要看教师英语教学活动的组织，评价教师将教学活动设计付诸实践的组织实施过程是否做到重难点突出，教学环境是否轻松、教学方式与手段是否多样。具体评价指标包括教师教学活动的组织实施和调控能否围绕目标，突出重点；能否采用个人、小组和集体相结合的活动形式；能否运用各种教学手段，如各种直观教具、多媒体技术、电化手段，如录音、录像、电脑等，调动幼儿的多种感官参与，发挥幼儿学习的积极性；环境创设是否贴近生活情景，激发幼儿英语学习和语言表达的兴趣；能否为幼儿提供丰富的、可理解的输入；教学方法是否有趣，能调动幼儿学习和参与的积极性；活动中能否关注幼儿，为幼儿提供充分的互动交流的机会等。

（6）教师素质。幼儿英语教学活动评价还要看在英语教学活动中所反映出的教师英语教学的基本素质和能力。具体评价指标包括教师是否具有扎实的英语基本功和英语教学能力，包括语音语调准确，吐词清晰，语言表达规范、流畅；体态语言使用是否恰当，有助于幼儿理解英语；是否具有教学的灵活性和随机性，能根据幼儿的反应及时调整计划；是否能与幼儿有效互动，并因人而异进行指导等。

2. 幼儿的学习活动

幼儿的学习活动这一条评价项目可从幼儿的学习情况和学习效果两方面进行评价，具体包括对幼儿学习活动中的情感态度等方面的学习状态以及英语听说习惯与能力等方面的学习效果进行评价。

(1) 幼儿的学习状态。幼儿学习状态的指标主要表现为幼儿对英语学习的情感与态度所体现的程度,集中反映了幼儿学习活动中主体意识的强度。具体评价指标包括幼儿在英语教学活动中的兴趣如何,是否能够积极主动地参与教师组织的英语教学活动;活动中的情绪是否饱满;参与、投入活动的时间是否充分;活动中能否积极举手发言等。

(2) 幼儿的学习效果。幼儿学习效果方面的指标主要表现为英语听说习惯与听说能力。具体评价指标包括幼儿能否习惯用英语回应教师,并尽量做到完整;是否能大胆自信地进行英语的模仿和表达;能否较好地感知和理解英语内容;模仿能力是否强,如模仿词汇发音是单音节词汇还是双音节、多音节词汇,模仿句型表达是短句还是长句;幼儿在活动中能否将所学的英语结合具体的语言情境加以运用,能否与教师同步充分互动,体现语言的交际性。

以上所描述的由各项指标构成的幼儿园英语教学活动的评价指标体系见表8-2。

表8-2 幼儿园英语教学活动评价指标体系

评价内容		评价指标
教师的教学活动设计与教学行为	活动目标	活动目标明确:描述清晰,能指导教学活动的方向,具有可操作性
		活动目标全面:包括幼儿英语语言学习的情感、认知和技能等领域的发展目标
		活动目标适宜:符合该年龄段幼儿的生理心理发展特点和英语语言学习的规律和英语发展水平
	活动准备	能对活动内容进行合理的分析,把握活动的重点和难点
		能对活动内容所涉及的语言知识和能力做好充分的准备
		能对幼儿的英语水平和经验做准确的分析
		环境创设适宜,材料准备充分
	活动内容	活动内容的选择和组织以活动目标为依据,能为目标的实现服务
		活动内容能联系幼儿的生活经验,满足幼儿日常表达的需要
		活动内容的选择和组织能以不同年龄段幼儿的特点和英语语言经验为依据
	活动过程	活动过程的设计能和制定的活动目标相统一
		环节设计自然衔接、层层递进
	活动组织	组织实施和调控能围绕目标,突出重点
		能采用个人、小组和集体相结合的活动形式
		能运用各种教学手段,调动幼儿的多种感官参与
		环境创设贴近生活情景,激发幼儿英语学习和语言表达的兴趣
		能为幼儿提供丰富的、可理解的输入
		教学方法有趣,能调动幼儿学习和参与的积极性
		活动中能关注幼儿,为幼儿提供充分的互动交流的机会

续 表

评价内容		评价指标
幼儿的学习活动	教师素质	语音语调准确，吐词清晰，语言表达规范、流畅
		体态语言使用恰当，有助于幼儿理解英语
		具有教学的灵活性和随机性，能根据幼儿的反应及时调整计划
		能与幼儿有效互动，并因人而异进行指导
	学习状态	能够积极主动地参与教师组织的英语教学活动
		活动中的情绪饱满
		参与、投入活动的时间较充分
		活动中积极举手发言
	学习效果	能习惯用英语回应教师，并尽量做到完整
		能大胆自信地进行英语的模仿和表达
		幼儿能较好地感知和理解英语内容
		模仿能力较强
		能将所学的英语结合具体的语言情境加以运用，体现语言的交际性

由于目前的幼儿园英语教学活动都以主题的形式加以开展，因此幼儿英语教学活动评价除了对每一次的教学活动进行评价外，还可结合主题，进行主题英语教学活动评价。该评价角度主要从幼儿出发，评价内容主要是幼儿主题英语学习，即通过评价，了解幼儿一阶段主题英语教学后的学习效果和发展水平，以为后期的主题英语教学提供调整和完善的依据。

资料 8—1 冰厂田幼儿园英语教学活动评价表[①]

教学时间		执教班级		执教教师		听评教师	
活动类型	□英语活动（□单词 □句型 □儿歌 □歌曲 □故事）						
活动名称							
活动目标							
活动准备							

---

① 本资料由上海市浦东新区冰厂田幼儿园提供。

续　表

活动过程						

		指标内容	分值比例			评价得分(记录)
英语教学活动评价100分	教学目标（20分）	目标体现英语语言重点和主题核心经验，注重情感态度能力发展	10	8	6	
		目标描述清晰、具体、适宜，教案英语书写正确	10	8	6	
	教学准备（10分）	教具材料提供适宜，为目标教学服务	10	8	6	
	教学内容（10分）	教学内容清晰、适宜、尊重幼儿已有经验	10	8	6	
	教学过程（20分）	环节清晰，重难点突出	10	8	6	
		教学环境轻松、方式手段多样	10	8	6	
	教学能力（20分）	用语正确丰富，具备较好语感	10	8	6	
		教学灵活，有随机性	10	8	6	
	教学反思（10分）	内容适宜、分析深入、调整有效	10	8	6	
	幼儿发展（10分）	乐意参与活动，英语听说习惯和听说能力良好	10	8	6	
		合　计	100	80	60	

三言两语：(言简意赅地对教学活动做评价和建议)
优点：

不足：

注：优秀90分以上，良好89—80分，一般79—70分，合格69—60分。

(二) 渗透于幼儿日常活动的英语教育活动评价指标

所谓渗透于幼儿日常活动的英语教育活动,是一种渗透性的、非正规性的英语教育活动,指教师在幼儿一日活动的自然环境下,结合自身和幼儿的实际用英语来组织幼儿的日常活动,如生活活动、游戏活动和运动等,让幼儿除了在正式的教学活动外,在日常活动中也有感受和表达英语的环境,帮助幼儿以一种无意识的状态通过大量接触语言输入和使用语言来习得英语。

渗透性幼儿英语教育活动评价主要是对教师日常活动中渗透英语的意识、活动的把握、输出的英语指令、组织用语与日常英语,以及幼儿做出的语言或行为回应等进行的评价。该评价也可从教师和幼儿两个维度来进行,评价指标包括教师的教育活动设计与教育行为和幼儿的日常英语表现。

1. 教师的渗透性英语教育活动设计与教育行为

渗透性英语教育活动评价中,教师的教育活动设计与教育行为的评价指标可包括以下几方面的内容:

(1) 渗透意识与设计能力。英语教育渗透意识与设计能力主要看教师在幼儿的日常活动中随机渗透英语的意识和设计渗透性英语教育活动的能力。具体的评价指标包括是否在幼儿的日常活动中具有随机渗透英语的意识;是否能根据幼儿日常活动的性质和特点设计渗透英语的内容,确保幼儿活动的实施,同时,又自然渗透英语教育,为幼儿创设习得式英语学习的环境;是否能根据幼儿日常活动的性质和幼儿英语经验与水平精心预设适宜的师幼和生生互动语言提示,提高幼儿的英语听说能力等。

(2) 日常英语输出量。日常英语输出量主要看教师在日常生活中利用一日活动环节输出英语的比例。根据幼儿英语学习无意识为主的特点,教师除开展英语教学活动外,还应该充分利用幼儿园一日活动环节,有目的地、随机灵活地渗透日常生活用语、活动组织用语及活动指令语,以创设真实丰富的英语环境,让幼儿亲密接触和运用英语。所以,评价教师渗透性英语教育的行为可以先从教师日常英语的输出量入手,以促进教师有意识地在幼儿一日活动中渗透英语,给予幼儿在自然情境中感受、理解和表达英语的机会,尽量为幼儿创设习得式的英语学习环境。日常英语输出量的具体评价指标包括教师是否能结合幼儿一日活动的性质和内容为幼儿提供丰富的英语输入;是否能处理好教师输入和幼儿输出的关系,不急于追求幼儿英语的输出;是否能根据本班幼儿英语学习经验和发展水平促进幼儿英语的运用,包括与教师和同伴的英语互动交流。

(3) 情境用语的使用。渗透性英语教育活动中教师所使用的英语,紧密结合幼儿的日常活动环节,因此渗透性英语教育活动是教师使用最多的,内容可以是日常生活用语,也可以是活动组织用语及活动指令。因此,渗透性英语教育活动评价还可以在倾听教师幼儿一日活动环节中输出的英语内容的基础上,看教师使用的英语是否是生活中的日常用语,使幼儿多通过真实情境可理解和习得;是否能自然联系幼儿的日常活动,使用经常出现的英语组织语和指令语;在幼儿不理解或没有反应时,或者当渗透的英语为新内容时,是否能运用一些可帮助理解的策略,如,教师可以运用简笔画、肢体演示、实物、图片等策略来帮助幼儿理解英语,并尝试用英语与教师互动。

(4) 教师素质。渗透性英语教育活动的组织和实施对教师具有更高的要求,其评价还需要看教师所表现出的英语素质。具体评价指标包括英语语音是否准确清晰、英语语调是否有变化和感染力;英语表达是否流畅、简洁和正确;体态语言运用是否自然和恰当等。

2. 幼儿的日常英语表现

只要教师日常能坚持输出英语,固定生活情境和活动环节来进行渗透性英语教育,幼儿就会在耳濡目染中喜欢接触英语,并乐意对教师渗透的英语进行互动回应。所以,评价幼儿在渗透性英语教育活动中的活动状态和活动效果,主要看幼儿的日常英语表现,可以从幼儿对教师渗透英语的情感态度回应、肢体回应和语言回应三方面来评价。

(1) 情感态度回应。渗透性英语教育活动中幼儿的学习评价,可以看幼儿在一日活动情景中倾听教师渗透英语时所作出的情感态度反应情况。具体评价指标包括幼儿是否对教师日常活动中渗透的英语有兴趣,并能专注倾听;是否愿意对教师日常活动中渗透的英语作出肢体或语言的反应。

(2) 肢体回应。渗透性英语教育活动中幼儿的学习评价,还可以看幼儿在一日活动情景中倾听教师渗透英语时所作出的肢体反应情况。具体评价指标包括幼儿是否能分辨教师不同的英语指令和组织用语,并能遵循和做出相应的动作反应;是否能理解教师的日常用语,并能用肢体动作与他人交流。

(3) 语言回应。渗透性英语教育活动中幼儿的学习评价,除了肢体语言外,还可以看幼儿在一日活动情景中倾听教师渗透英语时所作出的语言反应情况,了解幼儿在日常生活中运用语言回应的频率和情况。具体评价指标包括幼儿是否能用英语与同伴或教师进行问候和告别;是否能就一日活动中经常渗透的英语与教师进行互动;在日常活动情境中,是否会运用学过的短句、词语、日常用语等与他人进行交流。

以上所描述的由各项幼儿园渗透性英语教育活动评价指标构成的指标体系可见表8-3。

表8-3 幼儿园渗透性英语教育活动评价指标体系

评价内容		评价指标
教师渗透性英语教育活动设计与教育行为	渗透意识与设计能力	具有在幼儿的日常活动中随机渗透英语的意识
		能根据幼儿日常活动的性质和特点设计渗透英语的内容,确保幼儿活动的实施,同时,又自然渗透英语教育
		能根据幼儿日常活动的性质和幼儿英语经验与水平精心预设适宜的师幼和生生互动语言提示
	日常英语输出量	能结合幼儿一日活动的性质和内容为幼儿提供丰富的英语输入
		能处理好教师输入和幼儿输出的关系,不急于追求幼儿英语的输出
		能根据本班幼儿英语学习经验和发展水平促进幼儿英语的运用
	情境用语的使用	使用的英语是生活中的日常用语,使幼儿多通过真实情境理解和习得
		能自然联系幼儿的日常活动,使用经常反复出现的英语组织语和指令语
		在幼儿不理解或没有反应时,或者当渗透的英语为新内容时,能运用一些可帮助理解的策略

续 表

评价内容		评价指标
幼儿的学习活动	教师素质	英语语音准确清晰
		英语语调有变化和感染力
		英语表达流畅、简洁和正确
		体态语言运用自然、恰当
	情感态度回应	对教师日常活动中渗透的英语有兴趣,并能专注倾听
		愿意对教师日常活动中渗透的英语作出肢体或语言的反应
	肢体回应	能分辨教师不同的英语指令和组织用语,并能遵循和做出相应的动作反应
		能理解教师的日常用语,并能用肢体动作与他人交流
	语言回应	能用英语与同伴或教师进行问候和告别
		就一日活动中经常渗透的英语,会用英语与教师进行互动
		在日常活动情境中,会运用学过的短句、词语、日常用语等与他人进行交流

三、幼儿英语发展的评价指标

幼儿英语发展是幼儿园英语教育效果的重要表现,因此,幼儿英语发展评价成为幼儿英语教育评价的重要内容,成为幼儿英语评价指标的又一个重要组成部分。幼儿英语发展的评价指标主要包括以下几方面的内容:

(一)英语学习的情感态度

幼儿英语发展的评价,首先要看幼儿对英语学习的情感态度。具体评价指标包括幼儿是否对英语学习有兴趣和好奇心;幼儿参与各类英语教育活动是否有积极性和主动性;幼儿英语学习时情绪的饱满程度如何等。

(二)英语学习习惯

幼儿英语发展的评价,还需要看幼儿英语学习的习惯。具体评价指标主要表现为幼儿参与各类英语教育活动的专注性和坚持性及对英语回应的习惯,包括幼儿英语教育活动中集中注意力的程度和参与活动的时间长短;英语回应时语言使用的完整性及长度等情况。

(三)英语听说能力

幼儿英语听说能力是幼儿英语发展水平的核心表现,成为幼儿英语发展评价指标的重要内容。幼儿英语听说能力主要指英语的倾听理解能力和表达交流能力,幼儿英语听说能力的评价指标包括幼儿是否对教师所教授或渗透的英语语言词汇、句型等能够感知理解;幼儿是否能结合具体语言情境对感知理解的英语进行迁移运用。

(四) 多元文化意识

幼儿的多元文化意识也是幼儿英语发展的重要表现之一,其具体评价指标包括幼儿对英语日常礼貌用语的运用情况;对英语国家各种节日的起源、名称、常用语和风俗特色的了解程度。如日常礼仪方面,评价幼儿是否能用日常礼貌语"Nice to meet you . . .",常用交往语"Would you please give me . . .",祝贺语"Happy Easter Day"等;又如节日知识方面,评价幼儿是否知道节日的名称、习俗,是否能参与有特色的歌曲表演和活动。

综上所述,幼儿英语评价指标包括对幼儿园英语课程方案的评价、对幼儿园英语教育活动实施的评价(即对教师的评价)和对幼儿英语发展的评价。

资料8-2　冰厂田幼儿园英语教育评价指标体系[①]

评价体系 \ 评价对象	对幼儿的评价	对教师的评价	对课程的评价
评价的目的	使幼儿在英语课程的学习过程中不断体验进步与成功,认识自我,建立自信,促进幼儿英语语言能力的全面发展。	使教师获取英语教育教学的反馈信息,对自己的教育教学行为进行反思和适当的调整,促进教师不断提高英语教育教学水平。	使幼儿园及时了解英语课程方案的执行情况,改进课程方案及课程管理,促进英语课程的不断发展和完善。
评价的途径与手段	√主题英语评价——每学期一次阶段主题英语评价(与二期课改相配套的主题,形成性评价为主),每学期一次终期主题英语评价(以终结性评价为主)。√日常评价——教师观察、记录幼儿在英语教育活动中的表现;结合成长档案的月评价表,家长对自己幼儿的英语表现进行评价。	√教师月自评√英语教师评聘——两年一次的英语教师的评聘与复评,并搭建交流和展示的舞台,每年开展一次"英语教学年会"。√日常承担英语教学任务——教师自主报名展示英语教学;英语教研组开展听课评课活动、承担园级教师培训等。	√园本教材评价——主要从园本教材入手,如每年一次的园本英语教材的学习与培训,定期开展对园本英语教材的反馈与修改。
评价的方式	过程性评价与终结性评价相结合;幼儿园评价与家庭评价相结合。	教师自评与园方评价相结合;日常评价与年度考评相结合。	幼儿园英语项目组评价与全体教师的评价相结合;专家与幼儿园评价相结合。

---

① 本资料由上海市浦东新区冰厂田幼儿园提供。

续 表

评价对象 评价体系	对幼儿的评价	对教师的评价	对课程的评价
评价的内容	√幼儿的情感态度 √幼儿的听说能力 √幼儿的文化意识 √幼儿的学习习惯	√英语语言能力（口语水平、相关培训和考级证书） √现场教学能力（现场活动和教学反思） √教育教学成果（英语教学案例、主题英语评价、英语专题小结、个人特色资料、英语科研等） √对所在班级的幼儿整体评价	√结合《上海市学前教育课程指南》和二期课改的精神，对园本英语教材进行评价，包括教材内容是否适宜每一年龄的幼儿英语习得和学得的规律、教材撰写是否体现现今课改理念等
评价激励	我园组织部分英语骨干教师成立了冰厂田幼儿园幼儿英语评价项目委员会，在每学年结束时（每年6月份）对每个年龄段的幼儿进行集中评价。评价重激励机制，每位幼儿可获得由我园颁发的证书	我们设立了英语项目师资基金。对英语教师进行奖励与培训，如每月发放英语教育津贴，提供国内外不同类型的英语培训	对园本教材编写组成员进行奖励，出版园本英语教材

第三节 幼儿英语教育评价的程序、类型与方法

具体开展幼儿英语教育评价工作时，要遵循一定的程序，采用多样化的方法收集信息，才能保证评价结果的科学性。

一、幼儿英语教育评价的程序

幼儿英语教育的评价，在操作时一般遵循制定评价方案、确立指标、收集信息和汇总分析四个程序。

（一）制定评价方案

幼儿英语教育的第一步是确定评价目的与对象，即确定评价要达到怎样的目的，具体要评价

哪些内容。根据英语评价目的和评价内容，幼儿园可针对所要评价的对象，确立相应的评价指标和评价人员；同时，考虑如何运用不同的评价途径和方法获取教师英语教育活动实施、幼儿英语发展和幼儿园英语课程方案等方面的评价信息。

如评价目的是了解幼儿园英语课程方案的科学性和适宜性，幼儿园就需要评价有关英语课程方案的要素，包括英语课程目标、课程内容、课程评价和课程管理等内容，并根据这些评价内容确立相应的评价指标，组建相应的评价团队，主要包括幼儿园管理者、教研组长，还可聘请园外专家进行本园课程方案的评价。同时，方案中还要明确可运用的评价方法，包括面向教师与家长的问卷调查法、面向教师与家长的访谈法、查阅方案资料法、课堂观察法等方法，以收集幼儿园英语课程方案方面的信息。

资料8-3　冰厂田幼儿园幼儿主题英语总体评价方案[①]

评价背景：

幼儿英语发展的评价一直被作为冰厂田幼儿园英语教育评价的内容之一，其中，"幼儿主题英语评价方案"围绕各年龄阶段培养目标，从注重幼儿听说能力，注重幼儿英语经验为出发点，出台了多个评价方案的版本。有以游戏为方式的小班测评方案，以教学活动为载体的观察测评，还有考验能力的任务型大班测评方案。我们在分析以往测评方案优缺点后，采用过程性评价与终结性评价相结合，即在中期评价中使用过程性评价为主的评价方式，在期末评价中，使用终结性评价，形成评价类型更清晰，操作更严谨，统计更科学的幼儿英语发展测评方案。

评价目的：

1. 了解幼儿主题英语教学中单词、句型、对话、儿歌、歌曲的掌握情况，评价幼儿在英语语言、情感态度、学习能力和文化意识等方面的发展，从而更好地促进教师英语教育能力和英语课程方案的完善与发展。

2. 帮助幼儿在英语学习过程中不断体验进步与成功，认识自我，建立自信，促进幼儿英语能力的全面发展。

评价途径：

1. 英语主题评价

——每学期1—2次由本班老师或部门年级组教师设计的幼儿英语主题评价内容（以过程性评价为主）。

——每年1次本园双语课程管理组进行各班幼儿抽样英语主题评价（以终结性评价为主）。

[①] 本资料由上海市浦东新区冰厂田幼儿园提供。

2. 日常评价

——由教师、管理者和家长通过日常英语教学活动观察、记录幼儿的表现。

——由教师和家长结合成长档案的月评价表对幼儿进行评价。

——由教师和家长通过开放日了解幼儿的英语习惯和情感养成。

——由外教反馈班级幼儿在活动中使用英语的习惯、兴趣和能力。

评价方式：

过程性评价与终结性评价相结合；幼儿园评价与家庭评价相结合。

评价内容：

1. 幼儿的情感态度

情感：从愿意到乐意、从感兴趣到喜欢、从大胆到自信，体现在程度上的递进。

态度：从被动模仿到主动表达，从参与活动到积极投入，体现在主体意识上的递增。

2. 幼儿的语言能力

听：从听一个指令做出反应到听多个指令做出反应，体现在听力能力的提高。

说：

① 模仿能力

词汇从单音节、双音节到多音节，句型从短句到长句的难度递增；对于儿歌歌曲能围绕音调、语感等进行表现。

② 表达能力

用单词、短语、短句、长句来应答或交流；对于儿歌歌曲能进行清晰富有表情的表演。

3. 幼儿的文化意识

礼仪：日常礼貌用语、常用交往语、祝贺语等。

知识：节日文化的名称、习俗、单词、歌曲等。

4. 幼儿的学习习惯

注意力从分散到集中；表达习惯从用单词回应到完整句回应；自信程度从声音轻轻到声音响亮，从个别偶尔举手到积极举手等状态表现。

评价样式举例：

以《亲密接触——冰厂田幼儿园双语课程》内容为基础，通过五个环节的内容进行幼儿英语主题的评价。

1. 提示说词（Listen and say）——老师提供英语单词卡片，幼儿用英语说出相应单词。

2. 模仿说句（Listen and imitate）——幼儿模仿教师的发音进行逐节跟读，内容结构为单词——短语——句子——扩展句。

3. 听听做做（Listen and do）——幼儿倾听指令逐个完成简单的或系列的动作。

4. 快听快答(Listen and answer)——幼儿倾听问题进行回答。
5. 唱唱跳跳(Sing and dance)——幼儿组合跟着录音伴奏进行歌曲儿歌表演。

评价小组：

幼儿评价组成员选自英语教材组成员及英语教研组长，每个年龄段由组长带领制订该年龄段主题英语评价方案。

评价激励：

我园英语课程管理组组织教材组成员、英语骨干教师共同参与幼儿主题英语的评价，如2010年12月份对每个年龄段的幼儿进行了集中评价。评价重激励机制，幼儿可获得园级阳光宝贝英语证书。

（二）多途径收集信息

幼儿英语教育评价的第二步是依照评价方案，有目的、有系统地运用多种评价方法，多途径地收集评价所需的资料和信息，以确保评价结果的客观性和真实性。

如对幼儿英语发展的评价，教师应注意多途径、多方法地收集幼儿在英语知识和能力方面的发展情况，为评价积累丰富的原始信息。具体而言，教师可通过平时英语教学活动和日常渗透性英语教育活动中的自然观察、主题英语评价、幼儿成长档案中有关幼儿讲故事、唱歌、念儿歌（歌谣）、角色表演、对话等活动的真实记录，并结合特定的评价活动，包括采用听听做做的全身反应法(TPR)来评价幼儿对英语词汇和句型的理解，采用唱唱跳跳的表演法、特定项目任务的表现测试来评价幼儿英语语言的表达和运用能力等。同时，教师还要注意整合家长对幼儿的英语发展评价信息。在以上多种途径获取的原始信息基础上，对幼儿的英语发展水平作出最终的客观评价。

（三）分析解释评价信息

根据评价方案、依据评价指标，多途径、多方法地收集好评价对象的信息后，幼儿英语教育评价的下一个步骤是汇总和分析解释信息，在此基础上作出客观的整体评价。评价者要对所收集到的资料和信息进行汇总，并运用恰当的分析技术，对汇总的信息材料进行解释，初步获得评价结果。

如幼儿英语发展评价中，班级教师要紧紧围绕评价指标，对幼儿英语学习的情感态度、学习习惯、听说能力和多元文化意识等进行数据的汇总和幼儿英语发展优势与不足、共性与个性发展的解释分析，以对幼儿英语发展水平作出较客观真实的评价。

（四）反馈利用评价结果

幼儿英语教育的评价不只是追求通过评价形成一种外评或自评报告，了解评价结果，或者确定幼儿英语教育能力和英语发展的一种等级，更多地是要充分利用评价结果，促进幼儿园及幼儿园教师进行英语教育实践的反思和总结，以便为今后有的放矢地开展英语教育活动提供更有说服力的实证。同时,幼儿园要善于利用评价结果形成自我发展的机制,通过幼儿英语教育的评价工作,促进幼儿园英语教育质量、幼儿英语水平和幼儿园英语教师教育能力的不断提升。

二、幼儿英语教育评价的类型和方法

(一) 幼儿英语教育评价的类型

幼儿英语教育评价从时间的维度出发,可分为形成性评价和终结性评价。

1. 形成性评价

形成性评价是一种过程评价,在英语教育过程中用来检测和监控幼儿园英语课程方案、教师英语教育活动实施及幼儿英语学习进展情况。形成性评价可以在幼儿英语教育的初始阶段或过程中,提供具体而又详细的反馈信息,让教育者随时了解幼儿英语教育实践中所存在的问题,以便采取有效的调整和改进措施。幼儿英语教育评价要充分关注幼儿园英语教育提高和发展的过程,应以形成性评价为主,注重评价的过程。

2. 终结性评价

终结性评价旨在获得幼儿园英语教育质量"总"的情形,是在一个阶段英语教育实施之后进行的,其主要目的在于收集资料,对一阶段幼儿园英语教育的成效作出整体的判断。为了判断幼儿园英语教育的综合效能,了解幼儿经过一阶段英语学习后是否达到了预期的教育目标、得到了应有的发展,了解幼儿园教师英语教育实施过程中存在的经验和问题,了解幼儿园英语课程方案的适宜性和科学性,幼儿园应在每一学期结束时,对英语教育的整体开展情况作一个终结性评价。

当然,形成性评价和终结性评价各有自己的优势及实施的必要性,幼儿园在实施英语教育评价时,应注重将形成性评价和终结性评价有机结合。

(二) 幼儿英语教育评价的方法

在对幼儿英语教育进行评价时,为了获取客观、公正的评价信息,教师要掌握一些英语教育评价的方法。由于幼儿英语教育评价中对幼儿英语发展的评价所使用的方法较丰富,且基本包含了对教师英语教育及英语课程方案的评价方法,故以下重点介绍以幼儿的英语发展为评价内容而采用的评价方法。

1. 观察法

观察法是指评价者有目的、有计划地对发生的现象或行为进行考察、记录和分析,以收集评价资料的一种方法。

评价幼儿英语发展时,评价者所使用的观察法要以自然观察为主,即教师要收集大量真实的、通过自然观察所得的资料,获得丰富的反映幼儿英语语言发展水平的客观事实依据。对幼儿英语教育评价时的观察,主要是在各类英语教学活动中进行的,也可结合渗透性英语教育活动中对幼儿的日常观察。

2. 问卷调查法

问卷调查法是指评价者通过书面形式向被调查者提出经过严格设计的问题,从而获取评价资料与信息的方法。

教师可根据幼儿英语教育评价的内容需要设计调查问卷,收集幼儿园英语教育的广泛信息。当对幼儿英语发展水平进行评价时,其调查内容主要围绕幼儿英语的听说能力;其问卷调查的对象可以是教师,可以是家长,也可以直接询问幼儿并由家长填写。

资料8-4　冰厂田幼儿园小班幼儿英语评价的家长调查问卷[1]

小＿＿＿班的＿＿＿＿＿家长:您好!

为了了解孩子在近阶段主题英语学习中的情况,为了能更好地促进孩子英语兴趣、习惯和能力的培养,我们将进行一次部门幼儿英语发展评价。评价采用幼儿园评价和家庭评价相结合的方式。由教师通过分组教学,观察评价幼儿对英语的兴趣、听说的习惯和对英语的敏感性。由家长参与幼儿"I can sing"(幼儿自选内容表演)环节评价,提供幼儿英语兴趣和表达能力的信息。

评价注意事项:由于孩子喜欢在集体中表演,喜欢熟悉的语言环境,所以孩子会不愿表演或忘记部分内容,家长可稍作提示。在评价过程中,家长千万别忘记多表扬和鼓励自己的孩子,让他更喜欢表演、更自信。

评价方法:I can sing(幼儿自选内容表演)

评价内容:

> Songs(CD碟)
> - 〈Good morning〉
> - 〈Hello! Hello!〉
> - 〈Brother John〉
> - 〈Let's sing together〉
> - 〈Apple tree〉

评价结果:
Performance(请家长根据幼儿表现在相应的"□"内打"√")

是否愿意表演英语歌曲	□Excellent	□Good	□Fair	□Else＿＿＿
是否大胆自信、情绪愉悦	□Excellent	□Good	□Fair	□Else＿＿＿
是否表达清楚、比较准确	□Excellent	□Good	□Fair	□Else＿＿＿
是否愿意配合肢体动作表现	□Excellent	□Good	□Fair	□Else＿＿＿

注:Excellent——出色　Good——好　Fair——一般　Else——其他

---

[1] 本资料由上海市浦东新区冰厂田幼儿园提供。

> 评价建议：
> ♣ 您对孩子在英语发展方面的评价和建议
> _____
> _____

3. 谈话法

谈话法是指评价者通过有目的、有计划地与被评价者进行交谈以收集评价资料的一种方法。这种方法不受文字理解力的限制，且可以深入交谈，较适合对书面问卷不宜开展的幼儿进行英语发展的评价。

教师在日常生活中要安排时间和机会多与幼儿用英语进行交流及谈话，以了解幼儿英语听说能力的发展。教师还要经常与幼儿家长交谈了解幼儿在家庭使用英语的情况，以便更全面、准确地评价幼儿的英语发展水平。

4. 全身反应法

全身反应法（TPR）是指通过让幼儿用听英语——身体做动作的形式来着重评价幼儿英语感知理解能力的一种方法。该方法一般多运用于幼儿听力发展中的特定项目任务的表现测试。

教师可运用 TPR 的方法让幼儿听听英语、做出相应的动作反应，通过判断幼儿动作反应的准确性来了解幼儿对所学英语词汇、句型等的掌握情况，特别是对英语意义的理解。

5. 表演法

表演法是让幼儿将所学的词汇、句型、儿歌、歌曲、爵士调、故事等，借助语言、体态动作和表情等表达表现出来以评价幼儿英语发展水平的方法。该方法一般多运用于幼儿表达能力发展中的特定项目任务的表现测试。

表演法可通过唱唱跳跳、做做说说的形式了解幼儿的英语表达能力的方法，较适合以幼儿为对象的英语教育评价。教师可通过观察幼儿的表演，来评价幼儿对其所学的英语知识的使用情况和英语的表达能力。

6. 档案袋评定法

档案袋评定法（portfolio assessment）是一种综合性的评价方法，它主要指教师对幼儿长时间内的英语学习和发展情况进行有意识的观察与记录，收集并分析幼儿在英语学习过程中的各方面信息，以反映幼儿在一段时期内的英语学习过程与发展轨迹的方法。

档案袋评定法全面收集幼儿在不同时期的英语理解与表达的作品和表现，包括讲故事、唱英语歌曲和歌谣等的录音及幼儿英语教学活动及日常活动中的英语发展记录。作为一种形成性评价方式，该方法可以反映幼儿英语发展过程中的进步。

7. 游戏法

游戏法是通过让幼儿做游戏和观察幼儿游戏活动中的英语知识经验和听说能力等方面的表现来评价幼儿英语能力发展状况的方法。

教师可根据评价内容,将评价活动设计成幼儿喜爱的各类游戏,如盖章游戏、闯关游戏、任务情境游戏等,激发幼儿用英语自主地表达表现,使幼儿沉浸在游戏的环境中,积极自然地运用英语来交流,从而通过自然观察来评价幼儿的英语发展水平。

(三)幼儿英语教育评价的注意事项

为充分发挥教育评价应有的作用,在进行幼儿英语教育评价时,要注意以下的一些事项:

1. 自评为主、外评为辅

在评价的发展性价值观主导下,幼儿英语教育评价要坚持以自评为主,外评为辅,因为幼儿园的自我评价是幼儿英语教育评价的基础,可实现评价的发展性目的。自评区别于他评的核心价值,在于其能够建立一种自我认识、自我监测、自我发展的机制,有利于提高自评者的自信心和责任感,调动自评者的主动性和积极性,促使评价对象在原有基础上得到不断发展。

因此,幼儿英语教育评价要提倡以幼儿园的内部评价为主,鼓励幼儿园实施自我评价,即根据英语教育评价指标,对自己幼儿园的英语教育实践实施评价。这样,可使幼儿园运用"反馈原理",通过评价及时获得全面的有关幼儿园英语课程方案、教育实施过程、教育结果等方面的信息,从而在分析、改进和调整的基础上,使幼儿园英语教育活动不断完善和优化。毕竟专家、行政机构等的外评由于只能局限在某一段时间、某一局部区域,无法全面掌握被评幼儿园的总体情况,无法得到全面客观的幼儿英语教育评价信息。

此外,幼儿英语教育评价还要提倡以班级教师的内部评价为主,鼓励幼儿园教师实施自我评价,即根据英语教育评价指标,对自己班级的英语教育实践实施评价。这样,可在自我评价中促进教师对英语教育活动的反思和研究,从而主动去寻找问题、发现问题、解决问题,使班级英语教育活动不断完善和优化,更好地促进幼儿的发展。

当然,幼儿园自评者毕竟不是专业评估人士,教师自评也有很多的局限,如,无法进行全面的观察,故在自评基础上,幼儿园可借助外部专业评价者,即专家的力量来定期进行幼儿园英语教育的评价;班级教师可借助其他班级的教师来定期进行本班英语教育的评价。这样,通过外部评价者和内部评价者的相互作用、相互沟通,使评价结果更真实客观,促进幼儿园英语教育针对性的改进和提高。

2. 单项的形成性评价与综合的终结性评价相结合

幼儿英语教育评价的内容广泛,评价指标较多,在进行英语教育评价时,幼儿园要考虑操作的可行性。一般幼儿园可在每一学年或每一学期进行一次全面的终结性评价,围绕幼儿园英语课程方案、幼儿园英语教育实施和幼儿英语发展三方面指标,对英语教育价值作出整体的判断,对幼儿园英语教育工作进行全面的诊断、分析和调整。

但是,开展综合的终结性评价工作量往往很大,在英语教育评价中,幼儿园更要善于运用形成性评价,针对本园不同时期的英语教育工作重点和教师的需要,在英语教育实施过程中经常开展一些单项性评价,如英语教学活动评价。幼儿园开展形成性评价的主要目的在于藉此动态把握英语教育实施情况,收集英语教育整个实施过程中的信息,重在诊断和分析自身存在的问题,并及时作出科学合理的调整措施。在常态化的单项形成性评价的基础上,幼儿园可进行每年一度或每学期一度的综合评价,全面收集资料,对幼儿园英语教育作出整体的判断,对幼儿园英语教育工作进行综合的诊断、分析和调整,而不是每一次教育评价都追求评价指标内容的全覆盖。这样,幼儿英语教育评价才更有可操作性,在实践中也更容易得到贯彻和落实。

3. 量化评价和质性评价相结合

量化评价是指收集定量的信息,对材料进行科学的分析、比较,并在此基础上作出幼儿英语发展状况、幼儿园英语课程方案和实施情况等的评价。有些英语评价指标,可用定量的评价方法,如关于幼儿英语词汇、句型的理解和表达能力等方面的评价,数量或等级的评价结果呈现会更具体、更清晰。

但是,用客观的、定量的方法进行评价得到的结果往往是不全面的,因为幼儿英语教育评价对象更多涉及的是复杂的人的主体行为,应更强调采用定性的评价方法对幼儿园英语教育做出价值判断。因此,在幼儿英语教育评价中应多采用自然主义的质化评价方法,使用问卷调查、访谈等方法了解幼儿园英语教育的课程方案、教育实施及效果等各方面的情况,并利用所获得的资料对幼儿园英语教育进行整体评估。如对幼儿英语发展的评价,不宜单纯采用量化的方法,要努力将对幼儿英语发展的评价渗透到各种英语教育活动中,结合真实的日常活动去捕捉幼儿在英语发展方面的典型表现。教师应以日常观察为主要方式,强调在幼儿真实的生活和学习情景中对幼儿进行评价。教师可借助个案观察记录、时间观察记录、档案袋记录和轶事记录等多种科学的评价方式,对幼儿英语发展表现进行真实的、原始的记录,发现幼儿的典型表现,保存幼儿的学习过程和作品,获得大量具体真实的信息,进而对幼儿英语各方面的发展进行非统一标准的描述性评价。

4. 注重过程、淡化结果

在进行幼儿英语教育评价时,幼儿园及幼儿园教师要持有过程取向的评价价值观,注重评价的过程,淡化评价的结果,因为评价的最终目的不是为了区分等级、鉴定水平,而是为了促进幼儿园英语教育的发展。由此,在幼儿英语教育评价中,幼儿园要关注过程,特别是在进行幼儿英语发展的评价时,幼儿园教师更要做到以评价促进幼儿英语水平的发展。

幼儿英语教育的首要目标是激发幼儿英语学习的兴趣,幼儿英语教育评价也要依据该目标导向。在进行幼儿英语发展水平的评价时,教师首先要做到多对幼儿进行纵向评价,少进行相互间的横向评价。美国心理学家加德纳的多元智能理论告诉我们,幼儿间的智能发展是不平衡的,不同幼儿其语言智能是有个体差异的,在学习英语的过程中会自然表现出来。如有的幼儿英语学得快,英语理解和表达能力强;有的幼儿则相对开口迟缓,英语理解和表达能力弱,甚至对英语学习的兴趣也不浓厚。教师要认可、宽容幼儿英语学习中的这种个体差异,多进行纵向评价,对幼儿取得的进步积极鼓励,而不是一味进行横向评价,排斥和批评英语发展水平差的幼儿,否则长此以往,容易泯灭幼儿对英语学习的兴趣,抹杀幼儿英语学习的直接动力。其次,评价的内容应以幼儿英语教育活动中参与的情感态度为重点,淡化对英语知识和技能的结果性评价。幼儿阶段启蒙英语教育的最终目标是激发幼儿对英语学习的兴趣,而不是追求英语语言本体知识的获得,即不应评价幼儿掌握了多少词汇、句型和对话等,因此,幼儿在英语学习过程中的情感态度、幼儿在英语学习过程中的兴趣与积极性,便成为幼儿英语教育评价中的重要指标和内容。

另外,在进行教师英语教育实施的评价时,幼儿园也要注意避免评价是为考核教师英语教育水平或区分教师英语教育水平等第的结果取向的评价目的,而是要关注通过评价不断促进教师对英语教育实施的反思和总结,从而促进教师英语教育能力和水平的持续提升。

思考与实践

1. 作为一名幼儿园教师或未来的幼儿园教师,请联系英语教育活动的实际,谈谈为什么要开展幼儿英语教育的评价工作。

2. 联系实际谈谈幼儿英语教育评价应遵循哪些原则。

3. 材料分析题

请分析以下教师评价幼儿英语发展时所采用的方法:

教师问幼儿:Please answer my question. Are you a boy or a girl? 幼儿回答……

教师问幼儿:Where are you from? 幼儿回答……

教师问幼儿:What color is your hair? 幼儿回答……

教师问幼儿:How many teachers are there in this room? 幼儿回答……

教师问幼儿:Do you like swimming? 幼儿回答……

4. 开展幼儿英语教育评价要遵循怎样的程序?请举例说明。

5. 联系实际谈谈幼儿英语教育评价中要注意哪些事项。

6. 根据幼儿园英语教学活动的评价指标,试对自己设计和开展的英语教学活动进行自我评价。

第九章

幼儿英语教育的师资与培训

■ 知识要点
- 幼儿英语教师的专业素质
- 职前幼儿英语教师的培养
- 职后幼儿英语教师的培训

幼儿英语教育质量的提高有赖于三方面的因素：一是良好的师资，二是适宜的教材，三是优化的教法。其中最具活力和变化的因素是师资水平，因为再好的幼儿英语教材和教法都需要有合格的教师来实施。因此，幼儿英语教育师资是影响幼儿英语教育质量的重要因素，从一定程度上说，幼儿英语教师的专业素质决定着幼儿英语教育的成败。由此，幼儿英语教育师资的专业素质和职前职后培养措施，是保障幼儿教育有效实施的重要条件。那么，幼儿英语教师需要哪些专业素质呢？如何在职前阶段加强培养，从源头上保证幼儿英语教师的专业素质呢？如何采取有效的职后培训手段和培训课程来支持幼儿英语教师的专业发展呢？本章将主要阐述幼儿英语教师专业素质的关键组成内容和幼儿英语教师培训的手段、途径及培训内容等，从而培养一支有系统的英语专业知识、扎实的英语教育教学能力和素养的幼儿英语教育师资队伍。

第一节 幼儿英语教师的专业素质

专业素质，又叫专业素养，主要是指从事该行业所需要的具有与其他行业相区别的特定内容。教师是专业人员，教师必须具有其专有的素质。幼儿英语教师作为从事幼儿英语教育的专业人员，其专业素质的高低直接决定着幼儿英语教育的质量，因为任何好的教法和教材，都必须由合格的教师来实施。那么，作为一名幼儿英语教师，除了应该具备幼儿教师的一般素质，如敬业乐业精神、正确的儿童观和教育观、良好的师德、广博的知识外，还应该具备哪些特殊的专业知识和能力呢？

一、专业知识

知识是语言能力的有机组成部分，是发展语言技能的重要基础。幼儿英语教师的专业知识主要包括英语专业知识和英语学科教学知识。

(一) 英语专业知识

1. 全面的英语专业基础知识

英语首先是一门语言学科,对于从事幼儿英语教育或未来要从事幼儿英语教育的人士来说,掌握系统全面的英语专业知识是实施英语教育的保障。由此,幼儿英语教师必须熟练掌握一定的英语专业基础知识,包括英语语音、词汇、语法、语用和英美文学等方面的知识。如,知道英语语调、重音的使用,理解合乎英美习惯的语言使用知识,积累一定数量的贴近幼儿生活的英语词汇、句型、歌曲、故事、歌谣和游戏等素材。

2. 重要的英语文化知识

语言是文化的载体,语言和文化不可分离,学习一种新语言,意味着了解一种新文化,英语学习必然涉及英语文化的理解与掌握。教师如果教授语言而不了解与其密切相关的社会文化背景,便不能真正掌握和运用语言,更无法很好地教幼儿学习英语。因此,幼儿英语教师在实施英语教育时,必须了解英语国家的历史地理、风俗习惯、文化传统、社会制度和价值观念等重要的文化背景知识,如英语称谓和人名的习惯、西方节日知识、饮食文化知识、社交礼仪知识等。有关英语称谓和人名的习惯,教师要了解英语人名一般名在前、姓在后;英美国家称呼教师时一般在姓氏前面加 Mr.、Miss. 或 Mrs.;晚辈可以直呼长辈的名字,以示亲密和友好。有关西方节日知识,教师主要是了解西方重要的节日,包括感恩节(Thanksgiving Day)、复活节(Easter Day)、圣诞节(Christmas Day)、万圣节前夜(Halloween)、母亲节(Mother's Day)和父亲节(Father's Day)等的起源和习俗、社交语言、环境创设、庆祝方式等。如圣诞节是为了纪念耶稣的诞生,庆祝时要装饰圣诞树、唱圣歌、吃火鸡、孩子等待圣诞老人送礼物等。西方饮食文化知识包括要了解西方人的主食、使用的主要餐具和用法等。英美国家的社交礼仪知识包括初步了解与人打招呼、打电话、握手、接受礼物和致谢道歉等人与人交流、交往的常识和习惯等方面的知识。

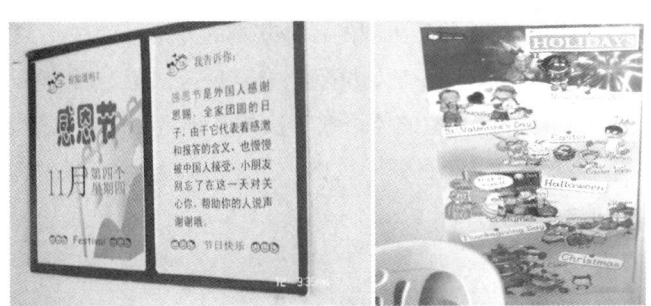

图 9-1 英语文化知识举例

总之,幼儿英语教师在进行英语教育时,必须对英语国家基本的、重要的文化知识充分熟知,才可以有效开展英语教育活动,创设丰富的多元文化环境,提高幼儿初步运用英语与人交流的能力和初步的多元文化意识。

(二) 英语学科教学知识

舒尔曼(Shulman,1987)提出了构成教师知识结构的七类知识,其中重要的一类知识是学科教学知识(pedagogical content knowledge,简称 PCK)。[①] 学科教学知识又称教育内容知识,是指学科内容知识与教育专业知识的融合,是有关如何教授自己承担的学科的知识。学科教学知识是教师对教学知识、学科知识、学生特征和学习情境等知识的综合理解。[②] 从以上学科教学知识的界定出发,幼儿英语教师的学科教学知识可包括以下两方面的内容。

1. 必要的语言学和第二语言学习理论知识

幼儿英语教师的学科教学专业理论知识结构中,首先是必要的语言学理论知识,因为英语首先是一门语言专业。

幼儿英语教师需要学习语言学的基本理论,对语言和语言交际能力的本质、特点和规律以及对英语语音学理论等有所了解。因为幼儿具有英语语音学习的优势,英语学习首先是从发音、语调入手的。幼儿英语教师还需要学习幼儿语言学习和外语学习的理论知识,从幼儿的观察、记忆、思维、兴趣、意志、性格等心理特征出发,了解幼儿英语学习的特点和规律,包括了解幼儿期学习第二语言(英语)以学得与习得交融的方式为主,语言的掌握需要在真实的情景中反复倾听、理解、学习和运用。

幼儿英语教师只有具备了必要的语言学理论知识和幼儿第二语言(英语)学习理论知识后,才能更好地在具体的幼儿英语教育实践中加以综合运用。

2. 基本的幼儿教育和英语教育理论知识

幼儿英语教师的专业理论知识结构中,还需要掌握基本的幼儿教育理论知识和英语教育理论知识。

幼儿教育理论知识主要包括学前教育学、幼儿心理学等方面的基础理论知识,从而可以全面系统地认识和理解教育对象,在此基础上更好地因材施教。

英语教育理论知识重点是掌握一定的第二语言(英语)教学法知识。教师要科学有效地实施英语教育,首先要学习外语教学史上曾经出现的各种基本的外语教学法,了解各种教学法流派的理论及特点,如语法翻译法、直接法、听说法、功能法、全身反应法等,并结合幼儿的年龄特点来综合运用。幼儿英语教师只有在掌握基本的英语教学法的基础上,才能通过教学实践来总结和研究幼儿英语教学的规律,逐步形成自己的教学风格。在此基础上,将相关教学法理论和实践做法迁移到渗透性英语教育的实践中。

二、专业能力

由于工作对象的特殊性,幼儿英语教师仅有专业知识是不够的,还需要具有专业能力。专业能力是新型教师的重要特征,是教师综合素质的表现,幼儿教师要做好英语教育工作不能没有专业能力。幼儿英语教师的专业能力主要包括标准的英语口语能力、良好的英语教育活动设计能

[①] Shulman, L. 1987. Knowledge and teaching: Foundations of the new reform. Harvard Educational Review 57(1), p. 33.
[②] Cochran, K. F., J. A. Deruiter, R. A. King. 1993. Pedagogical content knowledge: An integrative model for teacher preparation. Journal of Teacher Education 44(4), p. 7.

力、综合的英语教育活动组织能力、深入的英语教育活动评价与反思能力和一定的英语教育研究能力。

（一）标准的英语口语能力

幼儿英语教师应有良好的外语基本功，具有过硬的英语听、说、读、写等方面的基本技能。其中，最主要的技能是英语口语表达能力，因为高质量的英语语音输入是幼儿英语教育的重中之重，否则幼儿就不可能发挥第二语言习得中纯正语音获得的优势。为此，幼儿英语教师要做到吐词清楚，具有准确而纯正的英语语音语调，英语口语表达规范、流畅、娴熟，语言节奏感强，具有一定的感染力。幼儿的模仿力很强，语音可塑性大，幼儿期是英语语音获得的关键期，除了视听材料，如磁带、录像带、CD、VCD外，教师是幼儿语音模仿的标准，教师英语的语音语调对幼儿的影响至关重要。因此，幼儿英语教师应具有较好的英语口语能力，特别是语音修养要高，做到英语发音、节奏和语调完美自然地结合。如果教师的语音和口语能力较差，幼儿就会习得不规范的语音、不正确的语言习惯，形成语音语调的定势后，以后将难以纠正，对后继的英语学习会造成极大的障碍。

（二）良好的英语教育活动设计能力

幼儿英语教师需要具有良好的英语教育活动设计能力。教师在掌握一定的幼儿英语教育基本理论与知识的基础上，在英语教育活动设计中，要根据幼儿英语学习的特点和规律，把握启蒙阶段幼儿英语教育的宏观目标定位，以培养幼儿英语学习的兴趣，不要太功利化。同时，教师还要结合幼儿英语教学和渗透性英语教育的不同途径和性质，综合各种因素科学地进行各类教育活动的设计，包括制定合理的活动目标、设计适宜的活动内容、选择多样的活动方法、安排科学的活动步骤和活动形式、确定活动评价指标等。

（三）综合的英语教育活动组织能力

幼儿英语教师还应具备综合的英语教育活动组织能力，保证将各类英语教育活动计划付诸实践，促进幼儿英语水平的发展。在具体实施英语教育活动中，教师的英语组织用语要简洁、儿童化，符合幼儿的年龄特点；活动中遵循基本的幼儿英语教育原则，来开展英语教学活动或用英语组织幼儿的日常活动；善于利用教具、简笔画、多媒体（包括收音机、幻灯机、投影仪、VCD、电脑等）、体态语言等直观手段创设良好的英语学习情境；充分运用适合幼儿年龄特点的多种方法，如游戏法、全身反应法、操作法等，创设轻松、愉快、有趣、真实的英语学习氛围，激发幼儿英语学习的兴趣，生动活泼地开展英语教育活动。幼儿英语教师还要具有灵活的英语教育活动实施能力，注重对幼儿活动的观察，采用有效的策略进行师幼互动与交流，并能根据幼儿的现场反应随机调整活动计划、调控活动过程等。

（四）深入的英语教育活动评价和反思能力

幼儿英语教师还应具备对英语教育活动的评价和反思能力。活动后，教师要通过评价手段，及时了解幼儿的英语学习情况,获得英语教育活动效果的反馈信息,以深入分析英语教育实施中存在的问题与不足。同时,教师要善于发挥评价反馈信息的调节作用,通过不断反思评价所获得的信息去解决实践问题,总结教育经验,从而激发教师不断提高幼儿英语教育的质量。

(五) 一定的英语教育研究能力

教育研究能力是教师专业发展的重要能力之一,幼儿英语教师要具有一定的科研意识,注重对英语教育实践的行动研究,具备一定的幼儿英语教育研究能力。幼儿英语教师不能仅仅满足于实践经验的积累,要在教育实践中,根据幼儿园英语教育教学的实际,运用行动研究的方法,选择适宜可行的科研课题,对幼儿英语教育开展实践性和专题性的深入研究。只有在对实践经验进行总结和提炼的基础上,幼儿英语教师才能不断丰富和提高个人的英语教育理论和实践素养,从经验型教师转变为研究型教师,促进自我的专业发展。

第二节 幼儿英语教育的师资培训

明确了幼儿英语教师应具备的专业素质,根据幼儿英语教师专业素质中应具备的专业知识和专业能力,如何针对目前的师资现状开展幼儿英语师资的培训工作就成为重中之重。

一、幼儿英语教育的师资现状

幼儿英语教育需要的是具有扎实英语教育素质又具有娴熟幼教素质的复合型师资。然而,由于幼儿英语教育尚未得到国家教育行政管理部门相关政策的支持,国内也没有建立起成熟的幼儿英语教师资格标准和资格认证部门,因此,幼儿英语教师的总体水平较低。

根据调查显示,目前幼儿园英语教师从来源看,有的是园外英语专业教师(大多数是在校大学生),有的是经过简单培训后的园内幼儿教师,也有的是园内少数英语专职教师(所占比例很小,而且多为新手),还有部分是外籍教师。从专业来看,主要以来自幼教专业毕业的教师为主,本、专科英语专业毕业的教师相对较少;[①]教师大多擅长书面英语,而英语口头表达能力欠佳;英语教学法知识缺乏;以年轻教师为主体,英语教龄短,英语教育理论和实践能力不足等。

图9-2 幼儿英语教育的师资

[①] 张文贵:《幼儿园英语教育的师资现状及对策研究》,《学前教育研究》,2005年第9期。

综上所述,目前我国的幼儿英语教师整体专业水平不高,专业知识与能力结构不完备,还难以胜任幼儿英语教育工作。

二、幼儿英语教育的师资培训

幼儿英语教师是具有特定专业素质的专业人员,必须经过专门训练,有较为扎实的专业功底。面对以上幼儿英语教育师资水平普遍较低的现状,如何加快培养合格称职的幼儿英语教育师资队伍便成为当务之急。幼儿教育相关行政和教研管理部门、高等师范院校和幼儿园,需要联手合作,开展多方位的英语教育师资培训工作。对幼儿英语教育师资的培训,可从职前培养和职后培训两条途径入手。

(一) 职前培养

幼儿英语教育师资职前培养的任务主要是由高等师范院校承担的。高等师范院校要在教师专业化发展的大背景下,努力探讨幼儿英语教师的职前培养工作,加强职前幼儿英语教育师范生的培养力度。

幼儿英语教师的培养作为一种专业教育,具有一定的特殊性。为社会培养学前教育师范生的本科或专科高等院校,应注重与时俱进,在师资和物质等各方面条件许可的情况下,适当调整专业培养方案和计划,尝试在学前教育系专门设立幼儿英语教育专业,对师范生进行英语教育和幼儿教育双重内容的职前培训,以为社会输送合格称职的幼儿英语教育师资,提高幼儿英语教育的科学性和有效性。

1. 制定科学的专业培养目标

为培养合格的幼儿英语教师,高等师范院校首先要制定专业培养计划,其中最主要的是制定科学的培养目标,设立基本的幼儿英语教育师资的培养规格。

根据幼儿英语教师的专业素质构成内容,师范院校培养的学生应有较深厚的英语专业基础知识,较好的英语口头表达能力,扎实的幼儿语言学习和幼儿英语教育理论知识,以及过硬的幼儿英语教育设计、组织、评价反思和研究的能力,以胜任幼儿园英语教育实践和改革的需要。

2. 建构适宜的课程结构

为实现以上的培养目标,学前教育系幼儿英语教育专业要在培养目标的导向下,建构相应的与目标相一致的专业培养计划和专业课程结构,以支持学生相关幼儿英语教育专业知识和专业能力的获得,帮助学生养成幼儿英语教育的专业素质。

就课程结构而言,设置的课程可包括专业基础课程、专业核心课程和专业技能课程三大模块。专业基础课程重点加强学生英语基础知识、英语听说读写技能和语言学及第二语言学习理论知识方面的培养。专业核心课程重点加强学生英语教学法、幼儿英语教育理论知识与实践能力的培养。专业技能课程重点加强学生实际的幼儿英语教育实践技能,强化英语口语能力的训练及幼儿英语教育能力的训练,安排学生去幼儿园进行英语教育实践的见习和实习,丰富学生的实践经验,提高学生的实践能力,促进学生专业知识向专业能力的转化。以上三大模块的课程相互补充、相互支持,最终使学生具有一名合格幼儿英语教师必备的英语专业素质。

(二) 职后培训

职后培训即在职培训。因为职前培养一般需要 4 年的时间,具有一定的时效性,所以面对目前幼儿英语教育的师资现状,当务之急是对在职在岗的幼儿英语教师开展职后培训工作。各级幼儿教育培训部门、高等师范院校及幼儿园要探索科学的培训内容和培训方式,提高培训效果,加快幼儿英语教育师资的培养。

1. 拓展培训方式,多渠道、多途径地培养幼儿英语教育师资

面对幼儿英语教育师资普遍水平不高的现状,各级部门要协调合作,拓展幼儿英语教师培训的途径和渠道。

(1) 高等师范院校或教师进修学校的培训。幼儿英语教师职后培训首先要充分发挥高等师范院校或各区县教师进修学校的研究能力、师资队伍和培训组织等资源优势,结合地区的实际情况以及幼儿园的实际需要进行有针对性的培训。高等师范院校的学前教育专业和英语教育专业,以及教师进修学校的幼教教研员和英语教研员可协同合作进行幼儿英语教师的上岗培训,帮助在职教师掌握必需的专业知识和专业能力,以胜任幼儿英语教育工作。培训重在解决教师理论和观念上的问题,同时,兼顾教师英语口语表达能力、幼儿英语教育活动设计与组织能力的培养。

高等师范院校或教师进修学校的培训可安排一些高水平的、前沿的学术讲座,帮助在职英语教师树立正确的幼儿英语教育观念。同时,还可举办一些参与式的培训、实践活动观摩及专家点评等活动,帮助教师正确理解幼儿英语教育的理念和规律,并尝试运用在幼儿英语教育实践中。

(2) 园本培训。园本培训主要在幼儿园进行。园本培训是一种立足于幼儿园自身的师资情况,以合作、分享、实践导向为特点的培训。幼儿园要根据本园教师的实际需要,发挥幼儿园自身的资源优势进行自主培训,旨在解决教师幼儿英语教育实践中出现的问题,提高教师幼儿英语教育活动设计、组织、评价的能力,促使教师的实践经验得到反思、总结和提升。幼儿园要通过幼儿园内不同英语教师群体的发展需求,探索教师成长轨迹中的内外影响因素与发展规律,利用教师自我实践经验的资源和幼儿园长期积累的英语教育经验,通过共性和个性相结合的培训,营造团队中交流共享的氛围,促进幼儿英语教师的专业发展。

园本培训具有较强的针对性,培训内容紧密结合幼儿园英语教育实践中教师的问题和困惑,培训者可以是专家、外教及优秀的本园英语教师。园本培训的方式多种多样,幼儿园可根据教师英语专业素质的现状采取针对性的园本培训方式,包括合作交流式、专家引领式、特色分享式等。园本培训后,幼儿园要鼓励教师自主形成阶梯式带教的模式,或群体结对或一对一结对,以提高英语教师学习和专业发展的自主性。

(3) 园本教研。教研组是培养幼儿园英语教师专业素质、促进英语教师专业发展的主阵地,立足于幼儿园实际与需要的教研活动是促进幼儿英语教师专业素质培养和发展的主要手段。通过英语教研组活动,能帮助教师更好地分析教材、分析幼儿、分析教法,更好地通过行动研究来提高教师英语教育的专业素质。

开展园本教研活动前,幼儿园需要制定详细的一学期英语教研计划,做到英语教研活动的内容丰富灵活而有针对性。园本教研安排既可结合幼儿日常英语教育与课程实施的内容,如英语节日活动策划、英语教育环境创设、英语主题教学活动研讨、幼儿英语发展评价等,又可有来自教

师英语教育实践中的现实问题，通过教研活动群策群力研究解决，发挥教师合作共同体的力量。另外，幼儿园要善于根据自身的幼儿英语教育资源情况，尽可能开发和利用家长资源开展园本教研活动。如，吸引有丰富英语阅历与英语知识经验的国内家长和外籍家长参加幼儿园英语教研活动，参与园本英语教材的评价，策划组织西方文化节日活动，参与家园英语环境的创设，开展不同特色的家长沙龙等。

资料9-1　****学年第二学期冰厂田幼儿园云山部英语教研计划[①]

一、教研目标

在英语项目组引领下，加强教师英语日常渗透能力，通过家园互动，创设幼儿亲密接触英语的环境；加强"课例研究"的实践研讨氛围，继续研究英语故事教学，不断完善主题英语课例；加强园本教材与口语的互动式培训，进一步熟悉英语主题内容，提高日常英语教育教学能力。

二、主要措施

1. 确定个性化带教方案，发挥英语教师的辐射作用，更快帮助新教师熟悉和了解冰厂田幼儿园英语课程；英语带教以年级组为单位，"一对一带教"和"一对多"带教相结合。同时聘请青年教研组长沈祎冰作为教育教学辅导老师，参与日常听评活动与研讨，进一步提高教师英语实践能力。

2. 继续保持部门的英语特色，有序开展"Super Voice"（超级童声）和"亲子小接待"的特色活动，并尝试借助家长资源，开展英语故事阅读活动，为幼儿创设更好的英语语言环境。

3. 继续开展不同形式的英语节日活动，借助家长资源、年级组资源，结合混龄活动，帮助幼儿创设更好的多元文化节日活动；继续加强英语特色活动的宣传力度，建立家长参与机制，将校园英语特色活动的范畴扩大；并挖掘现有家长资源，鼓励家长参与园刊的创办，交流分享家庭英语指导经验。

4. 尝试英语精品课例的推广与运用，鼓励新教师模仿课例教学，鼓励青年教师在原有基础上根据实际情况进行调整、修改与完善。就重点主题进行课例演绎和创新，通过听课评课，实践反思，继续修订和补充英语基础资料包内容。

5. 围绕冰厂田幼儿园《幼儿看与说读物》主题英语故事书籍，开展英语故事教学的学习与研讨，学会分析故事内容设计英语故事教学活动，对如何激发幼儿在英语故事教学中的表达表现做进一步的专题研讨。

[①] 本资料由上海市浦东新区冰厂田幼儿园邹悦老师提供。

> 6. 利用英语教研活动提高不同层面教师的教学能力，提供各种锻炼机会。继续以英语项目组"研培合一"的思想为主导开展英语教研组活动，通过主题英语课例"一课三研"的观摩研讨，进一步帮教师提高英语教育教学能力。
>
> 7. 开展部门园本教材与英语口语内容培训，以各班英语主教老师轮流负责培训，其他教师扮演幼儿模拟课堂的方式，开展互动式情景培训，提高英语口语和肢体语言表现力；同时结合一日活动内容学习英语日常用语的渗透，提高教师的英语口语能力。
>
> 8. 继续开展外教口语培训活动，鼓励教师多开口，多与外教交流沟通，进一步提高教师的英语素养；每次外教口语培训时，尝试用英语与外教探讨主题相关词组、句式、对话或者教学中的疑问，在请教外教的同时进行教学用语的积累，充实口语培训的内容。

2. 扩展培训内容，全面提高幼儿英语教师的专业素质

对照幼儿英语教师的专业素质构成要素，幼儿英语教育师资的培训内容应努力做到全面、科学。有关幼儿英语教育师资的培训内容可主要分为以下几大块。

(1) 英语专业知识和英语学科教学知识培训。幼儿英语教育师资培训的重要内容之一是英语专业知识与英语学科教学知识方面的培训。

就英语专业知识而言，培训内容首先是英语书面语言的基本知识，包括一定的英语语音、词汇、语义、语法和语用方面的知识，尤其是合乎英美习惯的语言使用知识。另外，培训内容应涉及重要的英语文化知识，了解英语国家历史地理、风俗习惯、文化传统、社会制度和价值观念等领域重要的文化背景知识，如英语称谓和人名的习惯、西方节日知识、饮食文化知识、社交礼仪知识等。

英语学科教学知识的培训内容包括必要的语言学理论知识、第二语言学习和第二语言（英语）教学法知识，使教师对语言和语言交际能力的本质、特点和规律以及对英语语音学理论等有所了解。同时，了解幼儿英语学习的特点和规律，掌握基本的英语教学法理论。

(2) 幼儿教育理论知识和实践能力的培训。幼儿英语教育首先要从幼儿的年龄特点出发，遵循幼儿的生理和心理发展特点，因此，了解幼儿教育的理论知识，把握幼儿教育的实践技能，也是幼儿英语教育师资基本的专业素质，是幼儿英语教育师资培训的重要内容。只有具备幼儿教育理论知识和实践能力，才能运用适合幼儿年龄特点的科学可行的英语教育方法，有效避免和克服幼儿英语教育小学化和成人化的倾向。

(3) 英语教育能力的培训。在了解英语专业知识，特别是外语教学法理论和实践知识的基础上，在掌握幼儿教育理论知识和实践能力的基础上，可对幼儿英语教师在操作层面上进行英语教育能力的培训。

就幼儿英语教育能力而言，培训内容包括对幼儿英语教师进行英语语音语感的培训及英语口语能力的培训。由于幼儿期是语音语感形成的敏感期，进行幼儿英语教育师资的培训特别要注重对幼儿英语教师进行英语语音语感的培训及英语口语能力的培训，做到英语语言发音标准、

纯正,英语语言表达规范、流畅、得体和简洁。此外,还要加强对教师综合的英语教育技能和灵活的英语教育活动设计、组织、评价与研究能力的培训,包括英语教育方法和手段的运用、英语教育活动中教具的使用、英语教育环境的创设、现代化教学媒体的辅助运用及英语教育评价与反思等方面的培训。该模块内容的培训可通过对教师具体的英语教育实践活动的行动研究来加以实现。

总之,以上三大模块相互支持、相互整合,构成了幼儿英语教育师资培训的主要内容。通过包含以上三大块内容的综合培训,通过教师自身的努力,可促使教师尽快发展成为一名合格的、称职的幼儿英语教师。

3. 针对师资现状,开展幼儿英语教育师资的规范化培训

目前,幼儿英语教育的师资来源较广,有来自英语专业的学生,也有来自学前教育专业的学生。对这两类主要背景的师资,要分别进行针对性的培训,通过英语教师幼教化和幼儿教师英教化的规范化培训内容,使她们掌握最基本的幼儿英语教育理论与实践技能。

(1) 英语教师幼教化。英语教师幼教化是指对英语专业毕业的幼儿英语教师进行幼教基本知识和技能的培训。具有英语专业背景的教师其英语专业知识和技能基础好,英语听说能力较强,英语专业素质比幼教专业背景的英语教师有优势。但她们最缺乏的是幼儿教育专业方面的基本理论知识和基本技能,不了解幼儿的身心发展特点和认知规律,在实际英语教育中出现教育手段单一、教育形式呆板、教育方法违背幼儿身心发展特点的现象。

因此,对于具有英语专业背景的教师,培训重点是学前心理学、学前教育学、幼儿英语教学法等方面的理论知识,了解幼儿生理和心理发展的特点,掌握能够根据幼儿的生理和心理特点进行英语教育活动计划的设计和实施的能力,从而使她们更适应和胜任以幼儿为对象的英语教育实践。

(2) 幼儿教师英教化。幼儿教师英教化是指对幼儿园在职的、具备幼教专业背景的教师进行英语基础知识、英语语言能力、语言学和第二语言学习理论、英语教学法等方面的专门培训。幼儿英语教育是一门综合性很强的学科,是幼儿教育学和英语教育学相结合的产物,幼儿英语教育既要遵循幼儿教育的特点和规律,又要遵循英语教育的特点和规律。由于目前幼儿英语师资大部分是由具有幼教专业背景的幼儿教师充当,她们虽然具备一定的幼教基础理论与技能,在教育活动目标的确立、教育活动内容的选择、教育方法、形式和手段的运用上都有很好的把握,但在英语专业知识方面所接受的系统培训少。因此,教育实践中表现出英语基础知识相对薄弱,英语听说读写能力较低,特别是英语口语表达能力较差,英语语音方面存在的问题较多,发音不够准确,语言表达不够流畅、规范,对幼儿今后的英语学习会产生不利的影响。

因此,目前情况下,幼儿教师英教化的培训任务显得十分必要,幼儿教师英教化是解决幼儿英语教育师资短缺和师资质量低下问题的一个重要途径。培训要加强英语专业知识和能力的训练,包括标准的语音基础训练,即对教师进行发音和语调等方面的"正音"训练;英语口语表达能力训练,即语言表达的流畅、规范;英语教育活动组织语言的训练,即培训如何用简洁明了的英语指导语组织幼儿英语教育活动。同时,英教化培训还要注重英语学科知识,包括有关语言学和幼儿第二语言习得、英语教学法等方面的理论知识。

资料 9-2　上海市幼儿园英语师资的要求[①]

上海市教委《关于进一步规范本市学前教育机构外语工作的若干意见》中规定，凡从事学前外语教育的教师均应具备幼儿教师资格证书、获得外语专业大专以上（包括大专）学历，并通过有关学前外语教学方法的培训；对具有非学前类外语教师资格的师资，要求通过学前儿童教育法的培训以及学前外语教学法的培训。文件明确提出：不符合学前外语任职条件的人员均不得在学前教育机构内从事学前外语教育工作。

第三节　幼儿英语教育师资培训资料

通过上一节内容我们已经知道，幼儿英语教育师资培训的主要内容涉及三大块，因此，具体的幼儿英语教育师资培训涉及的资料内容众多。针对目前幼儿英语教育师资培训的重点途径——幼儿教师英教化，我们主要提供幼儿教师普遍较为缺乏的有关英语专业知识和技能方面的培训素材，希望能对幼儿英语教育师资培训工作，特别是对幼儿教师英教化的培训工作有所帮助。

一、幼儿英语教师语音培训资料

幼儿模仿能力强，幼儿期又是英语语音语感形成的关键期，因此，教师标准纯正的语音成为幼儿英语教师口语能力培训的重心。

（一）英语国际音标

The International Phonetic Alphabet

元音 20 个：
前元音 4 个：/iː/　/ɪ/　/e/　/æ/
后元音 6 个：/uː/　/ʊ/　/ɔː/　/ɒ/　/ɑː/　/ʌ/
中元音 2 个：/ɜː/　/ə/
双元音 8 个：/eɪ/　/aɪ/　/ɔɪ/　/əʊ/　/aʊ/　/ɪə/　/eə/　/ʊə/
辅音 28 个：

[①] 沪教委[基]2002 年第 17 号文件。

清浊成对的辅音 10 对：

爆破音 3 对：/p/ /b/ /t/ /d/ /k/ /g/

摩擦音 4 对：/f/ /v/ /s/ /z/ /θ/ /ð/ /ʃ/ /ʒ/

破擦音 1 对：/tʃ/ /dʒ/

辅音连缀 2 对：/tr/ /dr/ /ts/ /dz/

单个辅音 8 个：

似拼音 3 个：/h/ /r/ /l/（其中/l/又为舌边音）

鼻音 3 个：/m/ /n/ /ŋ/

舌边音 1 个：/l/

半元音 2 个：/w/ /j/

(二) 幼儿英语教师国际音标训练材料

1. 单元音 12 个

(1) 前元音 4 个：/iː/ /ɪ/ /e/ /æ/

/iː/：bee sheep tree feet sleep three read see

/ɪ/：big chick fish kick milk mirror six picture pig

/e/：red pen pencil ready bread desk present egg

/æ/：apple hat mat cap rabbit animal ant cat

(2) 后元音 6 个：/uː/ /ʊ/ /ɔː/ /ɒ/ /ɑː/ /ʌ/

/uː/：room food school ruler blue wound glue moon

/ʊ/：book foot good look sugar full put wood cook

/ɔː/：horse law ball tall pork fork draw four

/ɒ/：clock box top fox lot dog frog hot

/ɑː/：car farm garden arm park star mask card laugh large

/ʌ/：bus cup some duck jump run sun

(3) 中元音 2 个：/ɜː/ /ə/

/ɜː/：bird girl shirt skirt nurse world early

/ə/：sister paper breakfast asleep butter summer doctor

2. 双元音 8 个：/eɪ/ /aɪ/ /ɒɪ/ /əʊ/ /ɪə/ /eə/ /ʊə/

/eɪ/：cake game face snake wait nail make plane

/aɪ/：bike kite mice nine white buy knife try like fly

/ɒɪ/：toy boy coin noise boil point toilet voice

/əʊ/：nose those phone photo close stone boat coat cold

/aʊ/：house mouse ground cloud sound blouse hour now loud

/ɪə/：clear hear deer near cheer fear dear tear ear

/eə/：share bear hair chair fair there pair wear

/ʊə/: tour   poor   pure   sure   cure   usually   cruel

3. 清浊成对的辅音 10 对：

(1) 爆破音 3 对：/p/ /b/ /t/ /d/ /k/ /g/

/p/: piece   pat   pear   /b/: balloon   beach   bat

/t/: tear   vest   gift   /d/: door   daddy   daughter

/k/: cock   black   ask   /g/: gate   glad   goose

(2) 摩擦音 4 对：/f/ /v/ /s/ /z/ /θ/ /ð/ /ʃ/ /ʒ/

/f/: find   fire   fight   /v/: volleyball   knives   video

/s/: snow   see   small   /z/: zebra   theirs   zoo

/θ/: mouth   thank   thin   /ð/: this   these   there

/ʃ/: sheep   shoe   fish   /ʒ/: television   usual

(3) 破擦音 1 对：/tʃ/ /dʒ/

/tʃ/: chair   catch   child   /dʒ/: bridge   orange   large

(4) 辅音连缀 2 对：/tr/ /dr/ /ts/ /dz/

/tr/: try   train   truth   /dr/: dry   dream   dress

/ts/: bats   pets   shorts   /dz/: beds   hands   reads

4. 单个辅音 8 个：

(1) 似拼音 3 个：/r/ /h/ /l/（其中/l/又为舌边音）

/r/: rice   write   rubber   /h/: hen   hard   half

/l/: lion   leg   light

(2) 鼻音 3 个：/m/ /n/ /ŋ/

/m/: mummy   mask   /n/: noodle   note   /ŋ/: ink   thing

(3) 半元音 2 个：/w/ /j/

/w/: whale   wood   week   /j/: yes   yellow   yet

(三) 英语字母表

The Alphabet of English

Aa	Hh	Jj	Kk			
Bb	Cc	Dd	Ee	Gg	Pp	Tt	Vv
Ff	Ll	Mm	Nn	Ss	Xx	Zz
Ii	Yy					
Qq	Uu	Ww				
Rr						
Oo						

(四) 英语绕口令(Tongue Twister)

A Cat and a Man(一只猫和一个男人)

A cat has a fat dad with a big hat.

A man has a fat hand with a big ham.

Ted and Ben(泰德和本)

Ted let the hen's leg get onto the bed.

Ben fed the hen with bread on the bed.

Silly Billy！(愚蠢的比利)

Silly Billy！Silly Billy！

Why is Billy silly?

Silly Billy hid a shilling.

Isn't Billy silly?

Oh, Joy(噢，多高兴)

Oh，joy，oh，joy.

Roy with his toy.

Shouting at the top of his voice.

Making such a joyful noise.

Oh，joy，oh，joy！

She Sells Seashells(她卖贝壳)

She sells seashells by the seashore.

She sells seashells by the seashore.

If she sells seashells by the seashore，then she sells seashore shells.

Peter Piper(彼特·派伯)

Peter Piper picked a peck of pickled peppers；

A peck of pickled peppers Peter Piper picked.

If Peter Piper picked a peck of pickled peppers；

Where's the peck of pickled peppers Peter Piper picked?

Betty Botter(蓓蒂·波特)

Betty Botter bought some butter,

"But," she said, "the butter's bitter;

if I put it in my batter, it will make my batter bitter,
but a bit of better butter, that would make my batter better."
So she bought a bit of butter, better than her bitter butter,
And she put it in her batter, and the batter was not bitter,
So it was better Betty Botter bought a bit of better butter.

二、幼儿英语教师活动组织用语培训资料

以下提供幼儿英语教师在组织幼儿一日活动的各个环节所使用的口语。

(一) 来园和离园(About Coming to and Leaving the Kindergarten)

(1) 小朋友早。Good morning, kids.

(2) 小朋友好。Hello, kids. / Hi, kids.

(3) 你好吗？How are you?

(4) 向……问早安。Say good morning to...

(5) 和妈妈/爸爸/爷爷/奶奶再见。Say good-bye to your Mummy/Daddy/Granny/Grandpa.

(6) 请进。Come in, please.

(7) 请坐。Sit down, please.

(8) 都到齐了吗？Is everyone here?

(9) 谁没来？Who is not here? / Who is absent?

(10) 现在我们点名。Let's call the roll/make/do a roll call.

(11) 请跟我说"到"。Please follow me and say "I'm here!"

(12) 今天星期几？What day is today?

(13) 今天天气如何？What's the weather like today? / How's the weather today?

(14) 今天是晴天吗？Is it a sunny day?

(15) 今天谁值日？Who's on duty today?

(16) 给植物浇水。Water the plants.

(17) 今天你是怎么来幼儿园的？How did you come to the kindergarten?

(18) 今天怎么样？How's it going today?

(19) 怎么了？What's the matter?

(20) 你看起来不太好,不舒服吗？You don't look very well. Are you feeling OK?

(21) 收拾好玩具。Put away your toys.

(22) 搬桌子。Move the tables.

(23) 时间到了。Time's up.

(24) 今天就到这儿。That's all for today. /Let's call it a day. / So much for today.

(25) 要回家了。It's time to go home.

(26) 明天见。See you tomorrow.

(27) 和同学们说再见。Say good-bye to your classmates.

(二) 饮水、点心和盥洗 (Drinking, Snack and Washing)

(1) 喝水。Drink some water.

(2) 谁口渴了？可以去喝杯水。Who is thirsty? You can go for a glass of water.

(3) 不要推。No pushing.

(4) 拿好自己的小杯子。Hold your own small cup.

(5) 认清自己的杯子。Recognize/Identify your own cup.

(6) 小心烫。Be careful: the water is hot.

(7) 慢点喝。Drink slowly.

(8) 喝完把杯子放在架上。After drinking, put the cup on the shelf.

(9) 吃点心了。Snack time. / Time for snack.

(10) 你想吃什么？What do you want? / What would you like?

(11) 请吃点心。Have your snacks.

(12) 吃一块蛋糕。Eat a piece of cake.

(13) 吃几块饼干。Eat some biscuits.

(14) 喝牛奶。Drink your milk.

(15) 吃东西前请先洗手。Please wash your hands before you eat.

(16) 卷袖。Roll up your sleeves.

(17) 用洗手液。Use some liquid soap.

(18) 肥皂冲干净。Rinse your soap off.

(19) 把手甩一甩。Shake the water off your hands.

(20) 把手擦干。Dry your hands.

(21) 让我看看你们的手。Show me your hands.

(22) 拿餐巾纸。Get some tissue paper.

(23) 去厕所。Go to the toilet.

(24) 去小便。Go pee-pee.

(25) 你小便了吗？Have you gone pee-pee?

(26) 把衬衫束在裤子里。Tuck your shirt in.

(27) 把裤子拉高。Pull up your pants.

(28) 有人要小便/大便吗？Anybody who needs to go for a pee-pee /poo-poo?

(29) 小便后要洗手。Please wash your hands after pee-pee.

(三) 午餐 (Lunch)

(1) 你饿了吗？Are you hungry?

(2) 吃午饭了。Time for lunch. / Lunch time.

(3) 请坐在桌边。Please sit at the table.

(4) 午餐准备好了。Lunch is ready.

(5) 真好吃。It tastes good! / Yummy! / It's delicious.

(6) 吃完。Eat them up.

(7) 不要浪费食物。Don't waste your food.

(8) 拿筷子。Bring some chopsticks.

(9) 给你饭。This is rice. Here you are.

(10) 吃些肉。Eat some meat.

(11) 还要吗？Do you want anymore?

(12) 再吃点。Have some more.

(13) 把蔬菜吃完。Finish your vegetables.

(14) 吃饭时不讲话。Don't talk while you are eating.

(15) 不要东张西望。Don't look around.

(16) 别急,慢慢吃。Take your time.

(17) 慢慢嚼。Chew slowly.

(18) 午饭好吃吗？Did you enjoy your lunch?

(19) 把碗和筷子放在洗碗池里。Put your bowls and chopsticks in the basin/sink.

(20) 嘴巴擦干净。Clean your mouth.

(四) 午睡(Nap)

(1) 午睡的时间到了。It's time for bed. / Time to take a nap.

(2) 脱衣服。Take your clothes off.

(3) 衣服叠叠好。Fold your clothes nicely.

(4) 钻进被窝/盖好被子。Get under the cover. / Get into bed.

(5) 闭上眼睛。Close your eyes.

(6) 不要蒙住脸。Don't cover your face.

(7) 请保持安静。Be quiet, please.

(8) 起床了。Get up. / Time to get up.

(9) 穿衣服。Put on your clothes.

(10) 扣好纽扣。Do up the buttons.

(11) 理床。Make the bed.

(12) 动作快点！Hurry! / Buck up!

(13) 梳理一下头发。Comb / Brush your hair.

(五) 游戏活动(Game)

(1) 游戏时间。Playtime. / It's playtime.

(2) 我们来玩一个猜谜游戏。Let's play a guessing game.

(3) 谁想要玩游戏？Who wants to play a game?

(4) 游戏的名字叫……。The name of the game is … / The game is called …

(5) 手拉手围成一个圆圈。Hold your hands and make a circle.

(6) 站起来围成一个圈。Stand up and form a circle.

(7) 石头、剪刀、布。Rock, scissors and paper.

(8) 闭上眼睛，不能偷看。Close you eyes and no peeking.

(9) 准备好了吗？开始！Are you ready? Go!

(10) 你们丢了一分。You lose a point.

(11) 你只能坐下去了。You have to sit down.

(12) 真遗憾！What a pity!

(13) 胜利了。Winner, winner, yeah, yeah, yeah.

(14) 你赢了。You are the winner.

(15) 最快的队赢。The fastest team will win / be the winner.

(16) 我把你们分成两队。I'll divide you into two teams.

(17) 你们队得了一颗星。Your team gets a star.

(18) 让我们看你们得了多少星/分。Let's see how many stars/points you have got.

(19) 掷骰子。Throw the dice.

(20) 请遵守规则。Please obey / follow the rules.

(21) 我们能再玩一次游戏吗？Can we play the game once more?

(22) 我来说，你们来做。Do as what I say.

(23) 听我的指令。Follow my instructions.

(24) 游戏结束了。胜利者可以得到贴纸。Games are over. Winners can get stickers.

(25) 祝你下次好运。Better luck next time.

(26) 来，我们一起玩。Come on. Let's play together.

(27) 搭积木。Build the blocks.

(28) 开始玩角色游戏。Let's start the role play.

(29) 现在是区角活动时间。It's center time.

(30) 捡起来。Pick it up.

(31) 和别人交换玩具。Exchange toys with the others.

(32) 要有礼貌。Be polite, please.

(33) 去找一个朋友。Go find a friend.

(34) 要我帮忙吗？Do you want my help? / Can I be of any help? / Can I help you? / What can I do for you?

(35) 请把玩具放整齐。Put the toys in order.

(六)体育锻炼(Physical Exercise)

(1) 排队！Line up!

(2) 立正！Attention!

(3) 站直！Straighten up!

(4) 报数。Count off.

(5) 过来。Come here.

(6) 过去。Go there.

(7) 热热身。Warm up.

(8) 往后一点。Move back a bit.

(9) 往前一点。Move up a bit.

(10) 站成一横排。Stand in a row.

(11) 请大家找个空地方站好。Please find somewhere available and stand in line.

(12) 看前面。对齐。Look ahead. Stand in a line.

(13) 一个跟着一个走。Go one after another.

(14) 开始。One, two, three, go.

(15) 孩子们，我们一起做早操。Come on, kids. Let's do morning exercises.

(16) 伸手臂。Stretch your arms.

(17) 弯弯膝盖。Bend your knees.

(18) 碰碰脚趾。Touch your toes.

(19) 拍拍手。Clap your hands.

(20) 摸摸头。Touch your head.

(21) 跺跺脚。Stamp your feet.

(22) 向右转。Turn right.

(23) 向左转。Turn left.

(24) 快步走。Walk fast.

(25) 慢慢跑。Run slowly.

(26) 骑自行车。Please ride the bicycle.

(27) 拍球。Bounce the ball.

(28) 请玩球。Please play with the ball.

(29) 请在垫上爬行。Please crawl on the cushion.

(30) 跳得高。Jump high.

(31) 跳绳。Jump the rope. /Skip the rope.

(32) 把球扔给我。Throw the ball to me.

(33) 抛接球。Throw and catch the ball.

(34) 学小鸟飞。Mimic/Imitate a flying bird.

(35) 跳到圈里。Jump into the ring.

(36) 往后跨。Step backward.

(37) 往前跨。Step forward.

(38) 加油！Go!

(39) 小心！Be careful! /Watch out!

(40) 太棒了！Great!

(41) 休息一下。Please take a break. / Let's have a break.

(42) 擦汗。Wipe off your sweat.

(43) 脱掉外套。Take off your coat.

（七）教学(Teaching and Learning)

(1) 起立！坐下！Stand up! Sit down!

(2) 找到椅子。Find your seat, everyone.

(3) 小椅子放到我身边。Put your chairs around me.

(4) 坐直了。Sit up straight.

(5) 开始上课。Time for class. / Let's begin our class.

(6) 看着我。Look at me.

(7) 请注意。Attention, please.

(8) 仔细听。Listen carefully.

(9) 不讲话。Be quiet. / Hush. / No talking, please. / Sh! Eat quietly.

(10) 注意听老师讲。Pay attention to your teacher.

(11) 太吵了。请大家安静。There's so much noise. Quiet please, everyone.

(12) 到黑板这儿来。Come to the blackboard.

(13) 回到座位。(Go) Back to your seat.

(14) 用英语说。Speak in English.

(15) 举手。Put up your hands. / Raise your hands. / Hands up!

(16) 手放下。Put your hands down.

(17) 明白了吗？Do you understand? / Do you get it?

(18) 一起唱(说)。Let's sing/say together.

(19) 想一想。Think it over.

(20) 认真点。Be serious.

(21) 你真聪明。You are so clever.

(22) 做得好。Good! /Well done. /Good job. /Wonderful. /Terrific.

(23) 打开书。Open your books.

(24) 合上书。Close your books.

(25) 翻到第4页。Turn to page four.

(26) 书放好。Put your books away.

(27) 别动。No hands. /Don't touch. / Keep your hands off. / Hands off.

(28) 看图片。Look at the picture.

(29) 图片上有什么？What's in the picture?

(30) 让我们来听一个故事。Let's listen to a story.

(31) 你听到了什么？What did you hear?

(32) 今天的故事中有谁呀？Who's in today's story?

(33) 请跟我读。Please read after me. / Please follow me.

(34) 听磁带。Listen to the tape.

(35) 大声点说。Speak up. / Louder, please.

(36) 再大声点。Louder, please!

(37) 小声点说。Don't talk loudly. / Hold it down. / Keep it down, please.

(38) 再说一遍。Please say it again. / Please repeat it. / Pardon? / I beg your pardon?

(39) 指指说说。Point and say.

(40) 现在几点？What's the time?

(41) 它们有什么不同？What is the difference?

(42) 让我们看一看。Let's have a look.

(43) 这是什么形状？What is the shape?

(44) 这是什么数字？What is the number?

(45) 这是什么颜色？What is the color?

(46) 大家一起数"1, 2……"。Let's count together, one, two ….

(47) 猜一猜，这是什么？Guess, what's this?

(48) 你来试试吗？Will you try?

(49) 试一试。Have a try.

(50) 让我来检查一下。Let me check it.

(51) 对还是错？Right or wrong?

(52) 对了。That's right.

(53) 祝贺你！Congratulations!

(54) 很遗憾错了。I'm sorry that's wrong.

(55) 这首歌的名字叫什么？What's the name of the song?

(56) 请跟我一起唱。Please follow me and sing the song.

(57) 拿出一张纸。Take out a piece of paper.

(58) 谁来试试？Who will try? /Who's going to try? /Who wants to try?

(59) 我先来演示一下。I'll show you first.

(60) 你们能看清楚吗？Can you see it clearly?

(61) 你有什么问题吗？Do you have any questions?

(62) 画得真漂亮！It is really a good painting!

(63) 做卡片。Make cards.

(64) 谁做完了？Who has finished?

(65) 请把剪刀放回原处。Please put the scissors back to where it belongs.

(66) 把图片涂上颜色。Color your picture.

(67) 随着音乐做动作。Act to the music.

(68) 拍手。Clap your hands.

(69) 今天大家在课上表现得很好。You've been such a good class today. / You did a good job in class today.

（八）自由活动(Free Time)

(1) 你们可以协商一下怎么玩。You can decide how to play by negotiation.

(2) 不要抢玩具。Don't scramble for/grab the toys.

(3) 不许打人。No hitting.

(4) 不要跑。Don't run.

(5) 但是他不是故意的。But he didn't mean it.

(6) 你要向他道歉。You have to apologize to him.

(7) 你应该跟他说"谢谢"。You should say "Thank you" to him.

(8) 去帮帮别的小朋友。You can go to help other children.

(9) 你们打算怎么办呢？What are you going to do?

(10) 学会和他人分享。Learn to share with others.

(11) 你可以请他人帮忙。You can ask for help.

三、幼儿英语教师教学游戏培训资料（教师面向幼儿的英文游戏规则讲解词）

注：以下用语在具体讲解过程中应随语境灵活变通，如教师为得到更好的理解效果可用第一人称作讲解。

（一）幼儿英语听力教学游戏

1. The Touching Game（碰卡片游戏）

Teacher puts some cards on the floor and says the word on a card. When you hear it, you need to rush forward and touch the card. The one who first touches the card will be the winner.

2. The Slap Game（拍卡片游戏）

Teacher places all the cards on the floor and divides children into two teams. One child from each team comes up at a time. Teacher calls out the name of a card, and the two of you must try to be the first to slap the correct card. The one first to slap the card will be the winner and get a point for his/her team. Teacher will write down the points and see which team is the winner.

3. The Hammer Game（榔头游戏）

Teacher puts some cards on the blackboard. When teacher says the word on a card, you need to run forward, pick up the hammer and hit the card.

4. The Wind Blows（风儿吹）

Teacher says, "The wind blows". You need to ask, "Blows what?" If teacher says, "Blows all girls wearing skirts", all the girls wearing skirts need to stand up and exchange your seats.

5. Simon Says（西蒙说）

Teacher gives simple commands. If the teacher says "Simon says", you need to do the action. If teacher doesn't say "Simon says", you don't need to perform it. If you do it, you will lose and quit the activity. The children who leave the activity last will be the winners.

Sample commands: Stand in a row. Stand in a line. Bend down. Straighten up. Hands up. Hands down. Hands front. Hands back. Hands right. Hands left. Touch your toes. Touch your feet. Touch the right foot. Touch the left foot. Right foot up. Right foot down. Jump 3 times. Turn around...

6. The "Please" Game（"请"游戏）

This game goes like "Simon Says". You stand in a circle. Teacher gives you requests. If teacher says "please", you must follow the requests. If teacher does not say "please", you don't need to do the action, or you will lose and quit the game.

（二）幼儿英语口语教学游戏

1. The Name Game(姓名游戏)

You please sit in a circle on the floor. Teacher holds up a beanbag and says, "My name is May. I like watermelon." Then teacher passes the beanbag to the child beside and you need to tell us what your name is and what you like. Everyone has a turn. After finishing it, you try to retell your classmate's name and the specific thing he/she likes.

2. What's Missing?（什么不见了?）

Teacher puts some cards on the blackboard. You look carefully and then close your eyes. Teacher takes away one of the card. When teacher says "Open your eyes", you please tell us what's missing.

3. Throw the Dice(扔骰子)

Teacher has got a big dice and throws the dice. After teacher throws it, you need to say out the name of the picture on the top side of the dice.

4. Turn and Shout(转身叫)

Teacher is going to give each of you a card. You stand back to back. When teacher says "1, 2, go", you need to turn around and shout out what's on your partner's card.

5. Name Six(说出六样)

Teacher puts six chairs in a circle and stands outside the circle. Teacher gives someone in the circle a stuffed animal, a beanbag or a ball. Teacher says a topic, you holding the animal/bag/ball have to name six things about the topic. The other kids in the circle pass the stuffed animal/bag/ball around. You must name six of the objects before the stuffed animal/beanbag/ball gets back to you. If it reaches you and you cannot name six objects (eg. six animals with fur), you have to stand outside the group.

Teacher can change the number according to the children's levels, for example, "Name Five".

6. London Bridge Is Falling Down(伦敦桥要塌了)

Two kids make a bridge. The others sing the song "London Bridge Is Falling Down", and walk across the bridge one by one. When the song stops, the two kids try to catch the other kids. The one caught should answer the teacher's question.

Sample questions: What are these? What's your name? What day is it today? etc.

7. Music Chair(听音乐抢椅子)

Teacher puts some chairs in a circle and invites some children to stand in a circle. When teacher plays a song, you need to move around the chair. When teacher stops the song, you need to find a chair and sit down. The one who can not find a chair needs to answer teacher's question.

8. Beach Ball Game(沙滩球游戏)

You stand in one large circle or several small circles. Teacher names the topic. One child says something about the topic and throws the ball to another child. The one who catches the ball continues this action. Teacher may change the topic every few minutes.

Examples:

1. Teacher: Favorite Fruit.

Child A: Orange.

Child B: Watermelon.

Child C: Banana.

…

2. Teacher: What's the weather like today?

Child A: It's sunny. How are you?

Child B: I'm fine. What's your favorite fruit?

…

9. What Am I? (我是什么?)

Teacher chooses a small group of children to come to the front of the class to pick a card. After you pick up, you must not say the name of the flashcard or show it to the class. You can use sounds, actions and words only and try to tell the class what is on the card. The class must guess what it is.

Examples:

I am big.

I have two little eyes and two little ears.

I say "oink, oink, oink"!

What am I? (I'm a pig.)

I am in the sitting room.

I have got a square face.

I've got legs, but I can't walk.

What am I? (I'm a table.)

I am little.

I have two wings and two feet.

I say "quack, quack, quack"!

What am I? (I'm a duck.)

I have a round face.

I have two hands.

I have no legs.

But I can walk.

What am I? (I'm a clock.)

I'm white. I'm soft.

I've got two long ears and two red eyes.

What am I? (I'm a rabbit.)

I'm long and green.

I'm smooth.

I can crawl.

What am I? (I'm a snake.)

I'm round.

I am black and white.

You can kick me with your foot.

What am I? (I'm a football.)

10. The Opposite Game(相反游戏)

Teacher has two puppets. One is named"Ippo", and the other is "Oppo". "Oppo" always says just the opposite of what "Ippo" says. For example,"Ippo" says "high","Oppo" should say"low";

"Ippo" says "good", "Oppo" should say "bad". I keep "Ippo" and you hold "Oppo". Let's begin.

Sample opposites: up/down, in/out, day/night, full/empty, happy/sad, big/small, left/right, front/back, white/black, fast/slow, dark/bright, high/low, fat/thin.

11. The Whispering Game(传话游戏)

Teacher divides the class into two teams, group A and group B. You stand in two lines. Teacher will give you a message(a word or a sentence) to the first one of both group A and group B. Then the first one passes it to the next one in the group. Please pass it in low voice and don't let others hear it. The last kid needs to shout out what you hear. The group who can retell the message accurately will win the game.

12. The Grandfather — Number Game(爷爷—数字游戏)

Please sit in a circle and teacher will give all of you a number. Teacher will be the Grandfather and says, "When the grandpa died, he left twenty cups of rice". The one who has number 20, should stand up and answer, "Why 20"? Teacher will ask, "So, how many"? You can give any number you like. The one has the number should stand up and continue to ask.

For example:

A: When the grandpa died, he left twenty cups of rice. (The kid who has number 20 answers.)

B: Why 20?

A: So, how many?

B: What about 2? (The kid who has number 2 says.)

C: Why 2?

B: So how many?

C: What about 3?

…

13. Have You Seen My Rabbit? (你看见我的兔子吗?)

You sit in a circle. Teacher or one kid will move round outside the circle and taps somebody on the shoulder, asking, "Have you seen my rabbit?" You should answer, "Yes, I have". Teacher or one kid asks, "What is he/she wearing?" You should describe someone's clothes in the circle, e. g. green shirt, brown shoes, long trousers … As soon as the one described recognizes himself/herself, she/he must run away from the teacher or the kid.

For example:

Teacher: Have you seen my rabbit?

Child: Yes, I have.

Teacher: What is he/she wearing?

Child: He's wearing …

思考与实践

1. 幼儿英语教师专业素质包括哪些方面？

2. 根据幼儿英语教师专业素质内容，反思自己在哪些方面有所缺失？准备通过何种培训措施进行该方面专业素质的提高？

3. 上网查阅资料，对于幼儿喜爱的圣诞节，教师应具有哪些方面的圣诞节文化背景知识？

4. 结合幼儿园开展的一次园本教研活动，谈谈园本教研活动对教师英语专业素质培训方面所起的作用。

5. 对照幼儿英语教师语音培训资料，分析自己英语国际音标的发音准确率并尝试跟着磁带进行正音练习。

第十章

幼儿英语主题教学活动内容资料库

在我国,英语始终是一门外语,整个社会缺乏真实的、丰富的英语语言环境。在目前幼儿英语教育环境缺乏完全让幼儿自然习得英语的背景下,幼儿英语教学活动是最重要的幼儿英语教育途径。那么,教师该怎样有目的、有计划地选择幼儿英语教学活动内容,帮助幼儿有意识地进行英语的学习呢?本章节结合目前与幼儿园汉语主题教学相整合的幼儿英语教育最新趋势,为幼儿英语教师提供主题教学活动的内容,供教师在组织不同主题下的英语教育活动时参考选用。

第一节 "我自己"主题的英语教学活动内容资源库

一、歌谣(Chant)

Two Eyes(两只眼睛)

Two eyes, two eyes. One, two.
Two ears, two ears. One, two.
One nose, one nose. One little nose.

When I Was a Baby(当我是个婴儿时)

When I was a baby, a baby, a baby,
When I was a baby, I used to cry.
When I was a baby, a baby, a baby,
When I was a baby, I used to cry.

图 10-1 主题"我是小宝宝"

Clap along with Me(和我一起拍手)

Clap, clap, clap your hands; Clap along with me.
Clap, clap, clap your hands; Clap along with me.
Clap a little faster now; Clap along with me.
Clap a little faster now; Clap along with me.

Clap, clap, clap your hands; Clap along with me.
Clap, clap, clap your hands; Clap along with me.
Clap a little slower now; Clap along with me.
Clap a little slower now; Clap along with me.

Hands Up(手向上举)

Hands up, one, two.
Hands down, one, two.
Hands right, one, two.
Hands left, one, two.
Hands front, one, two.
Hands back, one, two.

Open Them, Shut Them(打开手,合拢手)

Open them, shut them, open them, shut them,
Give a little clap.
Open them, shut them, open them, shut them,
Put them in your lap.

Creep them, creep them, creep them, creep them,
Right up to your chin.
Open up your little mouth,
But do not put them in.

Open them, shut them, open them, shut them,
Give a little clap.
Open them, shut them, open them, shut them,
Put them in your lap.

Creep them, creep them, creep them, creep them,
Right up to your cheek.
Cover up your little eyes,
And through your fingers peek.

I Like My Birthday(我爱我的生日)

I like my birthday, I like to drink lemonade.

I like my birthday, I like to sing.
I like my birthday, I think it's great.
I like my birthday, I like to eat cake.
I like my birthday, I like to play.
I like my birthday, I think it's great.

二、儿歌(Rhymes)

I Have ...(我有……)

I have ten little fingers.
I have ten little toes.
I have two ears, two eyes,
And just one little nose.

Dance Your Fingers(手指舞)

Dance your fingers up,
Dance your fingers down,
Dance your fingers to the side,
Dance them all around.

With My Feet(用我的脚)

With my feet, I tap, tap, tap.
With my hands, I clap, clap, clap.
Right foot first, left foot then.
Round and round and back again.

Right Hand, Left Hand(右手、左手)

This is my right hand. I'll raise it up high.
This is my left hand. I'll touch the sky.
Right hand, left hand, roll them around.
Left hand, right hand, pound, pound, pound.

My Hair Is on My Head(我的头发在头上)

My hair is on my head.
My head is on my neck.
My neck is on my body.
My body is on my legs.

My legs are on my feet.
My feet are on the ground.

Tummy Button(小肚脐)

These are Baby's fingers,
These are Baby's toes,
This is Baby's tummy button,
Round and round it goes.

These are Baby's eyes,
This is Baby's nose,
This is Baby's tummy button,
Right where Mommy blows.

Magic Feet(神奇的脚)

Have you seen my magic feet,
Dancing down the magic street?
Sometimes fast, sometimes slow,
Sometimes high, sometimes low?

Hop(跳)

Hop on your right foot, hop, hop, hop.
Hop on your left foot, hop, hop, hop.
Right foot hop, left foot hop.
Both feet hop and now you stop.

三、故事(Story)

I Am a Little Boy (我是个小男孩)

I am a little boy. I have a big kite. The kite is in the sky. Oh, it is in Spotty's mouth!

My House(我的房子)

There is a fan in my house. There is a radio.
There is a telephone, too. Come and see my lamp.

四、歌曲(Song)

This Is My Face(这是我的脸)

1 = F 2/4

| 5· 6 5 4 | 3 4 5 | 2 3 4 | 3 4 5 |
Eye and ear and mouth and nose, mouth and nose, mouth and nose,

| 5· 6 5 4 | 3 4 5 | 2 5 | 3 1 1 ||
Eye and ear and mouth and nose. This is my fa - ce.

Ten Little Fingers(十个小手指)

1 = D 2/4

| 1 1 1 | 1 1 1 | 3 5 5 | 3 1 | 2 2 2 |
One lit - tle, two lit - tle, three lit - tle fin - gers. Four lit - tle,

| 2 2 2 | 7 2 2 | 7 5 | 1 1 1 | 1 1 1 |
five lit - tle, six lit - tle fin - gers. Seven lit - tle, eight lit - tle,

| 3 5 5 | 3 1 | 5 5 | 5 6 7 | 1 - ||
nine lit - tle fing - ers. Ten fingers on my hands.

Where Is Thumb-kin?(大拇指在哪里?)

1 = C 4/4

| 1 2 3 1 | 1 2 3 1 | 3 4 5 - | 3 4 5 - |
Where is Thumb - kin? Where is Thumb - kin? Here I am, here I am.

| 5 6 5 4 3 1 | 5 6 5 4 3 1 | 2 5 1 - | 2 5 1 - ||
How are you to - day, sir? Ve - ry we - ll, thank you, run a - way, run a - way.

Head and Shoulders（头和肩膀）

1 = C 4/4

5· 5 6 5 #4 5 | 3 5· 5 5 — |
Head and shoul-ders, knees and toes, knees and toes.

5· 5 6 5 #4 5 | 3 5· 5 4 3 2 |
Head and shoul-ders, knees and toes, knees and toes.

1 3 5 i | 2 i 7 i 6 — |
Eyes and ears and mouth and nose,

7· 7 7 5 6 7 | i i· i i — ‖
Head and shoul-ders, knees and toes, knees and toes.

This Is the Way We Take a Bath（我们这样洗澡）

1 = F 6/8

1 1 1 1 3 | 5 3 1· | 2 2 2· | 7 6 5· |
This is the way we take a bath, take a bath, take a bath.
This is the way we wash our face, wash our face, wash our face,
This is the way we wash our hair, wash our hair, wash our hair,
This is the way we wash our toes, wash our toes, wash our toes,
This is the way we wash our tummy, wash our tummy, wash our tummy,

1 1 1 1 3 | 5 3 1· | 2 2 5 6 7 | 1· 1 0 ‖
This is the way we take a bath, SP-LISH! SP-LI-SH! SP - LISH!
This is the way we wash our face, SP-LISH! SP-LI-SH! SP - LISH!
This is the way we wash our hair, SP-LISH! SP-LI-SH! SP - LISH!
This is the way we wash our toes, SP-LISH! SP-LI-SH! SP - LISH!
This is the way we wash our tummy, SP-LISH! SP-LI-SH! SP - LISH!

Happy Birthday(生日快乐)

1 = C 3/4

5 5 6 5	1 7 -	5 5 6 5	2 1 -
Hap-py birth-day	to you!	Hap-py birth-day	to you!

5 5 5 3	1 7 6	4 4 3 1	2 1 - ‖
Hap-py birth-day	to you!	Hap-py birth-day	to you!

I'm a Tiny Ball(我是一只小皮球)

1 = C 2/4

1	1 2 3 4	5. 5	5 4 3 2	1. 0
I'm	stret-ching ve-ry	tall. And	now I'm ve-ry	small.

1 5	5 1 5	5 4 3 2	1. 0 ‖
Now tall	now small, now	I'm a ti-ny	ball.

第二节 "人"主题的英语教学活动内容

一、歌谣(Chant)

Hi! (你好)

Hi, hi. — Hi, hi, hi!

Morning, morning. — Morning, morning, morning.

Bye, bye. — Bye, bye, bye.

There Was a Little Girl(有一个小女孩)

There was a little girl, and she had a little curl,

Right in the middle of her forehead.

When she was good, she was very, very good,

And when she was bad, she was horrid.

I See Mother(我看见了妈妈)

I see mother. Mother sees me.
Hello, mother. Hello, me.
I see father. Father sees me.
Hello, father. Hello, me.
I see sister. Sister sees me.
Hello, sister. Hello, me.
I see brother. Brother sees me.
Hello, brother. Hello, me.
I see grandmother. Grandmother sees me.
Hello, grandmother. Hello, me.
I see grandfather. Grandfather sees me.
Hello, grandfather. Hello, me.
I see baby. Baby sees me.
Hello, baby. Hello, me.

Mother's Knives and Forks(妈妈的刀和叉)

These are mother's knives and forks,
This is mother's table,
This is mother's looking glass,
And this is baby's cradle.

A Sailor Went to Sea(海员出海)

A sailor went to sea, sea, sea,
To see what he could see, see, see.
But all that he could see, see, see,
Was the bottom of the deep blue sea, sea, sea.

Doctor(医生)

Doctor, doctor, please come quick.
My little girl is sick, sick, sick.
Doctor, doctor, what do you say?
Give her medicine she'll be OK.

Humpty Dumpty(矮胖子)

Humpty Dumpty

Sat on a wall.

Humpty Dumpty

Had a great fall.

All the king's horses

And all the king's men,

Couldn't put humpty

Together again.

二、儿歌(Rhyme)

My Grandma(我的奶奶)

My grandma has an apron.

She wears it when she bakes.

She might be baking cookies, apple pies or chocolate.

When I see Grandma's apron, I'm sure there'll be a treat.

For Grandma is the very best,

At making yummy things to eat.

My Mommy (我的妈妈)

My mommy loves me so. My mommy loves me so.

She tucks me into bed at night. My mommy loves me so.

My daddy loves me so. My daddy loves me so.

He lets me hold his big flashlight. My daddy loves me so.

My grandma loves me so. My grandma loves me so.

She bakes me yummy pies and cakes. My grandma loves me so.

My grandpa loves me so. My grandpa loves me so.

I jump in the pile of leaves he's raked. My grandpa loves me so.

Diddle, Diddle, Dumpling (的多,的多,当普林)

Diddle, diddle, dumpling, my son John,

Went to bed with his stockings on;

One shoe off and one shoe on,

Diddle, diddle, dumpling, my son John.

Baker's Man(面包师)

Pat-a-cake, pat-a-cake, baker's man,

Bake me a cake as fast as you can.

Roll it and pat it and mark it with a "B",

Throw it in the oven for baby and me.

I Know My Mommy Loves Me (我知道妈妈爱我)

I know my mommy loves me by the yummy things she cooks.

I know my daddy loves me. He always reads some books.

I know my brother loves me. He helps me look for bugs.

I know my baby loves me. She gives me tiny hugs.

Eeeny, Meeny, Miney Mo(点麻油)

Eeny, meeny, miney mo.

Catch a tiger by the toe.

If he squeals let him go.

Eeny, meeny, miney mo.

It shall be you.

Hide-and-Seek(捉迷藏)

Quick! Quick! Hide-and-seek. Where is it? Where is it?

Quick! Quick! Hide-and-seek. There it is! There it is!

Sharing a Pie (分享馅饼)

Sharing a pie, Sharing a pie,

Cut it into two.

How much do we get?

Half for me,

And half for you!

Sharing a pie, Sharing a pie,

Cut it into four.

How much do we get?

A quarter each for all!

Grandma's Glasses(奶奶的眼镜)

Here are Grandma's glasses,

Here is Grandma's hat,

This is the way she folds her hands,

And lays them in her lap.

Here are Grandpa's glasses,

Here is Grandpa's hat,

This is the way he folds his arms,

Just like that.

三、歌曲(Song)

We Are Glad to Meet You (很高兴见到你)

$1 = C \quad \frac{2}{4}$

i i	5 5	3 3	1 1	2 2	5 5
He-llo!	He-llo!	He-llo!	He-llo!	We are	glad to

3 —	1 —	2 2	5 5	3 —	1 — ‖
meet	you.	We are	glad to	meet	you.

Hello, How Are You? (你好吗?)

$1 = D \quad \frac{2}{4}$

1 1 2 2	3 3 2 2	3 3 2 1	2 3 2
He-llo! He-llo!	He-llo! He-llo!	He-llo! He-llo!	How are you?

1 1 2 2	3 3 2 2	3 3 2 1	2 3 2 1
He-llo! He-llo!	He-llo! He-llo!	He-llo! He-llo!	How do you do?

5 5 4 3	4 4 3 2	3 3 2 1	2 3 2
I am fi-ne.	I am fi-ne.	Thank you, thank you	ve-ry much.

5 5 4 3	4 4 3 2	3 3 2 1	2 3 1 ‖
I am fi-ne.	I am fi-ne.	And I hope that	you are too.

I Love My Family（我爱我家）

1 = D 4/4

0 5 1 2 3 3 | 0 3 2 3 1 1 | 0 1 2 3 4 6 |
I love my da-ddy.　I love my mum-my.　I love my bro-ther,

0 6 5 4 3 - | 0 1 2 3 4 6 | 0 6 5 4 3 1 |
and sis-ter, too.　We are all fami-ly.　We are all fami-ly.

0　1　2　3. | 4　2. | 3　1　- ‖
You are all the ones I love.

My Mother and My Father（我的妈妈和爸爸）

1 = D 2/4

5 | 1 1 1 2 | 3 1 1 | 2 2 2 1 | 7 5 5 |
My mo-ther is a tea-cher. My mo-ther is a tea-ch-er.
My fa-ther is a doc - tor. My fa-ther is a do - ct-or.

(1 1 2 | 3 1) 1 | 2 7 | 1. 3 | 5 5 5 6 | 5 4 3 |
　　　　She loves me so. My mo-ther is a tea-cher. My
　　　　He loves me so. My fa-ther is a doc-tor. My

4 4 4 5 | 4 3 2 | (3 3 4 3 2) 1 | 2 7 | 1 - ‖
mo-ther is a tea-ch-er.　　　　I love her, too.
fa-ther is a do-ct-or.　　　　I love him, too.

If You're Happy(如果你快乐)

$1 = D \quad \frac{2}{4}$

$\underline{5} \quad \underline{5} \mid \underline{1} \quad \underline{1} \quad \underline{1} \quad \underline{1} \mid \underline{1} \quad \underline{1} \quad \underline{7} \quad \underline{1} \mid 2 \quad 0 \mid 0 \quad \underline{5} \quad \underline{5} \mid$

If you're hap - py and you know it, clap your hands. (clap) If you're

$\underline{2} \quad \underline{2} \quad \underline{2} \quad \underline{2} \mid \underline{2} \quad \underline{2} \quad \underline{1} \quad \underline{2} \mid 3 \quad 0 \mid 0 \quad \underline{3} \quad \underline{3} \mid$

hap - py and you know it, clap your hands. (clap) If you're

$\underline{4} \quad \underline{4} \quad \underline{4} \quad \underline{4} \mid \underline{6} \quad \underline{6} \quad \underline{4} \quad \underline{4} \mid \underline{3} \quad \underline{3} \quad \underline{3} \quad 2 \mid \underline{1} \quad \underline{1} \quad \underline{3} \quad \underline{3} \mid$

hap - py and you know it, then your face will sure - ly show it. If you're

$\underline{2} \quad \underline{2} \quad \underline{2} \quad \underline{1} \mid \underline{7} \quad \underline{5} \quad \underline{6} \quad \underline{7} \mid 1 \quad 0 \mid 0 \parallel$

hap - py and you know it, clap your hands. (clap)

The More We Get Together(越见面越快乐)

$1 = F \quad \frac{3}{4}$

$\underline{1 \quad 3} \mid 5 \cdot \quad \underline{6} \quad \underline{5 \quad 4} \mid 3 \quad 1 \quad 1 \mid 2 \quad \underline{5} \quad \underline{5} \mid 3 \quad 1 \quad \underline{1 \quad 3} \mid$

The more we get to - ge - ther, to - ge - ther, to - ge - ther, the

$5 \cdot \quad \underline{6} \quad \underline{5 \quad 4} \mid 3 \quad 1 \quad 1 \mid 2 \quad \underline{5} \quad \underline{5} \mid 1 \quad - \quad 1 \mid$

more we get to - ge - ther, the hap - pier we'll be. For

$2 \quad \underline{5} \quad \underline{5} \mid 3 \quad 1 \quad 1 \mid 2 \quad \underline{5} \quad \underline{5} \mid 3 \quad 1 \quad \underline{1 \quad 3} \mid$

your friends are my friends, and my friends are your friends. The

$5 \cdot \quad \underline{6} \quad \underline{5 \quad 4} \mid 3 \quad 1 \quad 1 \mid 2 \quad \underline{5} \quad \underline{5} \mid 1 \quad - \parallel$

more we get to - ge - ther, the hap - pier we'll be.

Do You Know a Fire Man(你知道消防员吗?)

1=F 2/4

Do you know a fire man a fire man a fire man

Do you know a fire man who lives in our street.

第三节 "时间"主题的英语教学活动内容

一、歌谣(Chant)

Bye-bye

Time for school. Time for school.

Bye-bye, daddy! Bye-bye, mummy.

Go to the Town(进城去)

Sunday, Sunday, let's have fun.

Monday, Tuesday, run, run, run.

Wednesday, Thursday, up and down.

Friday, Saturday, go to the town.

二、儿歌(Rhyme)

The Clock (时钟)

The little clock goes tick, tock,

Tick, tock, tick, tock.

The big clock goes ding, dong,

Ding, dong, ding, dong.

Tick, Tock (滴答,滴答)

Tick, tock. Tick, tock.

It's time for bed.
Get under the cover.
Tick, tock. Tick, tock.
Oh, it's morning.
Let's get up.

Round the Clock(二十四小时)

Round the clock the hours go,
Sometimes fast and sometimes slow.
Tell me what the two hands say,
They will tell the time of day.
Eight o'clock, it's time for bed.
Come with me you sleepy head.

A Brand New Day(新的一天)

It's time to say good-bye and you'll be on your way.
You'll come again, I'll see you soon.
Tomorrow is a brand new day!

Hurry (急匆匆)

Father and mother
Always hurry.
They walk in a hurry.
They talk in a hurry.
And they always want me to hurry.

Take a Nap (睡午觉)

Sometimes you've gotta take a nap!
You've gotta take off your shoes and take off your hat.
Pull back the covers and jump in bed.
Put the pillow right under your head. Snore ...

Baby's Nap (宝宝的午睡)

Here is the baby who needs a nap.
Lay him down in his mother's lap.
Cover him up so he won't peep.

Rock him till he's fast asleep.

Early to Bed (早早睡)

Early to bed,
Early to rise,
Makes a man healthy,
Wealthy and wise.

三、歌曲(Song)

Lazy Marie(懒虫玛丽)

$1 = F \dfrac{3}{4}$

| 1 | 1 | 1 | 1 | — | 3 | 5 | — | 3 | 1 | — | 2 | 2 | — | 2 |
La - zy Mar - ie　　will　you　　get　up?　Will　you　get

| 2 | — | 2 | 7̇ | — | 6̇ | 5̇ | — | — | 1 | 1 | 1 | 1 | — | 3 |
up,　 will　you　　get　up?　　　　 La - zy Mar - ie　will

| 5 | — | 3 | 1 | — | 2 | 2 | — | 2 | 5̇ | — | 7̇ | 1 | — | — ‖
you　 get　up,　will　you　　get　up,　 to - day?

Good Night (晚安)

$1 = F \dfrac{4}{4}$

3　　1　　5 1　1　｜3　　1　　2 2　2　｜
Good　night,　ba - by.　　Good　night,　ba - by.

3　　1　　4 4 0 4 4 ｜3 3　2 2　1　—　｜
Good　night,　ba - by.　It's time to go to bed.

3　　1　　5 1　1　｜3　　1　　2 2　2　｜
Good　night,　dar - ling.　Good　night,　dar - ling.

```
 3    1    4  4  0 4 4 | 3    3    2  2   1    -    :||
Good night, dar - ling.  It's time  to go  to bed.
```

Tick, Tock(滴答声)

```
1=C 4/4

 5   1   3 5  1 5 | 6 0 5 0 6 0 5 0 | 5 4 3 2  1   - |
The clock on the wall says tick, tock, tick, tock. La la  la la la.
The clock on the wall says tick, tock, tick, tock. La la  la la la.
The clock on the wall says tick, tock, tick, tock. La la  la la la.

 1   1   0  1   1   0 | 2   2    2   0   3   3   3   0 |
One o'- clock. two o'- clock, three o'- clock, four o'- clock,
Five o'- clock. six o'- clock, seven o'- clock, eight o'- clock,
Nine o'- clock. ten o'- clock, eleven o'- clock, twelve o'- clock,

 6 0 5 0 6 0 5 0 | 5 4 3 2  1   -  ||
tick, tock, tick, tock, La la  la la la.
tick, tock, tick, tock, La la  la la la.
tick, tock, tick, tock, La la  la la la.
```

What Day Is Today?（今天星期几?）

```
1=C 3/4

 1    1    1    5  | 3    3    3    1  |
Sun - day, Mon - day, Tues - day, Wednes - day,
What day   is  today? What day   is  today?

 1   3   5.   5 | 4   3   2    -  | 2   3    4    4  |
Thurs - day, Friday and Satur - day.   Sun - day, Mon - day,
What day   is    it   to - day?      It 's Sun - day,

 3   2   3   1 | 1   3   2.   5 | 7  2   1    -   ||
Tues - day, Wednes - day, Thurs - day, Friday and Sa - tur - day.
 a       sunny - day.   Let 's go      out to     play.
```

Hickoy, Dickory Dock(滴答,滴答)

$1=C \frac{6}{8}$

```
3 4 5 4 3 2 | 3 0 0 0  3 | 3 0 5 4 0 2 |
Hi-cko-ry. di-cko-ry   dock;        The    mouse    ran  up    the

3 0 0 0  3 | 3 0 3  5  5 | 4 0 4  6  6 |
clock;        The   clock struck one,  the   mouse  ran down;

5 6 5 4 3 2 | 1 0 0  0     0 ‖
Hi-cko-ry,  di-cko-ry  dock.
```

Brother John(约翰兄弟)

$1=C \frac{2}{4}$

```
1 2 3 1 | 1 2 3 1 | 3 4 5 | 3 4 5 | 5 6 5 4 3 1 |
Are you sleep-ing, are you sleep-ing, Bro-ther John, Bro-ther John? Mor-ning bells are ring-ning,

5 6 5 4 3 1 | 2 5 1 | 2 5 1 ‖
Mor-ning bells are ring-ing, Ding-ding dong! Ding-ding dong!
```

第四节 "植物"主题的英语教学活动内容

一、歌谣(Chant)

Pumpkins(南瓜)

Pumpkins, pumpkins. Big and round.

Pumpkins, pumpkins. On the ground.

Plant(植物)

Here's a plant.

Does it grow?

Yes or no?

Yes, a plant grows.

Here's a book.

Does it grow?

Yes or no?

No, no, no.

Grow, Little Seed(小种子快成长)

Plant a little seed.

Go, go, go, little seed.

Grow, grow, grow.

Water the little seed.

Go, go, go, little seed.

Grow, grow, grow.

Look at the little seed.

Now it's a plant.

Go, go, go, little plant.

Grow, grow, grow.

Fruit Salad(水果色拉)

Have you ever had fruit salad, fruit salad, fruit salad?

Have you ever had fruit salad, on a hot summer day?

First you need bananas, bananas, bananas.

First you need bananas and slice them this way.

Next you need strawberries, strawberries, strawberries.

Next you need strawberries and slice them this way.

Now the fruit salad is ready, ready, ready.

Now the fruit salad is ready and we'll eat some.

Hoorah.

Give Me a Banana(给我一根香蕉)

Give me a banana. Here you are.

Give me an apple. Here you are.

Give me a plum. Here you are.

Give me a pear. It's over there.

I Like Every Dish(我喜欢每一盘饭菜)

I like noodles,

Yummy, yummy.

I like noodles, I like fish.

Fish and noodles,

Yummy, yummy.

I like dinner, and every dish.

Lots of Spaghetti(许多意大利面条)

Lots of spaghetti in a big, big plate,

With butter and cheese,

Spaghetti is great.

Lots of chicken in a big, big plate,

With ketchup and chips,

Chicken is great.

Five Delicious Bananas(五根好吃的香蕉)

Five delicious bananas. Let's eat one.

Four delicious bananas. Let's eat one.

Three delicious bananas. Let's eat one.

Two delicious bananas. Let's eat one.

One delicious banana. Let's eat one.

No delicious bananas. We've got a stomachache.

二、儿歌(Rhyme)

Plant a Carrot Seed(种一颗胡萝卜种子)

Plant a little

Carrot seed.

Water it.

Just so.

Orange and green

Will start to

Grow and grow.

A Flower（花儿开）

My hand is a bud

Closed up tight.

Without a tiny

Speck of light.

Then slowly the petals.

Open for me,

And here is a beautiful

Flower, you see!

Green Vegetables(绿色蔬菜)

Green vegetables

Are plants we eat.

They're so good.

What a treat!

(Lick lips)

Celery, beans,

And broccoli —

They help us grow

So healthy.

(Rub tummy and smile)

Popcorn（爆米花）

Popcorn, popcorn, butter and salt.

It's all gone, but it's not my fault.

Daddy took a handful, Mommy did too.

I fed some to the bear at the zoo.

Then I shared some with Grandpa Don.

Look in the bay, now it's all gone.

Grab a Slice of Watermelon（拿一片西瓜）

Grab a slice of watermelon juicy as can be,

Can you count the seeds？1,2,3.

Grab a slice of watermelon, daddy bought at the store,

Can you count the seeds？1,2,3,4.

Grab a slice of watermelon, mommy cut it with a knife,

Can you count the seeds? 1,2,3,4,5.

Grab a slice of watermelon, it's too late.

How many seeds are left on your plate?

The Little Grapes Hanging on a Vine(小小葡萄藤上挂)

The little grapes hanging on a vine.

(A child's name) took one, then there were nine.

Nine little grapes hanging near a gate.

(A child's name) took one, then there were eight.

Eight little grapes looking up to heaven.

(A child's name) took one, then there were seven.

Seven little grapes hanging above the sticks.

(A child's name) took one, then there were six.

Six little grapes hanging near a hive.

(A child's name) took one, then there were five.

Five little grapes ready for me.

(A child's name) took one, then there were three.

Three little grapes ready for you.

(A child's name) took one, then there were two.

Two little grapes hanging in the sun.

(A child's name) took one, then there was one.

One little grape who was having no fun.

(A child's name) took one, then there were none.

三、故事(Story)

An Apple Tree(一棵苹果树)

There is an apple tree in the field.

In spring, the apple tree sprouts its new leaves. A bird flies on it. The tree says, "Welcome."

In summer, the apple tree is in blossom. Two birds fly on it.

In autumn, the apple tree fruits. Three birds fly over it and sing in the tree.

Winter is coming. The apple tree is bare. It is very lonely.

Suddenly, many birds fly over it and sing in the tree, "Chirp, chirp." The apple tree is very happy.

四、歌曲(Song)

Cabbage(卷心菜)

$1 = C \quad \frac{2}{4}$

```
3  3  2  1  | 4  4  3  2  5 | 4  4  3  2  | 5  5  4  3  1 |
Cab-bage is good. Cab-bage is yum-my.  In-to the mouth, down to the tum-my.

5  6  5  | 5  4  3  4  | 3  3  2  2  | 1  -  ||
Mm, Mm, Mm,  I  li-ke food.  Yum-my, yum-my  food.
```

Apple(苹果)

$1 = C \quad \frac{4}{4}$

```
5  3  5  -  | 5  3  5  -  | 6  5  4  3  | 2  3  4  - |
Ap-ple red,   ap-ple round,  ap-ple jui-cy, ap-ple sweet.

2  2  1  1  | 1 2 3 4 5  -  | 5  2  2  4  | 3  2  1  - ||
Ap-ple, ap-ple, I  love  you.  Ap-ple sweet I love to eat.
```

An Apple a Day(一天一个苹果)

$1 = C \quad \frac{4}{4}$

```
5  3  3 3  1  1  | 3  3 3  5  -  |
An ap-ple a  day  keeps the doc-tor away.

2  2 2  7 7  2  2  4·  | 5  3  3 3  1  1 |
An apple a day keeps the doctor away. An ap-ple a day keeps

3  3 3  5  -  | 2  4  3  2  | 1  -  1  - ||
the doc-tor away.  Ap-ple, ap-ple, ap-ple.
```

One Man Went to Mow(一个男人去割草)

1 = G 4/4

1. One man went to mow, went to mow a mead-ow,
2. Two men went to mow, went to mow a mead-ow,
3. Three men went to mow, went to mow a mead-ow,

[1.] One man and his dog, went to mow a mead-ow.

[2.] Two men, one man and his dog, went to mow a mead-ow.

[3.] Three men, two men one man and his dog, went to mow a mead-ow.

第五节 "城市"主题的英语教学活动内容

一、歌谣(Chant)

School Bus(校车)

School bus, school bus, safe and slow.
Take me to school. Here we go.

By Bus or by Bike(乘公共汽车还是自行车)

Do you go to school by bus or by bike?
I go to school by bike, by bike.

Do you go to Shanghai by plane or by train?

I go to shanghai by plane, by plane.

Do you go to Nanjing by train or by plane?

I go to Nanjing by train, by train.

I See a Clean Car(我看见一辆清洁的轿车)

I see a clean car. I see a dirty truck.

I see a clean bike. I see a dirty boat.

I see a clean plane. I see a dirty train.

I see a clean helicopter. I see a dirty bus.

The Bus Is Waiting(巴士在等待)

The bus is waiting.

The bus is waiting.

Who can go?

Who can go?

I am coming.

I am coming.

I can go.

I can go.

Hopscotch(跳房子)

Hopscotch, hopscotch, hop, hop, hopscotch.

Stop! Pick! Stop! Pick! Stop, stop, stop, pick!

Turn around, turn around, turn, turn, turn around.

Let's play! Let's play! Let's play hopscotch!

Skip (跳)

Skip, skip, jump the rope.

Plenty of people trip.

But we hop and play,

And jump all day.

So skip, skip, skip.

二、儿歌(Rhyme)

Wait(等一等)

Yellow, yellow, yellow,
The light is yellow.
Wait, wait, wait,
Get ready to go.

Go(快快走)

Green, green, green,
The light is green.
Go, go, go,
Let's cross the road.

Car(小汽车)

Zoom, zoom,
Goes the car.
Drive to places,
Near and far.

Drive the Car(开汽车)

Drive the car. Beep, beep, beep.
Drive the bus. Beep, beep, beep.
Drive the truck. Beep, beep, beep.

Watch Out(当心)

Everybody, watch out.
Everybody, watch out.
The bus is turning right.
The bus is turning right.

Traffic Lights(交通灯)

Red means stop and green means go.
Yellow's caution we all know.
Stop lights tell us what to do.
We all pretend that we're cars too.

Red means stop and green means go.

Yellow's caution we all know.

Swing(荡秋千)

Swing, swing, swing up high.

Swing up to the sky.

On the Merry-Go-Round(在旋转木马上)

A kite flies high.

A snake crawls slow.

When I get on the merry-go-round,

around and around I go.

Let's Build a House(我们造房子)

Get a hammer for Daddy,

Build a house so easy.

See a nail on the floor,

Pick it up and close the door.

Blow the Balloon(吹气球)

I blow and blow,

My big, big balloon.

It will burst,

Quite, quite soon.

三、歌曲(Song)

Riding in My Car(开着我的小汽车)

$1 = C \ \frac{4}{4}$

3	3	3	1	2	2		2	2	2	2	3	1	
Ri-	ding	in	my	car,	car.		Ri-	ding	in	my	car,	car.

3	3	3	3	4	6		5	3	4	2	1	—	‖
Ri-	ding	in	my	car,	car.		Ri-	ding	in	my	car.

The Wheels on the Bus(巴士上的轮子)

$1 = {}^{\flat}E \quad \frac{4}{4}$

```
5      1   1   2   3   2   1  | 5      2     1      -     |
```
The   wheel - s   on the bus go   round and   round,
The   peo - ple   on the bus go   up   and   down,
The   hor - n   on the bus goes toot, toot, toot,

```
2    7     5       -    | 5      2     1     5    |
```
Round and   round,   round and   round. The
Up   and   down,   up   and   down.   The
toot, toot, toot,   toot, toot, toot.   The

```
1   1   2   3   2   1  | 5      3     1      -     |
```
Wheel - s   on the bus go   round and   round.
Peo - ple   on the bus go   up   and   down.
hor - n   on the bus goes toot, toot, toot,

```
2.         4   3   2   | 1      -     -      -     ||
```
All   through the town.

In the Playground(在操场上)

$1 = C \quad \frac{3}{4}$

```
1   1   1   5   | 3   3   3   1   | 1   3   5   5   |
```
In the play - ground, in the play - ground, where we pl - ay
In the play - ground, in the play - ground, where we pl - ay
In the play - ground, in the play - ground, where we pl - ay

```
4   3   2   -   | 2   3   4   4   | 3   2   3   1   |
```
hide and seek.   There are lit - tle   hob - by - hor - ses.
on the slide.   There are lit - tle   hob - by - hor - ses.
on the swing.   There are lit - tle   hob - by - hor - ses.

1	3	2	5.		7	2	1	—

In the play - ground, where we meet.
In the play - ground, where we meet.
In the play - ground, where we meet.

London Bridge Is Falling Down(伦敦桥要塌了)

$1=C \dfrac{4}{4}$

| 5. | 6 | 5 | 4 | 3 | 4 | 5 | | 2 | 3 | 4 | | 3 | 4 | 5 | |

Lon - don bridge is fall - ing down, fall - ing down, fall - ing down.
Build it up with iron bars, iron bars, iron bars.
Iron bars will bend and break, bend and break, bend and break.
Build it up with gold and silver, gold and silver, gold and silver.

| 5. | 6 | 5 | 4 | 3 | 4 | 5 | | 2 | 5 | 3 | 1. |

Lon - don bridge is fall - ing down, my fair lady.
Build it up with iron bars, my fair lady.
Iron bars will bend and break, my fair lady.
Build it up with gold and silver, my fair lady.

To Market(去市场)

$1=C \dfrac{3}{4}$

| 5 | 1 | 5 | 5 | 1 | 5 | 5 | 3. | 2 | 1 | 5 | — | — |

To mar - ket to mar - ket to buy a big pig.

| 6. | 7 | 1 | 5. | 3 | 1 | 3. | 2 | 1 | 2 | — | 5 |

Ho - me again Ho - me again chi chi chi chi. To

| 1 | 5 | 5 | 1 | 5 | 5 | 3. | 2 | 1 | 6 | — | — |

mar - ket to mar - ket to buy a big pig.

| 5. | 6 | 7 | 1. | 5 | 3 | 3. | 1 | 2 | 1 | — | — |

Ho - me again Ho - me again chi chi chi chi.

第六节 "季节"主题的英语教学活动内容

一、歌谣(Chant)

Rain and Snow, Wind and Sun(雨、雪、风、太阳)

Rain, rain, here comes the rain.
Snow, snow, here comes the snow.
Wind, wind, here comes the wind.
Sun, sun, here comes the sun.
Rain and snow, wind and sun.

There Is Thunder(雷声阵阵)

There is thunder, there is thunder.
Hear it roar, hear it roar.
Pitter, patter, rain drops.
Pitter, patter, rain drops.
I'm all wet! I'm all wet!

二、儿歌(Rhyme)

Rain(雨)

Rain, rain,
Fall, fall, fall.
Flowers, flowers,
Tall, tall, tall!

It Is Raining(下雨了)

It is raining, it is raining,
On my head, on my head.
Pitter, patter, rain drops.
Pitter, patter, rain drops.
I'm all wet! I'm all wet!

Rainbow(彩虹)

Rainbow purple, rainbow blue,

Rainbow green and yellow, too.

Rainbow orange, rainbow red,

Rainbow shining over head.

Snow(雪)

Snow cold, snow soft,

Snow clean, snow white.

With the snow balls,

The boys will fight.

The Sun(太阳)

The sun is up, between the trees,

To wake the birds.

The sun is up and shining.

Good morning, morning.

Wind Tricks(风儿戏法)

The wind is full of tricks today.

It blew our newspaper away.

It chased the trash can down the street,

And almost blew us off our feet!

Drip, Drip, Drop(嘀嗒,嘀嗒)

Drip, drip, drop, drop.

Drip, drip, drop, drop.

It's raining. It's raining.

Oh me, oh my.

Drip, drip, drop.

The Man in the Moon(月亮里的人)

The man in the moon,

Looking out of the moon and says,

"Now I'm getting up, while all babies go to bed."

I See the Moon (我看见了月亮)

I see the moon,
And the moon sees me.
God bless the moon,
And God bless me.

The Moon(月亮)

The moon is white. The moon is bright.
The moon is shiny, up in the sky.

Rain on My Umbrella(雨点落在我伞上)

Drip drip, drip, drip,
Drip drip, drip, drip,
Drip drip, drip.
Drip drip, drip.
Rain on my umbrella,
Rain on my umbrella,
Never stops.
Drip drip, drip.

Snowman (雪人)

Snow, snow. Snowman grow.
Oh, the sun. Snowman run.

Clouds(云)

When I look into the sky,
I can see the clouds go by.
They don't ever make a sound,
As the winds push them around.
Push them around.
Some go fast and some go slow.
I wonder where the clouds all go.

Reach Up and Touch the Sky (伸手碰天空)

Oh, I wish I could reach up and touch the sky.
And touch the sky.

Oh, I wish I could reach up and touch the sky.

And touch the sky.

Oh, if I could touch the sky,

Then I'd get up there and fly.

Oh, I wish I could reach up and touch the sky.

And touch the sky.

I Can Feel the Rain (我能感觉到雨)

Wet, wet, I can feel the rain.

Windy, windy, I can feel the wind.

Sunny, sunny, I can feel the sun.

Snowy, snowy, I can feel the snow.

Star Light (星星亮晶晶)

Star light, star bright,

First star I see tonight.

I wish I may, I wish I might,

Have the wish I wish tonight.

Kites 1 (风筝 1)

Big kites, little kites,

Flying in the sky.

Red kites, yellow kites,

Flying very high.

Kites 2 (风筝 2)

One, Two,

Red and blue.

Up and down,

Orange and brown.

Kites in the sky,

Flying very high.

Spring(春天)

Spring is here, it's the best time of the year.

Birds lay eggs here and there.

Flowers grow everywhere.

Come out to play. Don't delay.

Ride your bicycle, stretch your legs.

Plant some flowers and pick some eggs.

Spring is here, it's the best season of the year.

Spring Is Coming (春天来了)

The birds are singing. The trees are swaying.

Spring is coming.

The sky so blue. The air so warm.

The sun shining so bright.

Fall(秋天)

The wind is blowing.

The leaves are falling.

Jackets and jeans are right for fall.

It's cool and nice to play football.

It's Halloween! It's Halloween!

Let's dress up as a ghost or a pumpkin.

A treat or a trick, choose and pick.

Fall is here.

It's the best season of the year.

Winter Is Cold(冬天是寒冷的)

Winter is cold, (Br — br)

The wind blows. (Woo — woo)

It blows on my face, (Oo — oo)

It blows on my nose. (Ah choo —)

Don't Run(别跑)

Don't run, don't run, under the sun.

Take off the coat and let's have fun.

Don't run, don't run, under the sun.

Take off the scarf and let's have fun.

Don't run, don't run, under the sun.

Take off the hat and let's have fun.

Up and Down the Temperature Goes（调皮的温度/温度上上下下）

In the summer,

The weather is hot.

The temperature goes up.

And up a lot.

It makes me feel real warm.

In the fall,

The weather is cool.

The temperature goes down.

A little is the rule.

It makes me feel real fresh.

In the winter,

The weather is cold.

The temperature goes low.

So very bold.

It makes me feel real frozen.

In the spring,

The weather is warm.

The temperature goes up.

And it storms.

It makes me feel real awake.

三、歌曲(Song)

Rain, Rain, Go away(雨快停)

$1 = C \ \frac{2}{4}$

5	3	5 5	3	5 5 3 6	5 5 3
Rain,	rain,	go a -	way.	Come a - gain a - no - ther	day.

4 4 2 2	4 4 2	5 4 3 2	3 1 1
Lit - tle ba - by	wants to play.	Ra - in, ra - in,	go a - way.

Sunny Day(晴朗的天)

1 = G 2/4

3 5 5 | 5 3 | 2 4 4 | 4 - | 1 3 3 | 3 1 |
Sun - ny day Oh, Sun - ny day. How I long for a

2 7 7 | 5 - | 3 5 5 | 5 3 | 2 4 4 | 4 - |
sun - ny day. I want to dan - ce, I want to sing.

1 3 3 | 3 1 | 2 7 7 | 1 - ‖
Hey, hey, hey, hey oh, sun - ny day.

Twinkle Twinkle Little Star（一闪一闪小星星）

1 = C 4/4

1 1 5 5 | 6 6 5 - | 4 4 3 3 | 2 2 1 - |
Twin - kle, twin - kle, lit - tle star, How I won - der what you are!

5 5 4 4 | 3 3 2 - | 5 5 4 4 | 3 3 2 - |
Up a - bove the world so high, Like a dia - mond in the sky.

1 1 5 5 | 6 6 5 - | 4 4 3 3 | 2 2 1 - ‖
Twin - kle, twin - kle, lit - tle star, How I won - der what you are!

Row Your Boat(划小船)

1 = D 2/4

1 1 | 1. 2 3 | 3 2 2 3 4 | 5 - |
Row, row, row your boat, gen - t - ly down the stream,

1 1 1 5 5 5 | 3 3 3 1 1 1 | 5. 4 3 2 | 1 - ‖
Mer - ri - ly, mer - ri - ly, mer - ri - ly, mer - ri - ly. Life is like a song.

第七节 "动物"主题的英语教学活动内容

一、歌谣(Chant)

Two Little Blackbirds(两只小八哥)

Two little blackbirds sitting on a hill.
One named Jack, and one named Jill.
Fly away, Jack. Fly away, Jill.
Come back, Jack. Come back, Jill.

Caterpillar(毛毛虫)

Caterpillar, caterpillar.
Crawl, crawl, crawl.
Close your eyes and go to sleep.
Wake up, wake up.
Spread your arms.
Butterfly, butterfly.
Fly away.

I Am a Bird(我是一只小鸟)

I am a bird, I can fly.
I can fly up to the sky.
I am a frog, I can hop.
I can hop from log to log.

Teddy Bear(泰迪熊)

Teddy Bear, Teddy Bear, turn around.
Teddy Bear, Teddy Bear, touch ground.
Teddy Bear, Teddy Bear, show your shoe.
Teddy Bear, Teddy Bear, that will do!

Five Little Monkeys(五只小猴)

Five little monkeys jumping on the bed,

One fell off and bumped his head.
Mama called the doctor and the doctor said,
"No more little monkeys jumping on the bed."

Four little monkeys jumping on the bed,
One fell off and bumped his head.
Mama called the doctor and the doctor said,
"No more little monkeys jumping on the bed."

Three little monkeys jumping on the bed,
One fell off and bumped his head.
Mama called the doctor and the doctor said,
"No more little monkeys jumping on the bed."

Two little monkeys jumping on the bed,
One fell off and bumped his head.
Mama called the doctor and the doctor said,
"No more little monkeys jumping on the bed."

One little monkey jumping on the bed.
He fell off and bumped his head.
Mama called the doctor and the doctor said,
"No more little monkey jumping on the bed."

二、歌谣(Chant)

Song of Cat and Dog(猫狗的歌声)

Cat, cat, meow, meow, meow.
Dog, dog, woof, woof, woof.

Octopus and Ostrich(章鱼和鸵鸟)

Octopus octopus has many legs.
Ostrich ostrich is running fast.

三、儿歌(Rhyme)

Rabbit(兔子)

Rabbit, rabbit, carrot eater,

Rabbit, rabbit, carrot eater.
He says there is nothing sweeter,
Than a carrot every day.
Munch and crunch and run away.

Ants and Bees(蚂蚁和蜜蜂)

Ants on the tree.
Ants on the grass.
Bees on the flower.
Bees near me.

Two Baby Sheep(两只小绵羊)

Two baby sheep were born on the farm.
Each wore a wooly coat to keep them warm.
The brother's name was Jacob,
The sister's name was Jean.
They both liked to nibble on the clove so green.

Gobble, Gobble(咯咯叫)

A turkey is a funny bird,
His head goes wobble, wobble,
And he knows just one word,
Gobble, gobble, gobble.

Five Little Fish(五条小鱼)

Five little fish swimming in a pool,
First one said, "The pool is cool."
Second one said, "The pool is deep."
Third one said, "I want to sleep."
Fourth one said, "Let's dive and dip."
Fifth one said, "I spy a ship."
Fisherman's boat comes,
Line goes ker-splash,
Away the five little fish dash.

Animal Poem(动物歌)

I'm a little kitty,

I love to tippy toe.

I'm a little rabbit,

I love to hop, hop, hop.

I'm a great big elephant,

I take big steps so slow.

I'm a little dog,

I love to run and run.

If you would do it with me,

We could have such fun.

A Little Frog(小青蛙)

A little frog in a pond.

Hippity, hoppity, hop!

Little Duckling(小鸭)

All the little ducklings

Line up in a row.

Quack, quack, quack

And away they go.

They jump in the water

And bob up and down.

Quack, quack, quack,

They swim all around.

Mary Had a Little Lamb(玛丽有只小羊羔)

Mary had a little lamb.

Its fleece was white as snow.

And everywhere that Mary went,

The lamb was sure to go.

Buzz, Buzz, Little Bees(嗡,嗡,小蜜蜂)

Buzz, buzz,

Go the bees.

Flying, flying,

To the trees.

Bumblebee(大黄蜂)

Bumblebee was in the barn,

Carrying his dinner under his arm.

Bzzzzzzzzz... zt!

四、故事(Story)

A Vase(一只花瓶)

A vase is on the table. Kitty is on the sofa. Kitty jumps. The vase is on the floor.

Umbrella(伞)

It is raining.

The tree is bird's umbrella. The bird says, "I have an umbrella."

The lotus leaf is frog's umbrella. The frog says, "I have an umbrella."

The mushroom is ant's umbrella. The ant says, "I have an umbrella."

It is raining. The animals say, "We all have umbrellas."

Mr. Black Came to the Jungle(布莱克先生来到丛林)

Mr. Black came to the jungle. He came to look for lions.

He went for a walk. The lions went with him.

They went to look for crocodiles. They came to the crocodiles.

They went to look for monkeys. They came to the monkeys.

They went to look for elephants. They came to the elephants.

Here is Mr. Black with the lions and the crocodiles and the monkeys and the elephants. They went home.

Missing Mum(想念妈妈)

(Chick)"Cheep, cheep. I want my Mum!"

(Chick)"Cheep, cheep. Are you my Mum?"

(Mummy cat)"Meow, Meow. I'm not your Mum. I'm covered in fur. This is my baby!"

(Kitty)"Meow, Meow. This is my Mum."

(Chick)"Cheep, cheep. Are you my Mum?"

(Mummy rabbit)"Nibble, nibble. I'm not your Mum. I have long, furry ears. This is my baby!"

(Baby rabbit) "Nibble, nibble. This is my Mum."

(Chick) "Cheep, cheep. Are you my Mum?"
(Mummy goose) "Honk, honk. I'm not your Mum. I have a long neck. This is my baby!"
(Baby goose) "Honk, honk. This is my Mum."

(Chick) "Cheep, cheep. Are you my Mum?"
(Mummy sheep) "Baa, Baa. I'm not your Mum. I'm covered in wool. This is my baby!"
(Lamb) "Baa, Baa. This is my Mum."

(Chick) "Cheep, cheep. I want my Mum!"
(Hen) "Cluck, cluck. Where have you been? We are all waiting for you!"
(Chick's brothers) "Cheep, cheep. Come on, brother. Let's have fun."

This Is a Zebra(这是一只斑马)

This is a zebra. It wants my pie.

This is a monkey. It wants my banana.

This is a bear. It wants my apple.

The Little Caterpillar(小毛毛虫)

The little caterpillar is asleep. It's cold. There's a lot of snow.

It's raining. The sun comes out. Ah, it's warm. The caterpillar is happy.

Oh, look at the wonderful butterfly. It's blue, red and white.

I See a Clean Cat(我看见一只干净的猫)

I see a clean cat. I see a clean fish. I see a dirty dog. I see a dirty pig.

I see a happy donkey. I see a happy frog. I see a sad pig. I see a sad cat.

五、歌曲(Song)

Butterfly（蝴蝶）

$1 = C \; \frac{4}{4}$

5 5 5 3. 5	4 3 2 —	4 4 4 2. 4	3 2 1 —
Fly, fly, f - ly, the but - ter - fly.		In the mead - ow, fly - ing high.	

```
5 5 5 1. 1 | 2 3 4 - | 4 4 4 5. 4 | 3 2 1 - ‖
In the gar-den, fly - ing     low.   Fly, fly, f - ly,  the but-ter-fly.
```

The Eensy Weensy Spider(小蜘蛛)

$1 = {}^{\flat}E \quad \frac{6}{8}$

```
5 | 1 1 1 2 | 3. 3 3 | 2 1 2 3 | 1. 1. |
The een-sy ween-sy spi-der went up the wa-ter sp-out,

3. 3 4 | 5. 5. | 4 3 4 5 | 3. 0. |
Down came the rain and    washed the spi-der out.

1. 1 2 | 3. 3. | 2 1 2 3 | 1. 5 5 |
Out came the sun and   dri-ed up all the ra-in,

1 1 1 2 | 3. 3 3 | 2 1 2 3 | 1. 0 ‖
And the eensy weensy s - pi-der went up the spout again.
```

Ba, Ba, Black Sheep (咩,咩,小黑羊)

$1 = C \quad \frac{4}{4}$

```
1 1 5 5 | 6 7 1 6 5 - | 4 4 3 3 |
Ba, ba, black sheep, have you an-y wool?  Yes, sir. Yes, sir,

2 3 2 1 - | 5 5 5 4 4 | 3 3 3 2 - |
Three bags full.   One for my mas-ter, one for ma-dam,

5 5 5 4 5 | 6 5 | 4 3. 2 2 0 ‖
one for the lit-tle boy crying down the lane.
```

Old Macdonald Had a Farm(老麦克唐纳有个农场)

1=C 4/4

1　1　1　5̣　| 6̣　6̣　5̣　-　| 3　3　2　2　| 1　-　0　5̣ |
Old　Mac-Do-nald　　had　a　farm,　　E - I - E - I - O!　　　And

1　1　1　5̣　| 6̣　6̣　5̣　-　| 3　3　2　2　|
on　his　farm　he　　had　a　cow,　　E - I - E - I

1　-　0　5̣ 5̣ | 1　1　1　5̣ 5̣ | 1　1　1　- |
O!　　　With a　moo-moo here,　and a　moo-moo there,

1 1 1　1 1 1　| 1 1　1 1　1　| 1　1　5̣ |
Here a moo, there a moo, Eve-ry where a moo-moo. Old　Mac-Do-nald

6̣　6̣　5̣　-　| 3　3　2　2　| 1　-　-　- ||
had　a　farm,　　E - I - E - I - O!

Once I Caught a Fish Alive(我曾抓了一条活鱼)

1=D 2/4

3　　3　| 2 1　1　| 2 3　4 5 | 5　4　4 |
One　two　three four five,　once I caught a　fish a-live

4　　4　| 3 2　2　| 1 7̣　6̣ 7̣ | 2　1　1 |
Six　seven　eight nine ten,　then I let it　go a-gain

3　3 3 | 2 1　1　| 2 3　4 5 | 5　4　4 |
Why　did you　let it go?　'Cause it bit my　fin-ger so.

4　　4　| 3 2　2　| 1 7̣ 7̣　6̣ 7̣ | 2　1　1 ||
Which finger　did it bite?　This lit-tle fin-ger　on the right.

Eight Little Baby Ducks（八只小鸭）

1 = C 2/4

| 5 | 5 6 | 5 | 5 6 | 5 | i | i | - |

One   lit-tle,   two   lit-tle,   ba - by   ducks.
Five   lit-tle,   six   lit-tle,   ba - by   ducks.

| 6 | 6 7 | 6 | 6 7 | 6 | 2 | 2 | - |

Three lit-tle,   four   lit-tle   ba - by   ducks.
Seven lit-tle,   eight lit-tle   ba - by   ducks.

| 5 | 5 6 | 5 | 5 6 | 5 | i | i | i 7 |

Quack quack quack, quack quack quack, quack quack quack. Oh.
Quack quack quack, quack quack quack， quack quack quack. Oh.

| 6 | 2 | 6 | 7 | 2 | i | i | - |

Come   four   Lit - tle   ba - by   ducks.
Come   eight   Lit - tle   ba - by   ducks.

Little Birdie（小小鸟）

1 = F 2/4

| 1 3 5 3 | 6 5 3 | 5 4 2 | 6 5 3 |

Lit-tle bir-die   in a tree,   in a tree,   in a tree.
Lit-tle girl,   lit-tle girl, I am hurt,   I can't chirp.

| 1 3 5 3 | 6 5 3 | 5 5 4 2 | 1 - |

Lit-tle bir-die   in a tree,   sing a song for me.
I am hurt,   I can't chirp.   Will you please help me?

第八节 "节日"主题英语教学活动资料

一、歌谣(Chant)

Christmas Day(圣诞节)

Shiny, shiny, Christmas Day.

Santa, Santa's on the way.

Santa Clause Is Coming(圣诞老人来了)

Ring! Ring! Ring! Reindeers are running.

Ring! Ring! Ring! Santa Clause is coming.

Halloween(万圣节前夕)

Halloween, Halloween, fun, fun, fun!

A witch is coming, run, run, run!

Fireworks(烟花)

Fireworks, fireworks, bright and high.

Fireworks, Fireworks, in the sky.

Holiday(假日)

My name's Jack, Hip Hip Hooray!

I'm going away for a holiday!

I haven't got a book.

I haven't got a pen.

I haven't got a bike.

I haven't got a car.

But I have got a song and a lovely guitar.

Easter Bunny(复活节兔子)

Two long ears. Four strong legs. Hop, hop, hop.

Bring us eggs.

Easter bunny. Easter bunny. Hop, hop, hop.

Bring us eggs.

Bring us eggs.

Easter bunny. Easter bunny. Please don't stop.

How Was Your Weekend?(你的周末过得如何？)

How was your weekend?

It was good!

How was your weekend?

It was great!

How was your weekend?

It was exciting!

How was your weekend?

It was fun!

How was your weekend?

Fantastic!

How was your weekend?

Terrific!

How was your weekend?

Wonderful!

Mine too!

Go to the Town(进城去)

Sunday, Sunday, let's have fun.

Monday, Tuesday, run, run, run.

Wednesday, Thursday, up and down.

Friday, Saturday, go to the town.

二、故事(Story)

On the Beach(在海滩)

Sam and May go to the beach. They play with a ball. Oh, the ball! They find the ball and a big shell.

Maria Is in the Mountain(玛丽亚在山中)

Maria is in the mountain. Tom is on the beach. Sandra is in the jungle. Andy is on the farm. Karen is in the city. Bob is in his garden.

三、歌曲(Song)

We Wish You a Merry Christmas (圣诞快乐)

1 = D 3/4

We wish you a mer-ry Christmas. We wish you a mer-ry Christ-mas. We wish you a mer-ry Christ-mas and a hap-py New Year.

Jingle Bells (铃儿响叮当)

1 = D 2/4

Jing-le bells, jing-le bells, jing-le all the way!
Oh what fun it is to ride in a one-horse op-en sleigh.
Jing-le bells, Jing-le bells, jing-le all the way!
Oh what fun it is to ride in a one-horse op-en sleigh.

What Do You Want to Be on Halloween? (万圣节你想扮什么?)

1 = D 4/4

What do you want to be on ha-llo-ween? What

$\underline{\dot{7}}$ $\underline{2}$ $\underline{4\ 5}$ $\underline{4\ 2}$ | 3 2 1· $\underline{1}$ | $\underline{6\ 6}$ $\underline{6\ 5}$ 4 $\underline{1\ 1}$ |
do you want to be on   Ha - llo - ween?   The   wit-ch on the bro-om? The

$\underline{5\ 5}$ $\underline{5\ 4}$ 3· $\underline{1}$ | 2 $\underline{2\ 1}$ 7 $\underline{\dot{5}\ \dot{5}}$ | $\dot{6}$ $\dot{7}$ 1 0 ‖
gho-st in the air? The fly - ing bat   or the   big black cat?